本书是国家社会科学基金重点项目"数字经济背景下技术
动机制及实现路径研究（20AGL009)"、中央高校基本科
时代中国企业商业模式创新研究（3072022WK0901)"、河
目"数字平台生态系统赋能河北专精特新企业高质量发展的机制、路径与对策研究
（G2024203010)"、河北省自然科学基金青年项目"'专精特新'政策背景下河北省中
小企业数字化转型的驱动机制及路径选择研究(G2023203013)"阶段性研究成果

数字经济背景下
技术创业企业商业模式
创新驱动机制研究

李盼盼 郭韬 丁小洲◎著

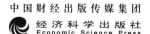

中国财经出版传媒集团
经济科学出版社
Economic Science Press

·北 京·

图书在版编目（CIP）数据

数字经济背景下技术创业企业商业模式创新驱动机制研究 / 李盼盼，郭韬，丁小洲著 . -- 北京：经济科学出版社，2024.11. -- ISBN 978 - 7 - 5218 - 5984 - 3

Ⅰ. F276.44

中国国家版本馆 CIP 数据核字第 2024H1Y088 号

责任编辑：周胜婷
责任校对：李　建
责任印制：张佳裕

数字经济背景下技术创业企业商业模式创新驱动机制研究

李盼盼　郭　韬　丁小洲　著

经济科学出版社出版、发行　新华书店经销

社址：北京市海淀区阜成路甲 28 号　邮编：100142

总编部电话：010 - 88191217　发行部电话：010 - 88191522

网址：www. esp. com. cn

电子邮箱：esp@ esp. com. cn

天猫网店：经济科学出版社旗舰店

网址：http://jjkxcbs. tmall. com

北京季蜂印刷有限公司印装

710 × 1000　16 开　17.75 印张　260000 字

2024 年 11 月第 1 版　2024 年 11 月第 1 次印刷

ISBN 978 - 7 - 5218 - 5984 - 3　定价：89.00 元

（图书出现印装问题，本社负责调换。电话：010 - 88191545）

（版权所有　侵权必究　打击盗版　举报热线：010 - 88191661

QQ：2242791300　营销中心电话：010 - 88191537

电子邮箱：dbts@ esp. com. cn）

前　　言

　　伴随人工智能、云计算、区块链等新兴数字技术加速迭代，新一轮的科技革命和产业革命加速演进，企业、行业、区域乃至国家的创新发展进入了一个全新阶段。数字经济凭借数据高效处理、供需智能匹配、精准对接等优势，在带动就业、培育新动能等方面的作用愈发凸显。但同时，数字经济时代的市场竞争环境越发开放、产品/服务边界越发模糊、主体双向互动逐渐强化。数字经济新情境下，仅凭产品或技术创新已无法满足日益变化的市场需求，创新主体需要通过摒弃过时的商业模式、调整商业模式原型或创造新的商业模式来转变价值创造模式、拓展竞争优势来源，即商业模式创新是快速且高质量地满足市场需求、实现产业转型和经济高质量发展的重要途径。

　　技术创业企业不仅是我国经济发展的强有力支撑，更是实施创新驱动发展战略的重要力量。然而，数字经济时代下，技术创业企业凭借内部资源所展开的技术或产品创新已无法满足时代的需求，需要在技术创新的同时及时调整商业模式原型或者创造新的商业模式，以确保在全新商业生态环境中保持健康成长与获取竞争优势。如何面向数字经济新情境开展有效的商业模式创新已受到学界和业界的关注，但研究成果尚待丰富，特别是数字经济背景下技术创业企业商业模式创新驱动机制的相关研究仍不系统。

　　为更深入地剖析数字经济新情境下技术创业企业商业模式创新驱动机制相关问题，本研究聚焦数字经济新情境下的技术创业企业这一特定主体，基于创新理论、商业模式理论、高阶理论、动态能力理论与多层次理论等，构建数字经济背景下技术创业企业商业模式创新驱动机制的研究框架，开展关键驱动因素识别及其作用研究。

本研究从数字经济背景下技术创业企业商业模式创新的关键驱动因素识别切入，初步明确各关键驱动因素对商业模式创新的直接作用；进一步从组态视角剖析了各关键驱动因素对技术创业企业商业模式创新的协同匹配作用；最后从动态视角探究了关键驱动因素对技术创业企业商业模式创新的动态作用。

笔者希望通过本研究进一步丰富数字经济情境下商业模式创新的内容体系，并为技术创业企业适应数字经济新情境、实现健康成长提供理论指导，同时也为地方政府部门制定和出台创新政策、优化创新创业环境提供参考借鉴。

目　　录

第1章 绪 论

1.1 研究的背景、目的和意义

1.1.1 研究背景

我国的《"十四五"数字经济发展规划》强调要加快数字化发展、建设数字中国，标志着我国数字经济开始进入新的发展阶段。数字经济时代，移动互联网、物联网、人工智能等新型技术广泛应用于社会经济活动的全链条中[1]，成为带动我国经济发展的新引擎。近年来，数字经济凭借大规模数据高效处理、供需智能匹配、精准对接、精准服务等优势，向消费者输送众多的创意产品和个性化服务，其带动就业、培育创新动能等作用愈发凸显[2]，已成为促进经济复苏、加快转型升级的重要驱动力。中国信息通信研究院发布的中国数字经济发展白皮书中的数据表明，2021 年我国数字经济规模达到 45.5 万亿元，同比名义增长 16.2%。[3]区别于以往经济形态，数字经济作为一种随信息技术革命发展而生成的新经济形态，不仅重新定义了企业与消费者、供应商等利益相关者的关系、影响着企业的商业渠道与价值主张[4]，且极大地改变了企业生存发展的生态环境[5]。例如，市场竞争环境越发开放，产品/服务边界越发模糊，主体双向互动逐渐强化，环境不确定性逐步增强[6]，使得企业价值创造方式等发生了巨大改变[7]，这为社会经济发展带来了前所未有的机遇与挑战。

由于数字技术的蓬勃发展与广泛应用，新一轮科技革命和产业转型浪潮已席卷社会经济活动各个领域，商业竞争已由既往的产品、成本与技术竞争转为商业模式竞争。数字经济新情境下，设计出更符合时代要求的新型商业模式已成为企业适应新环境变化的重要战略途径。数字经济发展浪潮下，商业模式创新的重要性和震撼力已被众多商业实践所证实，如字节跳动、阿里巴巴、京东、随幻科技等企业通过不断转变和拓展业务领域，实现了持续健康快速的成长与发展。但同时，也有许多强大的企业因无法形成或创造符合时代发展浪潮的业务模式而逐渐走向失败。因此，面对数字经济所带来的新科技革命和产业转型潮流，企业必须展开适当的商业模式创新，以占据经济制高点、打造新型发展优势。

"大众创业，万众创新"背景下，技术创业企业已成为现代化经济体系建设与创新驱动发展战略实施的重要载体。[8]数字经济所带来的新技术、新需求等已渗透到社会经济活动的全过程，技术创业企业需要适应新技术、新需求的发展趋势，凭借商业模式创新获取和巩固竞争优势。商业模式创新是企业调整与重塑经营管理模式、发展规划、顺应数字经济发展并获取竞争优势的重要手段[9,10]，技术创业企业必须把握数字经济发展带来的新机会，打破传统的资源获取方式，获取、吸收与整合数据资源，提升可持续盈利能力并获取竞争优势，最终形成新的发展动力。因此，在数字经济全面发展时期，技术创业企业需要在技术创新的同时，及时调整商业模式原型或者创造新的商业模式，开拓新型发展之路。

相较于在位企业和一般创业企业，技术创业企业的商业模式创新呈现出多样性、灵活性和风险性等特点。[11]数字经济对创新创业产生颠覆性影响，技术创业企业商业模式创新的驱动因素也因此产生重大变化。例如，企业内部因素中，数字化人才、业务流程、数字化能力和数字组织文化等都可能直接驱动新情境下企业商业模式创新；企业外部因素中，政策环境、制度环境、行业环境、数字金融环境等也可能对技术创业企业商业模式创新产生影响。虽然已有研究对商业模式创新的前因后效等问题开展了深入研究，但基于数字经济新情境的商业模式创新研究相对匮乏，数字经济背景下技术创业企业商业模式创新的关键驱动因素仍不明晰，数字经济新情境下技术创业企业商业模式创新的若干驱动因素单独、协同或动态作用于商业模式创新等问题也有待于进一步探讨。因此，深入剖析数字经济背景下技术创业企业商业模式创新驱动机制问题，已成为当前政府管理部门、技术创业企业和学术界共同关注的热点问题。

综上所述，本书基于创新理论、商业模式理论、高阶理论、动态能力理论、多层次理论和组态理论等，构建数字经济背景下技术创业企业商业模式创新驱动机制的研究框架，综合采用理论分析、扎根理论、实证研究、仿真分析等方法，剖析数字经济背景下技术创业企业商业模式创新的关键驱动因素、关键驱动因素的跨层次作用、组态效应以及动态作用，进而提出相应对策建议，以助力技术创业企业顺应新的时代发展潮流而实现健康成长。

1.1.2　研究目的

本书旨在基于数字经济新情境，聚焦技术创业企业这一特定类型企业的商业模式创新，构建数字经济背景下技术创业企业商业模式创新驱动机制的研究框架，按照"理论分析→关键驱动因素识别→跨层次作用→组态效应→动态作用→对策研究"的逻辑思路开展研究，以期拓展企业商业模式创新及其驱动机制的研究视角，丰富其内容体系，为技术创业企业适应数字经济新情境、实现高质量创新与持续健康成长提供理论指导，同时也为地方政府部门制定和出台数字化发展与创新创业政策、优化创新创业环境提供参考借鉴。具体研究目的包括：（1）通过概念界定和理论解析等，明确数字经济背景下技术创业企业商业模式创新驱动机制的研究框架；

（2）识别数字经济背景下技术创业企业商业模式创新的关键驱动因素；

（3）探究关键驱动因素对技术创业企业商业模式创新的跨层次驱动作用，明确单一关键因素的直接驱动作用及至多三个关键驱动因素的"中介效应与调节效应"；（4）探究技术创业企业商业模式创新的关键驱动因素组态效应，以明确关键驱动因素如何相互协同匹配地驱动技术创业企业商业模式创新；（5）根据扎根理论分析与实证研究的结果，通过系统动力学仿真分析剖析关键驱动因素对技术创业企业商业模式创新的动态作用；（6）根据理论分析、扎根分析、实证研究与仿真分析的研究结果，提出数字经济背景下技术创业企业商业模式创新的对策建议。

1.1.3 研究意义

1.1.3.1 理论意义

（1）聚焦数字经济新情境以及技术创业企业这一特定主体开展针对性研究，进一步丰富了商业模式创新领域及创业管理领域的研究成果。目前，国内外学者对企业商业模式创新的前因与后效研究相对丰富，但关于数字经济背景下技术创业企业商业模式创新驱动因素与驱动机制的研究才刚刚起步，尚未形成完整的理论体系。本书基于数字经济新情境，面向技术创业企业这一特定主体，系统探究其商业模式创新的驱动因素及其具体作用机制，丰富了商业模式创新领域的研究成果，也是对创业管理领域研究成果的有益补充。

（2）基于静态和动态相结合的视角开展具体研究，拓展了商业模式创新的研究视角。本书基于数字经济背景下技术创业企业商业模式创新驱动机制的相关问题，通过识别出数字经济背景下技术创业企业商业模式创新的关键驱动因素，从静态和动态结合的视角，深入剖析关键驱动因素对技术创业企业商业模式创新的跨层次作用、组态效应和动态作用，拓展了商业模式创新研究视角。

（3）引入多层线性模型、定性比较分析方法和系统动力学仿真分析开展技术创业企业商业模式创新研究，进一步拓展了商业模式创新研究的方法体系。本书构建了不同关键驱动因素对技术创业企业商业模式创新的跨层次作用模型，采用多层线性模型剖析关键驱动因素对技术创业企业商业模式创新的深层次影响逻辑；采用模糊集定性比较分析方法，探索驱动数字经济背景下技术创业企业商业模式创新的核心因素和不同因素构型，进一步明确了关键驱动因素的协同匹配关系和不同类型因素组态；进而采用系统动力学方法对不同关键驱动因素对商业模式创新的动态作用开展仿真分析，丰富了该领域研究的方法体系，为后续相关研究提供了新的可循方法和借鉴。

1.1.3.2　现实意义

（1）为技术创业企业根植数字经济情境实现商业模式创新提供理论指导与对策建议。本书通过理论分析、关键驱动因素识别、跨层次作用、组态效应和仿真分析，剖析数字经济背景下技术创业企业商业模式创新驱动机制的相关问题，进而为技术创业企业商业模式创新的实践发展提供了可参考的对策建议，助力技术创业企业在数字经济时代下更好地开展商业模式创新活动并实现持续健康成长。

（2）为政府管理部门制定数字经济政策、优化创新营商环境提供参考借鉴。通过对数字经济背景下技术创业企业商业模式创新驱动机制进行研究，发现数字经济背景下地区数字化水平对技术创业企业商业模式创新具有重要驱动作用，加强地区数字化建设对技术创业企业的健康成长至关重要。基于研究结论，本书从地区数字化建设的顶层设计、数字化治理体系等方面提出相应对策建议，为政府管理部门提供参考借鉴，确保政府部门科学决策、提高政策的有效性，营造出良好的创新发展生态环境。

1.2 国内外研究现状

1.2.1 国外研究现状

1.2.1.1 数字经济相关研究

1. 数字经济内涵研究

数字经济的概念出现于 20 世纪 90 年代，由经济合作与发展组织（Organization for Economic Co-operation and Development，OECD）首次提出。此后，发展数字经济成为各国政府促进经济平稳增长的新渠道。基于互联网技术产生的"新经济"现象，美国商业部发布了众多以数字经济为主题的研究报告。[12]学者基于不同视角给出数字经济内涵界定。一是技术融合视角。基于技术融合视角，有研究强调计算机、信息及通信等技术的融合为数字经济发展提供驱动力，数字经济是技术融合过程中导致的社会经济广泛变革。[13,14]还有研究认为数字经济基于互联网的应用及推广，触发多个异质思想与行动者之间的联结方式产生新颖性和多样性的组合，其是动态的。[15]二是新型经济形态。学者们突破数字技术和电子商务的局限性，从数字技术经济范式视角将数字经济界定为一种新的经济形态，认为数字信息技术应用不仅可以产生社会经济效应，而且还可以产生社会非经济效应。[16,17]三是经营活动视角。有研究认为数字经济是以信息和通信技术为基础，通过数字信息传递实现交易、交流、合作的数字化来调整经营活动、提升经济效率。[18]

2. 数字经济后效研究

数字经济被视为社会经济转型升级、提质增效的新引擎，对经济高质量发展、企业成长及绩效具有重要意义，国外学者们倾向于从数字经济所涉及的生产要素、生产方式等独有特征展开研究，主要涵盖以下几个方面：

一是数字经济对产业结构的作用研究。数字技术作为一种新的生产要素补充到社会生产函数中，使原有的劳动和资本要素的产出效率大幅度提升，并且数字经济也被纳入国民核算体系中。通过构建以数字经济基础产业与制造业的产业融合为前提要素的理论模型，为研究数字经济背景下的产业融合提供理论基础。[19]二是数字经济对创新创业的作用研究。基于企业专利持有数的分析发现，数字经济发展会持续提升企业技术创新能力和专利持有率。[20]数字化通过催生分层模块化架构而激发企业组织方式的创新[4]；数字化转型改变了中小企业创造和获取价值的方式[21]；数字技术极大地改变了企业的营销环境，而以市场、学习和企业家为导向的发展定位可凭借数字技术带来更多的机遇。[22]数字化背景下企业的互补性资产不再仅仅是潜在的价值获取机制，还可能是发挥技术创新作用的附属。[23]数字技术可促进创业活动顺利开展、提升创新创业概率。[24,25]还有研究基于 2017 年中国家庭金融调查数据，探究数字经济背景下移动支付对家庭创业的影响。[26]三是数字经济的其他方面作用研究，涉及就业及薪酬、绿色创新、政府服务等方面。现有工作岗位被数字化转型所取代，员工的工资、自主权以及决策理想等被缩减，增加了组织经营风险以及社会不稳定性的可能。[27]基于大数据样本，利用最新的分析方法探究 AI 特定功能的影响的研究结果表明，受 AI 影响的职位大多存在岗位数量缩减、员工薪资下调等问题，这为解释 AI 可能扩大收入差距这一现象提供了实证证据。[28]通过对数字经济所带来的机遇与挑战进行研究，政府部门在促进数字经济健康发展的具体方向被提出。[29]

除了数字经济概念界定及其后效研究外，国外学者也对数字经济的测量展开研究，主要基于增加值与贡献度视角展开。美国经济分析局（BEA）基于增加值视角对本国数字经济增加值、贡献度等进行测算。[30]新西兰统计局（Stats NZ）基于 OCED 核算模式探索本国数字订阅产品与国民经济总量的关系。[31]

1.2.1.2　商业模式创新相关研究

随着数字经济的深化发展，众多革命性和颠覆性的新型商业模式衍生而来，商业模式创新的重要性愈发凸显，已成为理论研究热点。[32]数字经济时代下，供需关系以及生产要素等发生重大转变，在位以及创业等企业都应突破产品、技术、服务或流程等创新形式，凭借商业模式创新来适应新的情境变化，塑造竞争对手难以模仿的创新模式，从而实现经济价值最大化，迅速实现健康成长。[33]目前，商业模式创新研究主要集中于内涵、类型、过程、影响因素等方面。

1. 商业模式创新的内涵

商业模式创新衍生于战略管理学和工业经济学，兴起于营销学。商业模式概念和创新领域的交叉研究催生了商业模式创新概念，其定义基本上强调商业模式创新的动态性。商业模式创新源于第五种类型创新，即新的企业组织方式。[34]商业模式创新被界定为对价值创造各个环节的优化升级，使组织的现有制度结构、运营流程及经营业务中各价值链环节得到改进和完善。[35,36]商业模式创新是企业重构现有市场竞争格局的一种战略性创新。[33]商业模式创新是企业对现有价值体系解构和重构的过程。[37]商业模式创新也被界定为商业模式要素的不断变化过程，即调整与变革重点元素和逻辑架构的过程。[38]探寻新方法及新价值逻辑为利益相关者创造价值而实现自身价值获取也被视为商业模式创新，该观点认为商业模式创新的重点在于发现新方法及新价值逻辑，为消费者、供应商等利益相关者提供新价值主张进而获取回报。[34]商业模式创新的本质是组织对市场、技术等相关元素的整合与重设。[39,40]还有学者将商业模式创新视为一种试错学习过程，映射企业对外部环境的反应。[41]根据上述研究成果可知，商业模式创新的内涵界定视角呈现多元化，研究逐渐深入和细化，形成了丰硕的研究成果，涉及系统运营、战略管理、价值维度和知识管理等视角，体现了企业如何展开业务创新、如何配置资源和能力、如何为顾客创造价值等内容。

2. 商业模式创新类型

以往研究从单一维度，采用二分法将创新分为维持性创新和破坏性创新、增量性创新和根本性创新，或者开发性创新和探索性创新，但均无法解释企业创新失败的原因，这是因为上述划分方式无法阐释企业运用新的商业模式捕捉新商业机会和技术变化。[42] 在此情境下，学者们纷纷从不同视角和维度对商业模式创新类型展开研究。有学者基于创新程度的视角，将商业模式创新分为渐进型创新和根本性创新[43]；或者渐进式创新和激进式创新。[44] 也有学者将商业模式创新细分为产业模式创新、企业商业模式创新与收入模式创新三种类型。[45] 还有的基于技术和价值网络两个维度将创新细分为维持性创新空间和商业模式创新空间[42]；或者基于创新理论，从商业模式构成要素的新安排和目标市场的创新两维度区分商业模式类型[46]；或者基于内外部的机会和威胁的创新起源，将商业模式创新分为渐进型、行业突破型、市场突破型和根本型四种类型。[38] 上述分类方式均基于主观认知，而有些研究基于客观数据。例如，基于样本数据的聚类分析表明，商业模式创新涵盖集成化、多部门、混合与网络四大模式。[47] 也有研究将商业模式创新分为基于效率、价值认知、忠诚度和网络效率四种类型。[48]

3. 商业模式创新过程

既有研究通常将商业模式创新过程划分为几个阶段后，逐次探讨每一阶段的特点、问题等内容，该领域研究相对有限，只是基本的过程描述。[38] 有学者指出，企业与市场中其他企业合作或竞争策略均由所运用的商业模式决定。[49] 有些研究提出涵盖动员、理解、设计、执行和管理五个阶段的商业模式创新设计过程[50]，还有些将商业模式创新分为商业模式设计和动态试错两个主要阶段。[51]

4. 商业模式创新的影响因素

既有关于商业模式创新的影响因素研究主要聚焦于企业内部和企业外部两方面。对企业外部而言，包括政策、技术变迁、环境动态性等；对企业内部而言，包括管理者认知、企业资源等。

其一，外部环境因素。这一视角主要涵盖政策、技术变迁、市场需求、环境动态性等因素，这些因素会与企业原始商业模式产生冲突，继而驱动企业展开商业模式创新。政策因素：例如，政府或社会所施加的监管会驱使企业调整或变革商业模式，据此适应外部变化。[52]技术因素：商业模式的变革与演化不依赖技术变革，但新技术的产生与演变会起推动作用[53]；技术变迁、全球化、信息与通信技术等因素驱动着商业模式创新[49]；知识经济、互联网和电子商务等因素也驱动商业模式创新。[54]市场需求因素：不可预测的市场、消费者需求是驱动商业模式创新的重要因素[55,56]；企业商业模式创新会受到顾客消费习惯以及消费水平的影响。[53]

其二，内部因素。一方面，高管团队涉及的认知结构、以往经验等会帮助企业识别潜在的商业价值机会，继而引致变革与创新。[40]企业管理层不完善的认知反应会阻碍商业模式创新试验[56]；商业模式创新是由企业管理层通过类比推理和概念组合实现的。[41]基于美国印刷出版企业的研究发现，企业商业模式创新强度会受到管理团队认知结构和意识形态多样性的影响。[57]另一方面，企业资源和能力改变也会驱动商业模式的调整与变革。基于资源视角的相关研究认为，资源匮乏、资产配置矛盾等阻止商业模式创新试验[58]，企业资源行动策略选择驱动商业模式的创新发展。[59]基于能力视角的相关研究表明，拥有高动态能力的企业，其商业模式创新的适应性较强[60]；企业的感知能力、整合能力、资源能力及重构能力对商业模式创新具有重要作用。[61]

5. 创业企业商业模式创新

在位企业商业模式创新与新创企业商业模式创新存在明显差别，前者需同时考虑如何管理原有的与新的商业模式，以缓解两者的冲突而实现协调发展，而后者基本不存在这一问题。[62]商业模式的成功与否关系着创业企业的生存和成长，对创业企业具有极其重要的价值。[63]众多国外学者对创业企业商业模式创新进行了深入的研究，主要涉及商业模式创新重要性、前因、后效等内容。首先，创业企业商业模式创新重要性研究。他们认为：

创业企业商业模式的本质是以机会开发为核心的价值创造模式，是在创业企业与其交易伙伴不断互动过程中逐渐形成的[64,65]；创业企业商业模式创新旨在克服制度障碍、建构新的交易规则体系[66]；商业模式创新是创业企业采用新方法建构新边界的交易试验过程，该过程是不断调整的[67]；新创企业可从系统上设计新的商业模式流程[40]；而且，新创企业应综合考量自身的资源和能力状况，明确现有商业模式是否容许作出调整以及能否不断开展商业模式创新，才能够实现健康成长。[68]

其次，创业企业商业模式创新前因研究。众多学者认为资源是企业展开商业模式创新的基础，对于资源相对匮乏的创业企业可采用资源拼凑的方式进行商业模式创新。[69]有学者探究了创业行为与商业模式创新的关系。[70]还有学者以一家印度的教育创业企业为研究对象，剖析了创新型企业领导与商业模式创新的关系，明确了领导者培育出组织创造力和创新是商业模式创新的触发点。[71]

最后，创业企业商业模式创新后效研究。作为一种特殊的创业企业，技术创业企业是指拥有概念性技术的创业团队与期望开发出差异性产品以实现资本升值的投资人合作组建的一类创业型企业。技术创业企业与其他成熟企业相比，兼顾"技术型企业"和"创业企业"双重特征，学者们开始关注科技型创业企业这一特殊群体。在全新的发展情境下，技术创业企业只有保证商业模式与外部环境的良性匹配才能取得竞争优势。[72]一项针对267家技术创业企业的调查发现，商业模式创新对不同生命周期阶段的技术创业企业成长绩效具有差异化影响。[73]

1.2.1.3　数字经济视角下的商业模式创新研究

作为第四次工业革命最重要的特征，数字经济凭借数据信息高效处理、捕捉市场需求、精准匹配供需、缩减成本等优势，改变功能定位和交易方式而驱动创新主体开展商业模式创新。数字经济与商业模式创新的关系研究主要包括以下几个方面内容。

其一，数字化转型方面。数字化通过促进企业向数字服务、数字平台、大规模定制生产和智能制造等方向转型，提升了网联产品服务系统的价值创造。[74,75]一项基于企业纳入大数据或信息技术等进行数字化转型实例的研究表明，企业管理者需要对商业模式构成内容中的一个或几个进行调整，或者摒弃过时的商业模式、创造新的商业模式。[76]数字化转型是对企业原有商业模式的根本性变革，而非简单地进行内部流程优化或者将新兴技术纳入经营活动中。[77]数字化转型要求公司重新创新和考虑其商业模式，一项针对欧洲中小企业的实证研究发现，中小企业在面对数字化转型改变自身商业模式时，其通过采取不同策略来提高自身绩效。[78]有学者通过回顾与梳理企业市场中的数字化研究，探讨数字化能力与企业商业模式的互动机制。[79]

其二，数字技术方面。数字技术不单会对独立个体企业的商业模式产生影响，而且会驱动公司所在生态系统内其他公司的商业模式。[74]基于多个案例的研究表明，数字技术对企业跨行业的业务推进、资源流动及价值创造至关重要，且催化企业开展循环经济商业模式创新。[80]

其三，数字经济情境研究。有研究指出，数字经济会给中小企业带来风险，中小企业需重新审视当前的商业模式是否适应数字经济的发展。[81]基于意大利中小型企业的实证研究发现，数字经济环境下的潜在吸收能力显著正向影响企业商业模式创新。[82]

1.2.2 国内研究现状

1.2.2.1 数字经济相关研究

1. 数字经济内涵研究

近几年，我国学者从经济形态、经营活动等视角给出了数字经济的概念。康铁祥认为数字经济是独立于传统经济、共享经济、信息经济的一种新的经济形态，它是以计算机、通信和数字化等技术为基础，运用互联网、电子商务等进行发展的相关经济的总和。[83]中国信息通信研究院将数字经济视为一种新型经济形态，关键生产要素为数字化的知识和信息，核心驱动力为数字技术创新，重要载体为现代信息网络，通过数字技术与实体经济深度融合来快速重新建构经济发展与治理模式。[84] 许宪春和张美慧将数字经济界定以数字技术为基础，以数字化平台为主要媒介，以数字化赋能基础设施为支撑的一系列经济活动。[85] 与上述界定方式相似，金环和于立宏同样将以数字化的知识和信息为生产要素、以数字技术为核心、以数字化平台为载体所产生的一系列经济活动的总和视为数字经济，其涵盖电子商务、数字化产业和产业数字化。[86]

通过梳理与汇总既有数字经济内涵界定成果可知，国内学者主要从数字经济所具备的独有特征和属性进行内涵界定，涉及新型信息技术、数字化平台等内容，将数字经济作为新型经济形态或经营活动；数字经济发展不仅为个体发展带来新的机会与动力，也驱动着企业、社会、国家乃至世界的创新发展。数字经济全面深化发展的基础是智能终端产品，特别是移动互联网和智能手机，社会生产生活的各个领域都被纳入智能终端产品；随着移动客户端数量的增加，海量数据资源随之产生，并一同催生出移动互联网、大数据、人工智能等新型信息技术；通过利用新型信息技术对所获海量数据进行筛选、提取、分析与处理等活动，从中获取具有商业价值的信息和机会，并据此展开相应的创新活动，最终产生一批新业态、新生产和新服务的模式，这一发展过程即可称为"数字经济"。

2. 数字经济后效研究

随着信息技术的应用与发展，我国学者逐渐关注到数字经济这一研究主题，从不同视角对数字经济后效进行初步探索，取得了一定进展。数字经济后效研究主要涵盖产业结构、创新创业、就业及薪酬等方面。

其一，数字经济对产业结构的作用研究他们。基于宏观层面，俞伯阳和丛屹考察了数字经济、人力资本红利和产业结构高级化之间的动态关系，研究表明，数字经济下人力资本红利推动产业结构高级化。[87] 与上述研究相似，焦帅涛和孙秋碧基于 2013～2019 年省级面板数据，研究数字经济发展对产业结构升级的作用机制。[88]从中观讲，数字经济与传统产业相互融合，对传统产业效率提升和升级改造具有"赋能效应"，进而催生众多类型的新模式、新业态和新产业。徐伟呈等探究数字经济赋能中国产业结构优化升级的内在机理，构建由 ICT 驱动的产业结构变迁模型，明确 ICT 扩散效应能够驱动产业结构升级。[89]基于微观层面，数字技术具备通用技术的所有特征，数字技术既可降低交易成本，又可降低边际生产成本[88]，企业生产的"规模经济"将改变原有的产出结构和产出效率，进而对产业结构产生影响。

其二，数字经济对创新创业的作用研究。（1）基于区域层面。马名杰等指出，在数字化转型过程中，网络平台及数字技术公司的快速发展成为国家重要的竞争载体，数字产业和网络发达的国家将在国际贸易中占据重要份额。[90]赵涛等基于 2011～2016 年中国城市经验数据的研究发现，数字经济通过提升创业活跃度而赋能于高质量发展。[91]赵滨元以 361 个城市 2010～2018 年面板数据为样本，利用空间杜宾模型证实数字经济既可提升本地创新绩效，又可带动周边城市创新绩效，且存在明显的地区差异性。[92]韩露等基于 2011～2016 年 286 个地级市样本数据，探究数字经济对城市创新能力的赋能作用，证实数字经济显著提升城市创新能力，且对创新能力越高的城市赋能作用越强。[93]（2）基于企业层面。余江等基于传统创业与数字创业特性的对比分析，从数字创业的起步、实施和产出三个阶段探讨数字技术对创业的影响机理，继而明晰了我国数字创业未来发展趋势与战略路径。[94]郭海和韩佳平基于数字化新创企业的样本数据研究发现，数字化情境下创新开放深度对新创企业成长绩效具有明显提升作用。[7]李柏洲等在数字化转型过程框架和团队伙伴选择影响因素的基础上，基于双重组合赋权和考虑属性间相互作用，构建数字化转型能力评估方法，并设计出企业战略联盟生态伙伴动态选择模型。[95]

其三，数字经济其他方面的作用研究。除数字经济对产业结构、创新创业的影响以外，我国学者还探索数字经济对就业及薪酬、绿色创新、出口等内容的作用。（1）就业及薪酬方面。戚聿东等基于中国家庭追踪调查数据的分析发现，数字经济背景下互联网应用对灵活就业者的自雇概率具有提升作用。[96]戚聿东和褚席实证分析数字生活与就业概率的关系，研究发现数字生活显著提高个人的就业概率，尤其是对农业户口个体，通过社会资本和个人人力资本增加个人就业概率。[97]（2）绿色创新方面。周晓辉等关注数字经济的绿色价值，探究数字经济对我国南北方城市、中心和外围城市绿色全要素生产率的效应及作用机制。[98]程文先和钱学锋基于"双循环"发展新格局背景，探究数字经济对地区工业绿色全要素生产率的非线性影响。[99]（3）出口方面。谢靖和王少红基于新贸易理论探究了数字经济对制造企业出口产品质量的影响。[100]王瀚迪和袁逸铭基于工业企业和海关数据的匹配样本，研究证实数字经济对出口产品质量有正向促进作用，并且目的国搜寻成本在其中发挥门槛作用。[101]

3. 数字经济测量研究

国内学者主要采用两种方式测度数字经济。其一，投入产出测算数字经济整体规模。我国通过投入产出测算数字经济整体规模的代表研究机构有中国信息通信研究院、腾讯研究院、中国信息百人会等。康铁祥根据2002年我国122部门投入产出表，假定国民经济部门运行特征具有"同质性和无差别性"，通过数字产业部门以及非数字部门的数字辅助活动创造的增加值汇总来测算数字经济规模。[83]许宪春和张美慧通过筛选数字行业和数字产品来测算我国2007～2017年数字经济规模，并通过对比美国和澳大利亚的数字经济发展后发现，近年来我国数字经济增加值的实际增长率明显高于上述两个国家。[85]朱发仓等将数字经济分为数字技术生产和数字技术应用，并分别对二者展开测算。[102]另外，韩兆安等、刘伟等基于相应行业分类，利用投入产出来测算数字经济规模。[103,104]其二，数字经济评价指标体系研究。众多机构和学者构建了综合评价指标体系评估省际、城市等数字经济发展水平。其中，代表性机构主要有腾讯研究院的"互联网＋"数字经济指数、中国信息通信研究院的数字经济指数等。廖信林和杨正源运用熵权法从基础设施、产业发展和创新发展三方面测度苏浙沪皖全域 41 个城市的数字经济发展水平。[105]赵涛、韩璐、黄群慧等均利用主成分分析法，基于数字金融和互联网发展测度数字经济发展水平，指标主要包括互联网宽带接入用户数、计算机服务和软件业从业人员数、移动电话年末用户数、电信业务收入与数字普惠金融指数。[91,93,106]

1.2.2.2 商业模式创新相关研究

1. 商业模式创新的内涵

国内学者从不同视角给出了商业模式创新的概念。王雪冬和董大海基于形式逻辑角度，将商业模式创新视为一种以商业创新为特征的创新行为，源头或起点是发现并提出顾客价值主张，且需要对商业模式构成要素进行调整与变革。[107]吴晓波和赵子溢将提出新价值主张、重新设计商业模式要素的过程视为商业模式创新。[108]张金艳等基于资源基础理论，将商业模式创新界定为复杂资源优化与重设的过程，通过新的资源组合方式或利用方式进行价值创造、传递与捕获。[109]迟考勋认为商业模式创新是通过新的价值活动系统与利益相关者进行交易，涉及经营活动的基本内容、连接方式以及治理机制等方面的转变，继而为顾客创造新的价值，为自身和利益相关者带来超额利润。[110]综上所述，国内学者基于价值视角、要素变化、运营系统等视角进行概念界定，对其展开深入与细致的研究。

2. 商业模式创新的类型

我国学者基于不同的研究需求和研究视角对商业模式创新的类型进行划分，并探究不同因素对不同类型商业模式创新的影响。王锡秋以不同要素为核心，归纳出三种类型商业模式创新，包含以流程管理、价值界定、资源整合为核心的商业模式创新。[111]王炳成和张士强认为商业模式创新包括商业模式创意与商业模式应用两类，并基于多层线性模型探讨员工吸收能力对不同类型商业模式创新的跨层次作用。[112]黄昊等认为商业模式创新涵盖内容创新、结构创新与治理创新,并利用案例研究分析创业导向与各种商业模式创新形式的匹配关系。[113]李巍以互联网金融企业为研究样本,采用多元回归分析方法探究高管团队异质性对开放式和探索式商业模式创新的影响。[114]

3. 商业模式创新的过程

国内学者主要利用案例研究来探索不同行业下企业商业模式创新的演变过程。赵宇楠等明确指出商业模式创新会经历模仿、移植、塑造和探索四个过程,前两者应用于学习商业模式显性知识,后两者适用于探索商业模式隐性知识。[115]王炳成等基于典型的企业商业模式创新案例研究发现,商业模式创新包含创意期、应用期和精益期三个过程。[116]鲁迪等研究发现,在位企业商业模式演化是一个被动、反应、战略及前瞻的循序渐进过程,按照传统创新、社会导向、技术导向、组织导向的过程可实现可持续商业模式创新。[117]钱雨等基于 i5 智能共享机床平台建设历程指出,数字平台商业模式创新会经历启动、构建与扩展三个阶段,并探索动态能力在不同阶段中发挥的具体作用。[118]

4. 商业模式创新的影响因素与驱动机制

企业外部因素主要涵盖环境动荡性、市场需求、行业竞争等内容。王炳成等基于我国制造企业的研究表明,环境动荡性是制造企业商业模式创新的重要外部动力。[119]郭海和沈睿研究表明,需求不确定性阻碍企业商业模式创新。[120]李菲菲和田剑基于在线旅游企业的研究发现,技术进步、顾客需求、行业环境等因素影响着商业模式创新。[121]周阳等以数字技术创业企业为样本,研究证实了外部网络联结对商业模式创新具有积极影响。[122]汪积海和王烽权基于我国 O2O 创业失败的具体商业实践的研究发现,行业竞争强度越高,商业模式创新越不易失败。[123]

企业内部因素主要涵盖高管团队、网络关系、战略导向、资源与能力等。胡宝亮、单标安、庞长伟与薛鸿博等学者探究了高管团队的行为整合、创造力、认知、创业经验等对不同企业不同类型商业模式创新的影响。[124-127]

朱明洋等探讨了网络自主权对商业模式创新的影响。[128]易加斌等基于知识观视角,立足我国高技术企业的研究表明,组织学习正向促进商业模式创新。[129]王永伟等利用不同统计软件进行的实证分析表明,创业导向对商业模式创新具有显著影响。[130]王烽权和汪积海基于我国新经济创业情境及多案例研究表明,机会把握、组织重构等动态能力对创业企业商业模式创新至关重要。[131]胡保亮等基于动态能力束的观点,证实资源重组能力、资源重置能力均对商业模式创新具有显著正向影响。[132]

此外,我国学者对商业模式创新的驱动因素与驱动机制展开了探索性研究。其一,我国学者大多采用案例研究、多元回归分析、系统动力学模型等方法分析商业模式创新的驱动因素。田剑和徐佳斌构建平台型企业商业模式创新系统动力学模型,运用系统动力学分析软件研究发现,双边市场效益系数、服务质量系数和大数据能力是平台型企业商业模式创新的关键驱动因素。[133]李巍以互联网金融企业为研究对象,运用多元回归分析方法研究发现,高管团队专业异质性、经验异质性、机会识别能力等因素驱动企业进行商业模式创新。[114]其二,商业模式创新驱动机制相关研究。王水莲等基于内外驱动视角,整合社会网络和组织学习两个过程驱动因素,利用定性比较分析方法探讨制造企业商业模式创新驱动机制。[134]周键等以新创企业为研究对象,采用模糊集定性比较分析方法剖析资源拼凑与内外部关系嵌入对商业模式创新的影响路径及机制。[135]通过对既有文献的整理可见,驱动因素研究主要采用多元回归分析方法来探讨至多三个因素之间的关系,即"净效应";驱动机制研究侧重于利用定性比较分析方法来探索多个驱动因素对商业模式创新的协同匹配作用,即"组态效应"。

5. 创业企业商业模式创新

作为一种特殊类型企业,创业企业的经营发展与成长过程中具有较强的不确定性,创业失败率较高,摒弃过时的商业模式、调整与改变现行商业模式或设计新的商业模式是攻克成长困境、获取竞争优势的关键途径。我国众多学者强调商业模式创新对创业企业的重要性,基于不同研究视角,

运用多元回归分析、案例分析等定量和定性方法开展了深入研究。[127,131,136]

　　与一般企业样本研究相似，我国学者从内外部视角剖析创业企业商业模式创新的前因。其一，基于内部因素视角的研究。庞长伟等对陕西、山东和江苏三个省份的创业园区企业的研究发现，高管团队认知和动态能力可正向影响创新企业的新颖型商业模式创新。[126]其二，基于外部因素视角的研究。董静等基于我国中小板和创业板上市公司的研究表明，不同背景的风险投资对创业企业商业模式的创新导向和效率导向具有差异化影响。[137]其三，基于内外部因素整合视角的研究。蒋兵等从内外部因素整合的视角，探究创业制度环境和创业拼凑与新企业商业模式创新之间的关系。[136]周阳等探究了外部网络联结和内部高管团队特征（TMT）对数字技术创业企业成长的匹配组合作用。[122]

　　技术创业企业作为一种特殊类型的创业企业，我国学者对其商业模式创新展开的相应研究主要涵盖前因和后效两部分。其一，技术创业企业商业模式创新前因的研究。云乐鑫等认为创业企业创新型商业模式应分为创新型和效率型两种，通过案例研究发现，海外经验积累以及网络嵌入会引致海归科技型创业企业商业模式创新，并且创业学习具有中介效应。[138]吕东等指出基于交易内容和结构变革的商业模式创新能够帮助科技型创业企业在动态环境下实现稳定成长，是形成基于商业生态系统竞争优势的重要渠道。[139]张春雨等以技术创业企业为样本，基于结构方程模型的实证研究发现，结构嵌入和关系嵌入均显著促进技术创业企业商业模式创新，且后者作用更显著。[140]其二，技术创业企业商业模式创新后效的研究。张春雨等基于创业板上市公司数据的研究发现，商业模式价值创造正向影响技术创业企业绩效。[141]郭韬等指出，商业模式创新是技术创业企业在互联网经济时代提升企业绩效的有效手段之一，且创业者的专业背景、受教育情况、职能背景等因素都积极影响企业商业模式创新，且商业模式创新能够提升企业绩效。[142]

1.2.2.3 数字经济视角的商业模式创新研究

随着"数字中国"和"智慧社会"建设的提出与推进，数字经济已上升为重要的国家战略，学术界掀起数字经济研究的热潮，学者们基于这一视角进行商业模式创新的相关研究，涵盖数字化转型、生产要素以及数字经济情境等内容。

（1）数字化转型方面。江积海和王烽权以制造型企业互联网转型为研究对象，基于商业模式和价值创造的视角剖析 O2O 商业模式的创新路径及其演进机理。[143]张振刚等证实企业数字化转型正向促进商业模式创新，并且知识管理在二者关系中发挥中介作用。[144]

（2）生产要素方面。与传统经济形态相比，数字经济形态下的生产要素等产生显著变化，我国学者基于生产要素这一角度展开了丰富的研究，主要涉及大数据和数字技术两个方面。其一，大数据方面。李文博通过对多个案例的话语分析，探究大数据驱动商业模式创新的发生机理。[145]曾锵基于 Zara、小米和千丁的案例研究，证实大数据通过驱动核心要素改变而实现商业模式创新。[146]王立夏等以瓜子二手车为案例的研究发现，外部环境冲击会驱使企业以大数据赋能商业模式创新，且赋能于关键业务创新。[147]其二，数字技术方面。齐严等对零售企业的扎根理论分析发现，在数字技术革命背景下，新技术会直接催动零售企业商业模式创新，新技术不仅直接转变消费者行为，而且改变零售业竞争的间接效应。[148]邢小强等基于数字技术与商业模式创新及其互动视角，建立数字技术与 BOP 商业模式创新协同推动包容性市场的理论框架。[149]汪志红和周建波探究数字技术可供性对不同类型商业模式创新的影响，并证实数字化能力与组织勇气的中介和调节作用。[150]

（3）数字经济新情境方面。作为一种新型经济形态，数字经济所带来的一系列变化，对于任何企业而言都是全新的发展情境，我国学者基于这一新情境展开的探索涉及互联网、数字化等情境。罗珉和李亮宇给出互联网情境的商业模式内涵,指出商业模式要素(如跨界、社群等)可帮助企业拉近与客户间的距离、提升直接交流频次,使企业及时精准把握用户需要而实现价值获取。[151]郭海和韩佳平基于数字化情境的研究表明,创新开放度对商业模式创新具有显著正向影响。[7]史亚雅和杨德明基于数字经济时代情境,揭示出商业模式创新对企业盈余管理的积极作用。[5]杨金朋等基于案例研究发现,数字化情境下制造企业展开商业模式创新的核心机制是数字技术。[152]

1.2.3 国内外研究述评

国内外学者从不同视角对数字经济、商业模式创新、创业企业商业模式创新等开展了研究,且在数字经济新情境下商业模式创新研究的必要性和紧迫性、商业模式创新对技术创业企业成长的促进作用等方面形成了共识。既有研究成果为本书提供了重要的参考借鉴,但数字经济背景下技术创业企业商业模式创新驱动机制研究尚处于起步阶段,尚未构建起系统性研究框架。已有研究的不足主要表现在以下四个方面。

(1)数字经济情境下技术创业企业商业模式创新的针对性研究不足。数字经济时代下,以大数据、人工智能为代表的数字技术与各领域的深度融合不断推动消费升级和经济社会转型,极大地改变了商业生态环境,这一新经济形态明显区别于传统工业经济形态。同时,技术创业企业存在"新生弱性",面对资源匮乏等困境,其商业模式创新与在位企业存在明显差异。虽然数字经济背景下企业商业模式创新、技术创业企业商业模式创新等问题已得到学者关注,但有限的研究成果多侧重于数字经济背景下企业商业模式创新的新特点和新趋势、技术创业企业商业模式创新的主要特征和影响因素等主题,而基于数字经济背景开展技术创业企业商业模式创新的主要特征、驱动因素及其作用等问题的针对性研究远远不足。

(2)数字经济背景下企业商业模式创新驱动机制研究尚未形成系统的

研究框架。对于企业商业模式创新驱动因素问题，已有研究多侧重于从单一层面或少数变量间的线性关系来分析商业模式创新的前因，研究范式存在一定的同质性，企业商业模式创新驱动机制的研究框架尚未真正形成。目前，关于数字经济背景下企业商业模式创新驱动机制研究仍处于起步阶段，数字经济背景下企业商业模式创新驱动机制研究尚未形成系统的理论框架。

（3）数字经济背景下技术创业企业商业模式创新的关键驱动因素研究不足。现有研究对技术创业企业商业模式创新驱动因素进行研究与探索，取得了一定研究成果，但基于数字经济这一特定情境、针对技术创业企业商业模式创新的关键驱动因素研究仍不多见，数字经济背景下技术创业企业商业模式创新的关键驱动因素尚不清晰。

（4）数字经济背景下企业商业模式创新驱动因素的作用机制仍不明晰。国内外学者已开始关注数字经济背景下企业商业模式创新的前因问题，但现有研究多采用多元回归分析方法，重点探讨数字技术、数字战略、数字化转型等单一层面或特定层次的个别因素对企业商业模式创新的线性作用，忽视不同层面驱动因素协同匹配的复杂作用。同时，企业商业模式创新是一个复杂的动态过程，但现有研究多基于静态视角开展研究，已有少量的商业模式创新动态研究侧重于商业模式的动态演进、技术创新与商业模式创新的共演等，而缺少关于不同层面驱动因素对商业模式创新动态作用机制的系统研究。

1.3 研究思路与研究内容

1.3.1 研究思路

本书在充分借鉴国内外已有研究的基础上，基于数字经济新情境，结合技术创业企业的特征，按照"关键驱动因素识别→跨层次作用→组态效应→动态作用"的研究逻辑，系统剖析数字经济背景下技术创业企业商业模式创新驱动机制问题。本书的技术路线图如图 1.1 所示。

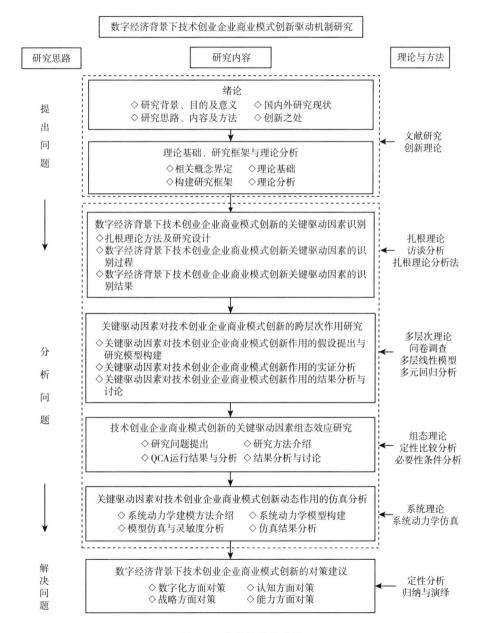

图 1.1 本书的技术路线

1.3.2　研究内容

基于上述研究思路，本书包括如下具体内容。

第1章绪论。首先，明确本书的选题背景、选题目的及选题意义；其次，汇总并梳理国内外对数字经济、商业模式创新、商业模式创新驱动机制、创业企业商业模式创新、技术创业企业的相关已有研究，并对已有研究的现状进行评述；最后，概括总结本书的研究思路、研究内容及研究方法，并明确创新之处。

第2章理论基础与研究框架。首先，通过对国内外文献的归纳与梳理，界定数字经济、商业模式创新、技术创业企业等内涵；其次，对数字经济背景下技术创业企业商业模式创新进行相关理论解析，为本书奠定理论基础；再其次，对数字经济背景下技术创业企业商业模式创新的特征、路径与行为属性、驱动因素及其作用进行细致阐述；最后，构建数字经济背景下技术创业企业商业模式创新驱动机制的研究框架。

第3章数字经济背景下技术创业企业商业模式创新的理论分析。首先，对数字经济背景下技术创业企业商业模式的构成要素进行分析，为后续商业模式创新测量等研究奠定基础；其次，对创业企业与在位企业商业模式创新的特征差异、数字经济背景下企业商业模式创新的特征进行分析，总结出数字经济背景下技术创业企业商业模式创新的特征；再其次，系统分析数字经济背景下技术创业企业商业模式创新的模式和行为属性；最后，剖析数字经济背景下技术创业企业商业模式创新的驱动因素及其作用，为后续研究提供支撑。

第4章数字经济背景下技术创业企业商业模式创新的关键驱动因素识别。根植数字经济发展新情境，运用扎根理论分析法对技术创业企业商业模式创新的关键驱动因素进行辨识，通过对原始访谈资料进行开放式编码、主轴式编码、选择式编码和理论饱和度检验等流程检验，确定关键驱动因素的各层次范畴，构建概念化模型，为跨层次作用研究奠定基础。

第 5 章数字经济背景下关键驱动因素对技术创业企业商业模式创新的跨层次作用研究。首先，根据关键驱动因素的识别结果及概念化模型，提出关键驱动因素对技术创业企业商业模式创新作用的研究假设，进而基于多层次理论构建跨层次作用的研究模型；其次，借鉴国内外成熟且广泛应用于我国发展情境的变量测量量表，面向技术创业企业展开大规模问卷调查；再其次，采用多元回归模型开展基础性检验后，利用多层线性模型对所提研究假设进行实证检验；最后，形成跨层次作用的研究结论，为后续组态效应研究以及管理启示奠定基础。

第 6 章数字经济背景下技术创业企业商业模式创新的关键驱动因素组态效应研究。在理论分析与跨层次分析的基础上，基于组态理论构建组态效应的研究模型，采用模糊集定性比较分析法来探究关键驱动因素的协同匹配作用，明确提出技术创业企业商业模式创新的组态构型，并对组态分析结果进行对比分析，提出具体研究命题。

第 7 章关键驱动因素对技术创业企业商业模式创新动态作用的仿真分析。基于关键驱动因素识别、跨层次作用和组态效应的研究结果，构建关键驱动因素对技术创业企业商业模式创新动态作用的系统动力学模型，运用系统动力学分析软件进行仿真模拟和灵敏度分析，明确关键驱动因素的动态作用以及关键驱动因素变化下技术创业企业商业模式创新的动态趋势。

第 8 章数字经济背景下技术创业企业商业模式创新的对策。根据关键驱动因素识别、跨层次作用、组态效应和动态作用仿真分析的研究结论，分别从地区和企业两个层次的数字化、认知、战略和能力四个方面提出推进技术创业企业商业模式创新的对策建议。

1.4　研究方法

1.4.1　文献研究法

借助中国知网、Elsevier 等数据库,通过阅读并系统梳理数字经济、商业模式创新、创业企业商业模式创新等内容的主要观点和研究成果,明确本书选题的突破口和重要性,并确定本书的研究思路和研究方案,进一步构建数字经济背景下技术创业企业商业模式创新驱动机制的研究框架,并为研究假设的提出与变量测量等提供理论和文献支撑。

1.4.2　扎根理论分析方法

由于数字经济是一种新的经济形态与发展情境,技术创业企业是一种特殊创业形式,数字经济背景下技术创业企业商业模式创新的关键驱动因素与传统经济形态下企业商业模式创新的关键驱动因素存在显著差异,不能将传统情境的研究结论简单地移植到数字经济新情境中。因此,在数字经济背景下技术创业企业商业模式创新关键驱动因素识别研究中,采用扎根理论分析方法,通过对深度访谈原始资料进行循环反复的开放式编码、主轴编码、选择性编码和理论模型饱和度检验,识别出数字经济背景下技术创业企业商业模式创新的关键驱动因素,并构建起相应的概念化模型,为后续研究奠定基础。

1.4.3　多元回归分析方法

在关键驱动因素对技术创业企业商业模式创新跨层次作用的实证分析

中，参考并借鉴文献资料以及变量成熟量表的基础上，设计并发放调查问卷，获取一手调研数据，并运用多元回归分析方法把握调查数据的质量，开展样本特性、描述性统计、相关性分析、信效度检验、验证性因子分析、聚合检验等基础性检验；并对高管团队认知、战略导向与数字化能力的直接效应和中介效应进行验证。

1.4.4 多层线性模型分析方法

根据关键驱动因素识别结果，构建关键驱动因素对技术创业企业商业模式创新跨层次作用的研究模型，基于问卷调查数据，采用多层线性模型分析方法开展大样本实证检验，揭示地区数字化水平、高管团队认知、数字化能力与商业模式创新的跨层次关系以及相互作用。

1.4.5 模糊集定性比较分析法

本书充分考虑技术创业企业商业模式创新会受到不同关键驱动因素的协同匹配作用，基于组态理论构建起技术创企业商业模式创新的组态效应模型，并采用模糊集定性比较分析法剖析技术创业企业高商业模式创新与非高商业模式创新的核心因素与不同组态构型，并对比分析出相应研究命题。

1.4.6 系统动力学仿真分析

基于系统动力学理论与方法，构建关键驱动因素对技术创业企业商业模式创新动态作用的系统动力学模型，运用 Vensim PLE 对关键驱动因素与技术创业企业商业模式创新之间的动态关系进行仿真模拟，明确不同关键驱动因素变化对技术创业企业商业模式创新的动态作用。

1.5 创新之处

（1）识别了数字经济背景下技术创业企业商业模式创新的关键驱动因素，剖析了关键驱动因素之间的相互作用关系。聚焦"数字经济"新情境与"技术创业企业"这一特定研究对象，基于扎根理论识别出地区数字化水平、数字导向与数字化能力等数字经济背景下技术创业企业展开商业模式创新的关键驱动因素，进而剖析了关键驱动因素之间的相互作用关系。

（2）揭示了数字经济背景下关键驱动因素对技术创业企业商业模式创新的跨层次作用机制。相较于已有研究，本书综合高阶理论、动态能力理论、多层次理论，将关键驱动因素纳入同一研究框架，并运用多层线性模型分析方法，探索地区和企业两个层面因素对技术创业企业商业模式创新的跨层次作用，克服已有研究侧重于探究单一层面个别因素对商业模式创新的作用，为商业模式创新驱动因素作用研究提供了新的研究思路和可循方法。

（3）揭示了数字经济背景下技术创业企业商业模式创新的组态构型，明晰了关键驱动因素的"组态效应"。本书利用模糊集定性比较分析方法，基于组态视角探索不同关键驱动因素对商业模式创新的协调匹配作用，得到技术创业企业商业模式创新的具体组态构型，进一步明确核心因素、汇总出不同类型因素组态，弥补了已有研究侧重探索商业模式创新驱动因素的"净效应"对于驱动商业模式创新的多重因果复杂性关注度不足的缺陷。

（4）揭示了数字经济背景下关键驱动因素对技术创业企业商业模式创新的动态作用。技术创业企业商业模式创新具有动态性和反馈性的特点，是一个复杂的非线性动态反馈系统。与大多数现有研究基于静态视角不同，本书从动态研究视角，建立关键驱动因素对技术创业企业商业模式创新动态作用的系统动力学模型，运用仿真模拟分析和灵敏度分析检验不同关键驱动因素对技术创业企业商业模式创新的动态作用机制，丰富了商业模式创新研究的方法体系。

第2章 理论基础与研究框架

2.1 概念界定

2.1.1 数字经济

2.1.1.1 数字经济的概念

1995 年，"数字经济"的概念首次由加拿大经济学家唐·塔斯考特（Don Tapscott）在其所著的《数据时代的经济学：对网络智能时代机遇和风险的再思考》一书中提出。唐·塔斯考特从经济学视角颇具预见性地指出："未来经济社会将进入以信息数字化和知识为基础的数字经济时代，且通过大量商业实例分析新的信息技术对企业、市场、社会等的变革性影响。"随后，美国计算机科学家尼古拉斯－尼葛洛庞帝（Nicholas-Negroponte）在所著《数字化生存》一书中描绘了数字科技对生产、生活和工作等的变革，且明确提出信息加工处理已替代原子加工过程。作为数字经济研究的先驱者，他们未给出数字经济的具体界定和精准阐述。随着数字经济理念的流行，一些发达国家，如美国、日本将数字经济作为促进经济发展的新引擎，围绕数字经济发布了一系列报告，阐述信息技术对经济社会的变革性影响，尝试进一步界定和解释数字经济。日本通产省在 1997 年的政府文件中使用了数字经济这一概念，基于电子商务视角阐述了数字经济的内涵；美国商务部于 1998 年颁布的《浮现中的数字经济》报告将电子商务与信息技术产业界定为数字经济[153]；美国统计局认为数字经济包括计算机网络、电子商务、电子化企业和基础设施等内容[154]；达乌德（Daoud）重点阐述了电子商务的涌现方式，认为数字经济由电子商务基础设施、基于计算机网络的组织运行过程和电子交易过程三部分组成。[155]这一时期，学界和业界对于数字经济的解读侧重于电子商务和信息技术层面。

21 世纪初期互联网泡沫破灭，官方和学界关于数字经济的相关研究暂时处于低谷期，此阶段的相关研究更关注对于互联网泡沫各类问题的反思。直至 2008 年国际金融危机全面爆发，世界各国、国际组织和国际咨询机构纷纷开始制定数字经济发展战略，数字经济再度成为热点问题。自此之后，数字经济的概念不再局限于电子商务和信息技术方面，世界各国政府、国际组织和学界尝试从以下几方面视角对其进行界定。

一是从国家和社会层面给予界定，强调其对国家和社会发展的重要性。澳大利亚的国家数字经济发展战略中将通过物联网、互联网等数字技术实现全球经济社会活动网络称为数字经济。有研究认为数字经济是由数字技术，如移动网和互联网等支持的社会经济活动的国际网络。[156]欧洲议会则认为源源不断的节点连接成的复杂多层次结构即为数字经济；数字经济被界定为由无穷尽的节点彼此排列而成的不同层面和层级的复杂结构。[157]

二是从技术层面进行界定，侧重于数字技术对社会经济发展的促进作用。美国商务部经济分析局于 2018 年公布的《数字经济的定义和衡量》，从信息通信技术视角界定数字经济，指出数字经济由三部分组成：计算机网络存在和运行所需的基础设施（数字使能基础设施）；依托这一系统进行商品和服务的购买和销售（电子商务）；参与数字经济的人们通过电子设备创建、访问、存储和阅读的内容（数字媒体）。学术界人士同样从技术视角进行探索。有研究认为，数字经济是从国际维度的数字化投入中衍生出来的经济总产出，涵盖数字能力、设备（通信工具、软件和硬件）、生产中利用的中间数字化服务和商品等投入[158]；数字经济不仅是服务和商品的数字可获性，而且是应用数字化技术协助企业。[159]有学者将数字经济定义为依托互联网以及相关技术进行的一连串社会经济活动[160]；也有学者将数字经济界定为通过计算机辅助的数据数字化，强调数字化在经济中的作用[161]；还有学者认为数字经济代表着各种通用举措与广泛的社会经济行动的融合，整合物理系统，主要以路由器、宽带和线路为中心，接入智能手机和电脑等设备，依托其展开相关活动。[162]

三是基于经济学视角的界定，总结数字经济的具体表现形式和特征。有研究认为，数字经济是基于数字化技术的经济形态，数字经济企业具有四个特征，即基于新型资金来源的创新（风险投资）、无形资产愈发重要、关于网络效应的新组织框架以及跨境电子商务。[163]《G20 数字经济发展与合作倡议》将数字经济视为以数字化的信息和知识为生产要素、依托现代信息网络这一载体、有效运用信息通信技术来提升生产效率和优化经济结构的一连串经济活动，主要强调在数据采集、加工和处理等共享过程中使用各类数字技术[164]，这一界定也在我国被广泛应用。国内学者关于数字经济的研究成果也呈现爆发式增长。胡煜等认为数字经济是以数据为生产要素，并将数据要素运用在社会经济的价值链全过程中所形成的一种独特经济形态，广义上涵盖数字产业化、产业数字化，而狭义上只为数字产业化，主要为传统 ICT 领域，数字化产品、服务和平台。[154]与之相似，李艺铭和安晖将数字经济界定为以数字资源为核心要素，以信息/数字技术为推力，借助信息网络连接展开一系列经济活动的总称，包含传统产业数字化、数字产业化。[165]赵立斌和张莉莉认为数字经济是以数字技术创新为动力，以此提高传统产业的数字化、智能化和自动化水平，最终实现经济升级与社会转型的一种经济形态。[166]

基于上述分析并结合本书的研究主旨，依据《G20 数字经济发展与合作倡议》，本书将数字经济定义为：以数字化的知识和信息为生产要素，利用大数据、人工智能等现代信息技术实现经济结构优化的一种新经济形态，是触发创新主体开展价值创造活动的一种新发展情境。数字经济进一步体现了"人本位"思想，重新塑造企业与顾客之间的关系，依托前沿信息技术实现供给端和消费端点对点的交互，提升顾客的消费体验。数字经济的繁荣发展，不仅为个体发展提供了新的机遇和引擎，更是企业、行业、国家乃至世界经济高质量发展的新引擎。

2.1.1.2 数字经济的基本特征与本质属性

1. 基本特征

其一，数据资源是数字经济发展的基本要素。与传统经济形态相似，数字经济发展也需要持有与之相配的生产要素，但经济形态经历的任何一次重塑与变革均会迸发出具有时代特性的生产要素。伴随数字经济的蓬勃发展，生产、消费、交换和分配等社会经济环节中产生的信息均会以数字化的形式存储、传播、加工和利用，这使得数据资源取代实体资本成为关键生产要素，其与农业时代中土地和劳动力、工业时代中资本、技术和物资等生产要素同样重要。[167]但相比于其他生产要素，数据资源拥有自身的特性，如可视化、无限增长性、重复使用性、待挖掘价值性与规模报酬递增性。[168]在数字经济时代下，谁掌握丰富的数据资源，谁就拥有更强的竞争力；即拥有海量数据资源已成为企业竞争优势的重要表现之一。通过将不同类型数据资源分析转化为有价值的决策信息，各层次创新主体据此进行精准生产、业务流程改造和服务方式变革等创新活动，实现竞争力的提升。

其二，数字基础设施是数字经济发展的基石。与传统经济形态相似，数字经济发展需要与之相配套的基础设施，数字基础设施的概念应运而生，且所涵盖的内容更为广泛。数字基础设施既涵盖宽带、无线网络等专用型数字基础设施，又涵盖对传统物理基础设施改造的融合型基础设施[169]，如传统交通基础设施中加入数字化组件而构造出数字化交通系统。上述两种类型数字基础设施共同促进数字经济的持续健康发展，发挥基础性作用。

其三，数字技术是数字经济发展的重要驱动力。技术进步对任何经济形态变革均具有重要作用，如青铜器和铁器引致农业革命、蒸汽机驱动工业革命、信息与通信技术（ICT）引发信息革命；而物联网、人工智能、云计算、区块链等数字技术的快速发展与普及应用势必会带来数字革命，其为数字经济的持续创新和蓬勃发展提供驱动力。[168] 但相比于传统因素，数字技术拥有自身的特性，如可编程性、可供性与同质性等[170]，凭此不断深入政治、经济、文化、社会和生态等领域，已成为驱动国家创新发展的重要引擎。同时，数字技术不断深入制造、流通和管理等领域，颠覆诸多传统产业的同时，也催生出更丰富的新模式和新业态。

其四，多方融合发展是数字经济的主引擎。第一，产业融合是经济发展的重要趋势，如农业的机械化、工业的服务化等。毋庸置疑，融合仍是数字经济发展的关键主题。数字产业将原有线上业务拓宽至线下业务，不断拓宽业务边界，通过收购传统的制造、零售等企业，重新构造出新型的制造、零售等模式和业态，大大地扩充了经济活动空间。此外，传统制造、零售、物流等实体产业，通过提高数字化投入和创新力度，对管理、架构、研制、设计、销售和售后等价值创造流程进行相应的数字化转型，继而衍生出智能工厂、数字设计、智慧物流等新业态，大大降低了传统产业的时间和金钱成本，深刻影响了人们的消费行为和生活方式，支撑了新旧动能的持续转变。第二，数字技术驱动人类社会、物理世界和网络世界的相互融合，使人类社会迈入新世界。通过将数字技术不断渗入人类社会的各个领域，人类社会进入人机物互联互通的新时代，拓宽了人类生存与活动的空间，实现了现实和虚拟的有效融合。此外，数字技术突破知识积累—研究—应用的线性创新过程，使创新环节边界日益模糊，各创新环节互相融合与互相作用，创新过程融合为一体。[6] 借助数字技术，创新主体间的沟通协调、信息分享与合作创新更加便捷和高效，多元化创新主体融合发展出新产品和新服务[172]，继而形成产品与组织的松耦合系统，降低组织协调沟通成本，打破时空界限，实现组织去中心化。

2. 本质属性

其一，生产力方面。一方面，移动互联网、物联网等数字技术广泛应用于经济活动的各个环节中，如将 MES、CAPP、PDM 等技术广泛应用于产品制造过程中，塑造出智能化和精益化的制造流程，精准控制物料数量，提升资源配置效率及产品合格率，并使车间工人等从繁杂的手工劳动中解放出来，继而投入更高级别的工作。另一方面，数字经济时代下，知识的积累方式、传播速度、共享范围、存储方式和处理手段等发生根本性改变。通过应用新型数字技术来提高数据资源的虚拟存储量和搜索效率、支持数据资源的复制和搬运[173]、识别数字资源隐含的商业价值，降低商业价值识别和探索成本[172]、充分发挥规模经济效应，最终调整与变革了经济发展模式。

其二，生产关系方面。数字经济全面重构生产关系，企业、社会公众、供应商等参与者均成为新时代的受益者，新型生产关系的产生是新型生产力所需的。第一，依托不同类型移动互联、物联网等技术的应用，人与人、人与机、人与物、物与物的关联愈发紧密、愈发便捷。[174]第二，数字经济发展驱动政府部门进行数字化转型，打破固有侧重封闭监督的社会治理模式，构建出平台、公众、企业和消费者等多元参与的协同治理体系，有效治理数字经济发展过程中产生的复杂且分散的问题。第三，企业与消费者的关系不再是简单的供需关系，而是构建起价值共创、分享和受益的协同关系；企业与生产商、供应商、科研机构等构建起新型联盟关系，从闭环式自我发展转向为平台化开放型发展。这意味着单一创新主体、集中式创新模式已逐渐转向多元化创新主体、分散式创新模式，供应商、顾客乃至竞争对手都会参与到创新活动中。[168]上述生产关系调整与优化只是数字经济发展中的一部分，新型生产关系的构建支持着大数据、人工智能、物联网等新型生产力的蓬勃发展。

其三，生产方式方面。数字经济时代下，数字技术的发展与应用改变生产资料的利用方式，突破了传统循序渐进的发展模式，使得跳跃式发展模式成为可能。传统经济形态下，各种生产条件具有积累性、渐进性和时序性等特征，使得生产方式无法实现跨越式发展；而数字经济形态为跨越式发展提供平台与可能。[173] 现阶段生产发展关键不再是场地、原材料、能源等生产资料，而是在最新信息和资讯，公众、企业、政府等主体的数据资源已成为争夺中心。数字经济离不开数据、信息和技术等新型生产资料，它通过变革固有的传统价值创造模式，形成更为开放的平台竞争策略（生态系统竞争），实现生产方式的根本性变革。

2.1.2 商业模式创新

2.1.2.1 商业模式的内涵

商业模式一词最早在 1957 年被提出，应用于业务建模[175]，被视为一种管理工具；后来，逐渐演变成具有功能性质的系统建模操作活动。伴随着电子商务的产生与发展，学界与业界对于商业模式的重视程度逐渐提升。商业模式的选择和设计是商业模式创新的前提和基础，其关键点在于挖掘与利用商业机会。[65] 因此，梳理商业模式的概念是展开商业模式创新研究的前提和基础。

商业模式作为一个有机系统包含多方面内容，如交易结构（内容、流程、方式等）、组织结构（运营流程、经营目标等）、商业活动的参与者及其中的价值逻辑、商业活动的具体模板等。不同研究领域的学者基于不同研究视角和研究目的对商业模式概念进行界定，尚未对此达成共识。对文献梳理后可知，既有研究主要从价值、认知、系统、组织架构/组织设计、顾客导向和交易结构等视角进行商业模式概念界定，如表 2.1 所示。

表 2.1　　　　　　　　　　既有研究商业模式的概念

视角	概念	文献
价值	企业从与商业伙伴构建的合作网络中获取资源，并应用其创造价值的过程	Day（2011）
	描述企业明确的顾客价值主张，采用价值创造和价值获取的工具	魏江等（2012）

续表

视角	概念	文献
价值	阐述自身价值主张及所开展的具体业务活动过程，映射组织价值创造的体系、价值传递的方式和价值捕获的机制	Elia et al.（2017）
	价值创造与价值捕获之间的具体关联，主要阐释组织创造经济价值的思维逻辑和创新活动	Hacklin et al.（2018）
认知	创办者或管理层成员的认知反应、思维方式和战略构思等表现形式	Sosna et al.（2010）
	管理者根据所处行业特征与形势提出新的价值主张，并制定价值创造、价值捕获的战略决策和发展愿景	George & Bock（2011）
	商业模式是认知结构，描述组织界限设定、价值创造、组织结构和治理等内容	Doz & Kosonen（2010）
系统	构成要素相互关联、互相影响而形成的有机整体	Morris（2005）
	商业模式由相互关联和相互依存的组织活动所构成的系统	Markides & Sosa（2013）
	满足市场需求、活动规范等相互关联的活动系统	Foss & Saebi（2017）
组织架构/组织设计	企业设计的与客户、供应商等利益相关者进行交易的流程和模式	Angeli & Janiswal（2016）
	企业为达到某种运营目标而将其内部核心活动进行整合，根据企业类型不同而进行运营流程设计的一种模式	Tawadros et al.（2011）
	体现组织的潜在核心逻辑，是一组创造的良性逻辑循环	王玲玲等（2019）
顾客导向	它是企业提供商品或服务而为顾客带来价值，并获取经营利润的工具	Halme et al.（2012）
	实现顾客价值为核心的行为方式，阐述新价值主张的提出，顾客价值产生、提供与实现等具体方式	Priem et al.（2013）
	描述组织向顾客交付价值的过程，主要映射出顾客和市场的需求	Schneckenberg et al.（2017）
交易结构	企业的交易活动系统及其治理结构	Amit & Zott（2001）
	企业经营活动的逻辑体系，包括为客户提供的价值主张、自身的收益结构、价值获取等	Teece（2010）
	企业与其利益相关者的交易结构，涉及参与者是谁、交易内容是什么、如何交易以及如何收支	魏炜等（2012）
	企业重塑交易体系，调整价值主张、价值创造和价值获取方式	Osterwalder（2005）

既有研究主要观点包括：

其一，基于价值视角的概念界定。这一视角主要体现了企业开展价值创造、价值获取等具体活动[61]，阐述了捕获和维持经济利益的方式。有研究将企业从自身与合作伙伴（顾客、供应商等）构建起的合作网络中获得并利用资源来创造价值的过程界定为商业模式。[176]魏江等认为商业模式是企业价值主张、创新和捕获的逻辑结构，具体阐释了企业采取何种工具，明确顾客价值主张。[177]企业阐述自身价值主张以及所开展的具体业务活动的过程被看作为商业模式，其映射了组织价值创造的体系、价值传递的方式和价值捕获的机制。[178]价值创造与价值捕获之间的具体关联被视为商业模式，其主要映射了组织创造经济价值的思维逻辑和创新活动。[179]

其二，基于认知视角的概念界定。这一视角体现企业管理者心智模式或图式，映射出管理者的战略决策和经营理念。[36]商业模式是企业创办者或管理层成员的认知反应、思维方式和战略构思等表现形式。[56]商业模式是一种认知结构，描述了企业组织界限设定、价值创造、组织结构和治理等内容。[180]企业管理者根据所处行业特征与形势提出新的价值主张，并制定价值创造、价值捕获的战略决策和发展愿景。[181]

其三，基于系统视角的概念界定。这一视角从商业活动系统等方面描述商业模式。莫里斯（Morris）等将商业模式视为构成要素相互关联、互相影响而形成的有机整体。[182]有学者将相互连接和互相依存的组织活动所形成的系统视为商业模式[183]，还有学者将商业模式视为满足市场需求、活动规范等相互关联的活动系统。[184]

其四，基于组织架构或组织设计视角的概念界定。有研究将商业模式界定为企业为达成运营目标而整合其内部核心活动，根据企业类型进行运营流程设计的一种模式。[185]还有研究将商业模式界定为企业与客户、供应商等利益相关者进行交易的流程和模式。[186]王玲玲等则认为商业模式是一组创造的良性逻辑循环，映射了组织的潜在核心逻辑。[187]

其五，基于顾客导向视角的概念界定。这一视角强调顾客导向是商业模式的起点，以满足顾客需求为核心。商业模式的宗旨是为顾客提供新价值，具体运行过程包含治理结构、资产处置等内容。[49]有学者将企业提供产品或服务而为顾客带来价值，并获取经营利润的工具视为商业模式[188]；还有学者将实现顾客价值为核心的行为方式视为商业模式，其阐述新价值主张的提出，顾客价值产生、提供与实现等具体方式。[189]商业模式重点描述了组织向顾客交付价值的过程，主要映射出顾客和市场的需求。[190]

其六，基于交易结构视角的概念界定。学者们认为，商业模式刻画了企业的交易内容、交易结构以及治理结构[58]；商业模式会随着环境的变化而变化，企业需要对其进行适时的调整，继而调整与利益相关者的交易体系，优化价值创造和价值获取方式。[35]蒂斯（Teece）认为企业经营活动的逻辑体系即为商业模式，包括为客户提供的价值主张、自身的收益结构、价值获取和成本支出等。[54]魏炜等将商业模式界定为企业与客户、供应商等利益相关者的交易结构，其构成要素包括盈利模式、业务系统、关键资源能力等。[191]

综上所述，研究人员基于多样化视角开展商业模式的概念界定，主要阐述企业根据市场变化所开展的商业设计和创业活动的具体方式，或者表明企业进行业务活动、市场分析的具体方式，或者是基于顾客价值为核心的行为模式，主要体现价值创造、传递与获取的过程。[108]

综合借鉴阿密特和佐特（Amit & Zott）[58]、乔治和波克（George & Bock）[181]等的观点，本书将商业模式界定为企业价值主张、价值传递和价值实现的逻辑架构，具体描述企业基于自身所处的环境，立足于自身的资源和能力，提出新的价值主张，采取价值传递和价值实现的工具。毋庸置疑，数字经济新情境下，企业面临着全新的外部环境，生产要素和生产方式等发生巨大转变，顾客的角色和地位也发生重大转变，这不仅要求企业紧密关注新情境变化，而且要立足于自身资源和能力来选择与设计商业模式，形成整合性与系统性思维。

2.1.2.2　商业模式创新的内涵

数字经济背景下，数据和数字技术等驱动企业开展商业模式创新，凭此实现产品、服务的数字化和商业化。[192]尤其对创业企业而言，商业模式创新能帮助其打破资源约束，获取新的创新资源，挖掘新的市场价值点，保持自身的健康可持续发展。[193,194]作为创业、战略等领域的重要课题，商业模式创新概念界定的研究视角愈发多元化、研究成果越发丰富，现有概念界定研究大多基于技术创新、系统运营、要素改变、价值和战略等视角，如表 2.2 所示。

表 2.2　　　　　　　　　　商业模式创新的概念

视角	概念	学者
技术创新	核心技术及技术转向产品，体现新技术的价值	Chesbrough & Rosenbloom（2002）
	企业新技术及所含经济价值所建立的启发式逻辑	Chesbrough（2010）
系统运营	修正与再设计现有业务系统、跨边界重构与利益相关者间的交易模式	Zott & Amit（2007）
	组织重新构筑资源结构、管理要素互动而展开管理系统创新的过程所产生的创新成果	Demil & Lecocq（2010）
	企业整体系统性的改变，包含新商业机会的挖掘、新业务模式的运行等	Bock et al.（2012）
要素改变	转变组织核心要素及其商业逻辑的过程	Bucherer et al.（2012）
	组织对价值创造、价值获取、价值实现等至少一个要素进行重组优化的过程	Ghezzi & Cavallo（2018）
	组织创新活动系统中的价值主张、价值创造、价值传递和价值获取等至少一个要素的创新	杨雪和何玉成（2022）
价值	以顾客价值挖掘为基点，描述组织如何调整业务系统和产业结构来适应顾客不同需求的创新模式	项国鹏等（2014）
	企业改变价值主张、价值创造以及价值获取	Xi et al.（2013）；Clasus（2017）
战略	从战略方向对组织的既有价值逻辑进行根本性创新的过程	Cucculelli & Bettinelli（2015）
	组织根据外部环境对原有内外部资源配置模式进行创新的过程	张琪等（2018）
	描述组织向顾客交付价值的过程，主要映射出顾客和市场的需求	Schneckenberg et al.（2017）

　　既有研究对商业模式创新内涵的主要观点包括：

　　其一，基于技术创新视角的概念界定。这一视角强调核心技术与商业模式创新之间的相互联系，进而实现核心技术的经济价值。有研究认为，商业模式创新的前提是核心技术以及技术转向产品，商业模式创新能够较好地体现出新技术的价值。[195]还有研究认为，企业开展商业模式创新的前提与根基是核心技术，其能够帮助企业发现新的市场机会。[62]与上述研究相似，有学者强调商业模式创新是企业实现新发明和新技术所含经济价值的重要依托，将企业新技术及所含经济价值所建立的启发式逻辑界定为商业模式创新。[33]

　　其二，基于系统运营视角的概念界定。这一视角强调组织结构、交易模式、盈利模式和管理方式等重构。[35]有些学者将修正与再设计既有的业务系统、跨边界重构与利益相关者间的交易模式视为商业模式创新[65,196]；有些学者将组织重新构筑资源结构、管理要素互动而展开管理系统创新的过程所产生的创新成果视为商业模式创新[197]；有些学者将企业整体系统性的调整与改变界定为商业模式创新，涵盖新商业机会的挖掘、新业务模式的运行等，从而实现整体运营系统的变革[198]；有些学者认为商业模式创新是一种新型的创新方式，体现组织运营管理过程中的一系列元素，阐述了组织运营管理效率提升与运营业务领域创新。[199]

　　其三，基于要素改变视角的概念界定。有研究认为商业模式创新是对组织核心要素及其商业逻辑进行转变的过程[38]，它是由组织的价值主张、收入模式、关键活动、成本结构和伙伴网络等其中某项要素发生改变所引致的。[200]也有学者认为组织商业模式的关键要素、要素架构等重要的变化是商业模式创新。[184]盖斯托弗（Geissdoerfer）等将商业模式创新视为客户细分、价值主张等单一或整体商业模式要素配置的改变与发展，是多元化创新的重要载体，描述了组织对新机遇与挑战的具体反应。[201]有些学者则认为商业模式创新是组织对价值创造、价值获取、价值实现等至少一个要素进行重组优化的过程，继而建构了难以被竞争对手模仿的创新系统。[202]

与之大致相同，杨雪和何玉成也将商业模式创新界定为：组织创新活动系统中的价值主张、价值创造、价值传递和价值获取等至少一个要素的创新。[203]

其四，基于价值视角的概念界定。这一视角强调通过新理念、新方法来重新理解和定义价值、传递价值，实现顾客价值跳跃式增长。[65,204]学者们认为，商业模式创新是既有价值链或价值链要素的整合与重塑[205]；是组织依托新的价值主张、价值创造等形成利润增长点的重要来源[206]；是组织采取一系列措施满足顾客需求的创新过程。[207]谢德荪强调商业模式创新的起点为顾客价值主张，根据所挖掘顾客价值对原有价值理论进行重新理解和定义。[208]项国鹏等认为商业模式创新是以顾客价值挖掘为基点，描述组织调整业务系统和调整产业结构来适应顾客不同需求的创新。[209]组织改变其价值主张、价值创造以及价值获取而形成新的创新系统也可被视为商业模式创新。[210,211]金玉然等强调以利益相关者需求为起点，借助新技术进行价值创新及获取所生成的新模式即为商业模式创新。[32]

其五，基于战略视角的概念界定。这一视角认为商业模式创新是组织实施新战略行为、创新既有战略规划的重要表现形式。[212]博克（Bock）等将商业模式创新视为企业战略创新过程，并描述了新机会开发与利用。组织对战略规划、市场定位与过程管理的变化与创新也可被视为商业模式创新。[213]从战略方向对组织的既有价值逻辑进行根本性创新的过程就是商业模式创新，这体现了企业对新机会的开发与利用。[214]张琪等基于战略视角将商业模式创新定义为：组织根据外部环境对原有内外部资源配置模式进行创新的过程。[215]

综上所述，国内外学者基于不同研究视角给出商业模式创新定义，但绝大多数商业模式创新概念认同其是重构企业经营和创造价值的逻辑[33,34,37]；映射出企业如何建构合作伙伴关系、如何配置资源和能力、如何竞争等。综合借鉴佐特和阿密特（Zott & Amit）[196]的研究成果，本书将商业模式创新界定为：综合考虑外部环境变化和内在资源能力状况，利用新方法和新逻辑对价值主张、价值传递和价值实现进行重新设计和配置，为利益相关者提供新的解决方案，探寻价值主张或价值组合转变为利润的新方式，实现系统重构的整体性创新活动。

2.1.3 技术创业企业

国内外学者从不同视角对技术创业企业进行界定，但由于研究情境、研究目的和研究样本的差异，目前技术创业企业的概念界定存在多种说法。本书主要以技术创业企业为研究对象，因此必须准确界定出技术创业企业的概念，这对深入探究数字经济背景下技术创业企业商业模式创新驱动机制至关重要。根据文献梳理可知，国内外已有研究中的技术创业企业综合了创业企业和技术创业两个方面的特性，是一个复合型概念。由于技术创业企业是基于技术创业的创业企业，本书从创业企业和技术创业两个方面开展具体分析。

2.1.3.1 创业企业的内涵

技术创业企业是一种特殊形式的创业企业，所以对其进行界定需要在创业企业概念界定的基础上展开。国内外学者关于创业企业的概念界定主要根据自身的研究视角、研究目的和研究情境来展开，致使现阶段创业企业尚未形成一致性概念。基于现有创业企业概念界定研究的梳理与汇总发现，国内外学者选择生命周期阶段、企业年限和上市板块等评判标准来界定创业企业。具体内容如下：

其一，基于生命周期阶段的概念界定。企业生命周期理论认为，多数企业的成长发展并非一蹴而就，一般要经历成立、成长、成熟、壮大以及衰败等阶段。企业必须清楚地认识自身所处阶段，从而制定最适合的战略发展规划。企业生命周期阶段划分的代表性观点包括：刘易斯和丘吉尔（Lewis & Churchill）提出的五阶段模型，该模型认为小企业的成长经历创建、生存、成功、起飞和成熟五个阶段。[216]卡赞简和德拉辛（Kazanjian & Drazin）认为创业企业会经历概念发展、商品化、成长和成熟四个阶段。[217]陈彪等将创业企业分为创建期、存活期和成长期三个阶段。[218]倪嘉成等基于企业成长理论，结合两家案例企业，将创业企业分为创立期、成长期和成熟期三个阶段。[219]吴绍玉等认为创业企业会经过"种子期—初创期—发展期—成熟期"四个阶段。[220]龙静基于五阶段模型，提出创业企业要经历创建期、成长期和成熟期等阶段。[221]

其二，基于企业成立年限的认定。根据企业成立年限来认定创业企业是一种常见的做法，但不同学者对这一观点的认知未达成共识。已有研究认定创业企业的年限在企业创建后的 3 ~ 12 年，例如，3 年内[222]，不超过 5 年[224,225]，6 年内[226]，8 年内[227-231]，9 年内[232]，10 年内[233-235]，12 年内[236]。全球创业观察（Global Entrepreneurship Monitor，GEM）将创业企业视为成立年限不超过 42 个月。[223]基于成立年限视角界定创业企业的研究，主要进行大样本实证研究，探究创业者经验、创业导向、创业拼凑、创业学习、创业环境等因素对创业企业的绩效、成长、商业模式、竞争优势等的影响。

其三，以上市板块为标准的认定。由于生命周期角度的概念界定难以真正地运用在实证分析中，考虑到数据可获性，我国众多学者基于上市板块视角来界定创业企业。刘伟等选择中国创业板上市企业为创业企业样本，探究了制度环境对企业战略决策的影响。[237]乔明哲等基于 2013 年深交所创业板中 355 家企业，实证分析了创业投资参与对企业 IPO 抑价的影响。[238]王垒等针对创业企业 IPO 后董事会主导功能与多元化战略选择两个问题，选取 2009 ~ 2015 年深交所中创业板上市企业的样本数据进行实证检验。[239]李小青等基于创业板上市企业 2012 ~ 2018 年的面板数据的实证研究，发现连锁董事长网络嵌入对企业成长具有显著的促进作用。[240]董静等以 2004 ~ 2017 年我国中小板和创业板的上市企业为样本，探究风险投资机构对创业企业商业模式的影响。[137]基于上市板块界定创业企业的研究，主要进行面板数据实证分析，探究政府补贴、创新政策、风险投资、企业基本信息等因素对企业成长、创新绩效、企业价值、创业质量等的影响。

通过文献梳理可知，不同时间、不同国家、不同领域的学者们主要从生命周期阶段、企业成立年限和上市板块三个角度来界定创业企业，但仍可从中发现，创业企业经历从无到有、从幼稚到成熟的过程，区别于中小规模的非创新型企业。综上所述，结合我国发展情境以及在我国广泛应用的创业企业界定方式，本书将成立年限小于或等于 8 年的企业界定为创业企业。

2.1.3.2　技术创业的内涵

技术创业概念首次出现于普渡大学 1971 年举办的第一届技术创业论坛[241]，之后，众多研究领域掀起对技术创业研究的浪潮。梳理已有研究可见，目前学界对于技术创业的概念界定基于不同的视角。主要观点包括：

其一，基于大学衍生视角的概念界定。邹良影等将技术创业界定为高校与企业、科研机构等主体合作开展的技术创业。[242]基于该视角的研究，主要关注高校、高职院校等主体的创业路径，如高素质人才培养、院校转型等内容。随之衍生出的一系列后续研究，主要关注技术创业者特性、技术属性、创业政策等因素对技术创业的影响。此外，数字时代下的教育科学家和工程师的技术创业研究也被提上日程。[243]

其二，基于组织创建视角的概念界定。技术创业被视为一种特殊的创业形式，技术创业企业是由独立的技术人员或创业团队建立的，以新技术的商业价值开发为起点，聚集与配置不同类型资源为技术产品研制与开发提供保障，最终成功实现产品的市场化和社会化，并赢得新市场和新顾客的创业型企业。[244]加拿大工程学会将技术创业界定为一个或几个人创新性地应用科学和科技知识，建立并运营一家企业，承担财务风险，以实现他们的愿景和目标。[245]王敏等通过对国际高水平期刊中的技术创业文献进行分析，总结出技术创业企业的概念，他认为技术创业企业是由具备 STEM 教育背景的工程师或科学家建立的企业，存在新技术研发与应用的高不确定性；相较于一般创业企业，其资本需求以及机会空间均较大。[246]

其三，基于创业机会视角的概念界定。有些学者将技术创业界定为创业者聚集组织资源、设计技术系统以及制定战略决策来追求机会的过程[247]；有些学者将技术创业定义为企业家利用资源和结构开发新兴技术机会的方式[248]，还有些学者认为技术创业是指凭借科学和工程上的突破来为顾客开发出更好的产品和服务。[245]彭学兵和张钢将技术机会和市场机会的有效匹配视为技术创业，分别涵盖技术机会和市场机会的识别、把握与实现。[249,250]巴伊莱蒂（Bailetti）提出一个通用定义，认为技术创业是对一个项目的投资，这一项目集合和部署与科技知识进步紧密相关的专业人士和异质性资源，宗旨是为企业创造和获取价值。[251]还有研究将技术创业视为机会的识别、创造和利用过程，是一种基于技术解决方案进行资源聚合的创新活动，其无需考虑组织背景；通过承认技术可能性、利用技术降低交易成本以及使用新技术产品范式来解决市场缺口的能力组合，或单独利用来获得竞争优势。[252]

其四，基于资源和能力视角的概念界定。技术创业是一种典型的社会活动，需要共同努力来揭示模棱两可的数据，共同理解以维持技术试验，以及持续的、协调的努力来完成技术变革。[253]一项研究将技术创业的界定建立在一个知识体系上，明确指出不同类型参与者在塑造新兴技术中的作用，该研究将技术创业界定为：每个参与者都参与一项技术，并在这个过程中产生导致新兴技术路径转变的投入，可视为涉及不同类型参与者的分布代理，参与者涵盖创新和发现新想法的人员、开发互补性资源的人员、机构论坛参与者、塑造新兴路径的客户等。[254]还有学者将技术创业界定为：科研成果商业化的意愿，以及组织利用其资源寻找技术商业化机会的过程和策略。[255]

通过梳理归纳技术创业的既有定义可见，技术创业是指由工程师或科学家等专业技术人员建立或经营、发现特定技术的问题，或应用、依托科技知识开展新业务、引进新应用、开拓新机会,技术创业企业往往与他人合作来推动技术变革。[251] 技术创业的核心内容是新颖(novelty)和动态(dynamics)[247],前者体现应用新技术、新生产方式和程序,后者是指建立企业的整个过程(见图 2.1)。

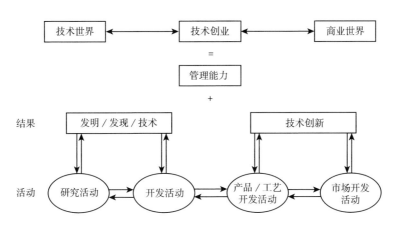

图 2.1　技术创业的概念

资料来源:彭学兵和张刚(2010)。

基于上述分析可得出以下结论:

第一,技术创业是技术、创新和创业三者的交集[246,250],如图 2.2 所示。图中 A 部分是纯技术与创业的交叉;B 部分为技术创新,是纯技术与创新的交叉部分;C 部分是纯创业与创新的交叉部分;而技术创业应是技术、创新和创业三方面的交集[250]。此外,技术创业是技术和市场两个方面机会的匹配,一定涵盖了技术机会与市场机会的识别、掌握与实现,并随之创建的新资源组合。

第二,技术创业和技术创新具有显著差别。其一,情境基础不同。技术创业是基于企业组织形成过程这一情境展开;而技术创新是基于企业组织已经存在这一情境展开。其二,业务领域不同。技术创业是利用技术创新结果进入新的业务领域,而技术创新是企业依托先进技术对既有产品或工艺展开创新,依旧按照原有业务领域进行相关创新活动。正如文献表明,

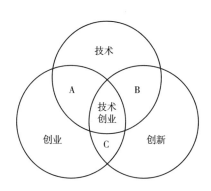

图 2.2　技术创业与技术、创新和创业的关系

资料来源：彭学兵和张刚（2010）；王敏等（2018）。

与依赖于稍作改变的传统创业不同，技术创业要求创业者获得关于如何使用特定技术开展新业务的最新信息，否则很大程度上会面临误用技术的风险。例如，一家传统披萨店可以仅靠传统业务就能兴旺发达，但是技术创业几乎没有参照标准可以效仿。[256]其三，难易程度不同。技术创业和技术创新二者均涉及技术活动，但是技术创业不仅需要开发新的技术机会，而且需要具备超强的技术能力和管理能力。[257]这是由于新技术进入市场后，需要经历一个由少数有远见的客户主导的早期市场过渡到由大量客户组成的主流市场。[258]

综上所述，作为一种特殊的创业形式，技术创业以相对独立的技术人员或技术团体为主体，以科学与工程上的新技术突破为基础，寻求合作共同推进技术变革，以现有或全新的市场为目标市场，通过资源整合和决策制定来实现稳定成长。

2.1.3.3　技术创业企业及其商业模式创新的内涵

1. 技术创业企业的内涵及特征

技术创业企业的概念是技术创业与创业企业概念的结合。20 世纪 60 年代，技术创业企业的研究兴起，步伐逐渐加快。近些年，我国学者关于技术创业企业的相关研究取得颇丰成果，速度加快且步入腾飞阶段。通过对既有文献梳理可以发现，国内外学者对于技术创业企业的概念认识大体相近，一般是根据这类企业的自身特性和发展规律来界定。技术创业企业兼具创业企业和技术创业的特质，属于创办年限较短或者处于生命周期初期的技术型企业。

通过对创业企业与技术创业相关研究的梳理与总结，本研究将技术创业企业界定为由技术人员或技术团队创建的企业，成立年限不超过 8 年，处于生命周期初期，以高技术创新为主要经营内容，以提供高技术产品和服务为主要业务，其价值创造过程中具有高知识密集度和高技术附加值，据此实现稳定成长与建立竞争优势的技术密集型企业。

技术创业企业具有较强的技术能力以及管理能力，通过新技术突破来进入全新或现有市场；相比于其他生产要素，技术创业企业对技术、技术人员这些生产要素的依赖程度高且投入更多，因为这些生产要素是企业战略性资源；技术创业企业依靠技术转移来参与市场竞争，并建立竞争优势和实现健康稳定成长。在具有先天优势的同时，技术创业企业也面临着创新与创业的双重属性压力，需要承担资源投入大、投资回报周期长、内部资源匮乏等内外部高额风险。[259,260]技术创业企业具有如下特征：

其一，技术创业企业具有较强的创新意愿和创新能力。技术创业企业由技术人员或技术团队创建，技术人员能够熟练掌握并深刻理解技术知识，能够轻易打破技术转移壁垒，更有意愿和能力将资源等放置于技术转化活动中，从而将技术以产品形式转化并推向市场，促进自身持续健康发展。

其二，技术创业企业具有较强的获取政策支持和风险投资的能力。与一般创业者相比，技术团体或技术人员更具备技术创业优势，更容易得到政府部门和风险投资机构的信任，意味着其主导的创新活动更容易获得政府扶持政策和风险投资的青睐。

其三，技术创业企业具有更高的技术密集度。技术要素是技术创业企业的关键要素，技术创业企业自身拥有多种创新性技术，通过持续将技术以产品形式转化来巩固并扩展其技术优势。在技术研发与转化过程中获得的创新想法、经验、知识产权等无形资产对技术创业企业创新具有重要作用。

其四，技术创业企业的高风险和高收益并存。技术创业企业往往面临着资源匮乏等困境，而其技术研发与突破需要投入大量资金，且在将技术以产品形式转化并推向市场的过程中，可能无法获得市场认可，导致其面临较高的风险性。但若其成功将技术产品推广到市场中，赢得潜在客户认可，也会为技术创业企业建立竞争优势并带来巨大的经济效益。

2. 技术创业企业商业模式创新的内涵

结合前文对于商业模式创新与技术创业企业的概念界定，本书将技术创业企业商业模式创新界定为技术创业企业基于外在环境变化及内在资源与能力状况的综合考虑基础上，对价值主张、价值传递和价值实现等至少一个商业模式要素进行创新的过程。具体而言，技术创业企业通过评估外部环境以及自身资源能力情况，提出新的价值主张，通过运营模式创新等方式将产品或服务价值传递给客户，据此确保业务收益以及竞争优势等价值实现。技术创业企业是技术创业企业商业模式创新的主体，提出新的价值逻辑是技术创业企业商业模式创新的主要标志。技术创业企业商业模式创新更加注重新的产品或服务的提供，创新速度更快，周期相对缩短。技术创业企业技术密集度高，拥有专有性技术，不会面临组织惯性和路径依赖的束缚[261]，更容易提供新的产品或服务而开展商业模式创新活动，其凭借技术优势，能够快速推出新产品或服务模式来应对市场变化和满足客户需求，建立自身竞争优势，实现稳定成长。

2.1.4 驱动机制

"驱动机制"由"驱动"和"机制"两个词构成。

第一，"驱动"的含义。"驱动"一词在《新华字典》中的释义为用动力推动，蕴含带动和发动的意思，例如，政策驱动、市场驱动、资源驱动等。在本研究中，"驱动"指驱使技术创业企业展开商业模式创新行为变化的重要力量。此外，"驱动"一词的概念诠释与以往研究中"影响"一词有相似之处，但存在明显差别；具体呈现在作用程度上的差异，"驱动"明显强于"影响"，"驱动"往往是影响因素中产生最大效用的一类因素。

第二，"机制"的含义。《辞海》中对于"机制"的释义包括以下几个方面：（1）机器的构造和工作原理；（2）有机体的构造、功能以及相互关系；（3）泛指一个工作系统的组成或部分之间相互作用的过程和方式，即在正视事物各组成部分存在的基础上，协调各个组成部分之间的关系以发挥更大效用的具体运作方式。"机制"重点在事物的构成与内部各部分的相互关系。在管理学领域中，"机制"常应用在研究要素间的结构、行为以及关系等问题上。系统科学中，系统构成要素对其他要素或整个系统的作用也被称为"机制"。

结合技术创业商业模式创新的界定和驱动机制的分析，本书将技术创业企业商业模式创新驱动机制界定为：促使技术创业企业对价值主张、价值传递与价值实现等商业模式构成要素进行调整或变革的诸多内外部驱动因素对商业模式创新的综合作用。

此外，数字经济背景下技术创业企业商业模式创新的分析需要具备以下内容：其一，就本质而言，数字经济背景下技术创业企业商业模式创新行为应是一种主动性的选择结果；但这种"主动性"也并非绝对的，商业模式创新行为会受到外部环境的驱动，即技术创业企业商业模式创新实际上是一种内外部因素驱动的行为。从物理学视角来看，技术创业企业商业模式创新的驱动正是推力和拉力之和，即，来自企业之外的推力和来自企业自身的拉力共同构成了技术创业企业商业模式创新驱动机制的动力来源，这与我国技术创业企业目前所处的发展环境尤为契合。数字经济背景下，新技术、新数据资源等带来的生产方式、生产资料和生产关系等重大转变，为实现健康可持续成长并获取利润最大化，技术创业企业必须遵循新经济形态的发展规则、服从政府相关政策等，要肩负起创新驱动发展先锋力量的任务。其二，数字经济背景下技术创业企业商业模式创新的驱动因素，实际上包含企业内外部不同类型驱动因素，其对实际商业模式创新的驱动效果基本上是正向的。但无论是内部的驱动因素还是外部的驱动因素，这些驱动因素最终都会转化为技术创业企业商业模式创新的重要推动力，助力技术创业企业顺利实现商业模式创新，适应数字经济发展潮流，最终获取竞争优势。

2.2 理论基础

国内外学者从不同理论视角对企业商业模式创新驱动机制问题进行研究，如网络嵌入理论、资源依赖理论等。数字经济背景下技术创业企业商业模式创新驱动机制研究是一个相对较新的研究主题，但依然可以基于已有的相关理论视角开展进一步剖析。通过对既有文献的梳理与总结，本书认为创新理论、动态能力理论、高阶理论、多层次理论及组态理论可为数字经济背景下技术创业企业商业模式创新驱动机制研究提供理论支撑。

2.2.1 创新理论

2.2.1.1 创新理论的产生与发展

创新理论最早出现在 1912 年美籍经济学家约瑟夫·熊彼特所著《经济发展概论》一书中，将新的生产要素与生产条件的新组合纳入生产体系、形成一种新的生产函数视为创新，新组合方式的表现形式包括推出新产品、运用新生产方式、开辟新市场、获取新的原料供给源与建立新的组织形式。基于上述内容可知，创新有以下特征：其一，内容较为宽泛，既不限定具体领域，又未必一定与技术有关。从企业创新看，其涉及生产、管理、运营、销售等环节，包含产品创新、技术创新、管理创新或营销创新等。其二，创新产生于间断性破坏原有组合方式过程中，而非在持续调整过程中产生。其三，创新是可被模仿的，在模仿过程中新理念、新技术等得到推广与普及，但随着模仿者和模仿次数的增加，原有创新企业的利润空间逐渐被削减。

国内外学者基于不同研究视角、不同研究范式，逐渐深化并丰富了创新理论的相关研究，形成了不同的创新类型，涉及开放式、激进式、渐进式以及颠覆式等创新类型。[262]具体内容如下：

其一，开放式创新最早是由切萨布鲁夫（Chesbrough）于 2003 年提出的，被视为一种新型的创新范式，内部创新通过知识流入与流出而加速，即充分利用内外部想法及新技术发展科技。[263]因此，开放式创新本质是知识、技术和资金等创新要素的流入和流出。韦斯特（West）等将开放式创新定义为利用外部资源加速内部创新，强调知识流入。[264]也有研究认为向外出售知识产权即为开放式创新，强调知识流出。[265]

其二，激进式创新是指打破当前发展模式（如产品形态和技术轨迹），创新产品设计、服务理念和技术原理[266]，强调通过寻找全新的知识、技术来创造新的产品、服务或市场，其变革与创新是彻底性的，实质是对组织选择进行尝试。[267]相比于其他创新，激进式创新更强调发展与利用全新技术，按照主流消费者注重的产品和技术进行发展，从而开发新产品或新服务。

其三，渐进式创新是以现有市场或顾客的需求为基础，运用现有技术来丰富和深化现有知识和技能，继而调整产品设计和服务模式，其原有主题的升级或现有产品的改进需要积累经验以及组织学习。[268]渐进式创新更倾向于利用组织现有的资源和知识来强化组织的现有能力，这种创新类型所需创新投入以及所面临的技术风险都较小。[269]相比于其他创新类型，渐进式创新强调基于现有市场或消费者的需求，小幅度地调整与优化现有技术。

其四，颠覆式创新是将价格低廉、容易投放的产品和服务置于低端市场或新市场，据此逐渐降低在位企业的市场竞争力以及重塑现有市场结构的一类创新。[270]这类创新通过为用户提供全新的价值体验来逐步进入高端市场，据此赶超竞争对手。毋庸置疑，颠覆式创新通过研发并推出一种新型产品或服务模式，有效改变了主流市场需求，其可能改变行业竞争格局。

2.2.1.2　创新理论在本书的应用

随着数字经济的发展以及新技术的应用，单纯依靠技术创新不仅无法满足市场需求，而且无法实现企业利润追求，学界和业界对传统生产与服务之外的价值获取形式展开深入思考，自此商业模式创新得到广泛关注。商业模式研究经历了三个阶段：1996～2002 年的电子商务行业商业模式研究；2003～2007 年的价值创造、竞争优势获取及绩效的商业模式研究；2008 年至今的商业模式创新与技术创新管理研究。[37]三个阶段研究涉及商业模式概念、要素及类型、商业模式创新等内容。经历三十多年的发展，商业模式实现了飞跃式发展，国内外学者应用创新理论来阐释商业模式创新问题。

作为创新活动的一个重要维度，与技术、产品和制度等创新不同，商业模式创新可能是颠覆市场竞争格局的重要来源。[271]数字经济背景下，组织边界愈发模糊、主体互动愈发紧密、生产周期愈发缩短，从而催生商业模式创新[7]，这类创新方式同时具备开放式创新、突破式创新和颠覆式创新的特性。[272]同时，数字经济时代下，在创业实践过程中，创业企业立足于自身数字化能力对市场中的数据资源进行分析与挖掘而掌握数字机会，这驱使组织调整资源配置以影响创业企业的创新过程。另外，高管团队认知和情感等因素都会影响创业企业的创新活动。[126]因此，创新理论为数字经济背景下技术创业企业商业模式创新驱动机制研究提供理论基础，也为高管团队认知、数字化能力等因素与商业模式创新的关系研究提供强有力的理论支持。

2.2.2　高阶理论

2.2.2.1　高阶理论的产生与发展

由于市场环境越发复杂、行业竞争逐渐加剧、顾客需求日益多元化和个性化、技术和产品更迭速度加快，企业 CEO 所拥有知识、经验和能力已无法有效解决企业日常经营过程中面临的各类问题，这需要充分发挥高管团队的协同作用、集思广益、取长补短来有效解决复杂问题，降低单个领导者的决策错误率。在具体管理实践中，高管团队的重要性被广泛关注且得到高度重视。作为制定企业战略决策及影响企业成长的核心主体，高管团队的价值观、认知能力等直接影响组织战略决策制定。在这种情况下，高阶理论衍生而来。

高阶理论于 1984 年被首次提出，以高层管理者为研究对象，强调在针对复杂变化的环境制定战略决策时，应将高层管理者的背景特质和行为等因素纳入战略决策中，明确企业发展方向，这是高阶理论的关键点。[273] 具体而言，因环境和不同过往经历使高层管理者拥有不同的认知和价值观，这些认知和价值观会助力其解决商业议题，继而作出战略决策并采取相应行动。高阶理论重点关注三方面问题：其一，高管团队成员基于个人经验、价值观、认知模式和人格特质等对变幻莫测的外部环境作出诠释和理解，进而作出战略选择和后续行动，最终影响企业成长与绩效。其二，高管团队的整体特质比单个高层管理者的特质在战略选择、绩效提升等方面更有优势。其三，人口统计特征足以预测高管团队行为、组织绩效和战略选择等内容，可以通过人口统计特征来反映心理特征，即心理特征变量（价值观、认知、个性）可利用观察到的人口统计学特征变量（性别、职位、教育等）来表征。

高阶理论被提出后，高管团队的人口统计特征成为热点研究主题，高阶理论得到深入发展。一方面，有学者认为最初的高阶理论存在未解决的黑箱问题，单纯地关注人口统计变量，难以观察和测量的人际与社会学因素被遗忘[274]，但人口统计变量得到广泛应用，积累了大量实证研究成果，证明其作为预测高管团队行为、战略选择和组织绩效的代理变量具有一定代表性。随后，研究人员倡导运用组织成员间收集调查数据[275]、直接一对一面试高层的定性研究[276]等手段代替既往的高层管理者人口统计特征，以此尝试解决人际与社会学的黑箱问题。另一方面，现有高阶理论研究已脱离原始模型验证的任务，国内外学者利用高阶理论证实了高管团队特征对企业绩效、企业价值和战略变革等具有重要影响，也证明了高阶理论可适用于不同研究情境。[277-280]此外，研究不断纳入新的管理者背景特征（如军事服务、海外经历）[277,278]，使得高阶理论体系得到丰富与完善。

2.2.2.2　高阶理论在本书的应用

高阶理论的前提假设是人的认知有限性，认为高层管理者的认知和意识会受到自身背景、经验及经历等影响，从而影响组织行为和战略选择。作为组织管理研究领域的重要理论，高阶理论对高管团队特质、战略变革和组织绩效等研究具有理论指导意义。高管团队认知源于高管团队成员的知识积累、创业经验、职业背景等特征，其帮助高管团队判断当前或者未来发展情况，继而影响企业经营过程与结果。

数字经济时代下，技术更迭加快、数据资源爆发式增长，使得消费方式和商业环境发生巨大转变，技术创业企业积极探索新产品、新服务或新业务模式来适应这一转变。在技术创业企业摒弃、重塑或升级改造与数字经济发展情境不相适应的既有商业模式过程中，离不开高管团队认知，即高管团队对内外部环境信息的加工与解读；而对信息的加工与解读会受年龄、经验、知识积累等人口统计学特征的影响。同时，在数字经济情境下，企业商业模式创新是由高管团队设计与推动的，高管团队凭借个人特质所形成的认知图式对组织架构、运营模式等变化起关键作用，从而帮助企业获取竞争优势。因此，高阶理论为解释数字经济背景下技术创业企业商业模式创新驱动机制研究提供了理论依据，也为高管团队认知测度及其与商业模式创新关系研究提供理论支持与经验借鉴。

2.2.3　动态能力理论

2.2.3.1　动态能力理论的产生与发展

随着市场环境的动态性与复杂性的增强，传统理论（如资源基础观、核心能力理论）在解释企业如何在复杂变化环境中建立与获取竞争优势上存在明显不足之处。为克服已有理论不足，蒂斯和皮萨诺（Teece & Pisano）于 1994 年提出了动态能力理论[281]，将动态能力界定为企业整合、构建、重新配置内外部资源以应对复杂多变环境的能力[54]，涉及外部资源获取、内部资源重配与调整、内外部资源有机整合，包括如何创造能力、如何运用能力以及如何升级能力。其中，"能力"强调战略管理在正确处理、整合与重配企业内外部知识、资源和技能以适应环境变化方面的重要性；"动态"体现企业延续或者重建自身胜任力的能力，以此实现自身与外部动态变化环境保持一致。[282]相比于以往企业能力，动态能力指出企业应培育和保持能够建立并获取持续竞争优势的能力，即通过对原有能力的治理和升级来动态匹配外部环境。

随着动态能力理论研究的拓展与丰富，后续出现了许多新的观点。企业凭借产品创新和流程重构而实现应对环境变化的能力被视为动态能力，而且是一种高阶能力。[283]从过程视角提出的动态能力被认为是企业通过有效配置各类资源来应对或重塑市场的变化过程，主要体现资源的获取、整合、配置以及释放的整个流程，表现为战略管理等。[284]基于学习视角给出的动态能力被视为一种稳定的集体学习/活动模式，通过重塑或创造运营规则来提高组织效能。[285]综上所述，概念界定的共通性是应对动态环境变化，概念界定的逻辑演进为"高阶能力观点—整合观点—过程机制"。

学者们最初建立的动态能力分析框架主要尝试解答企业如何在动态环

境下通过资源和能力来获取竞争优势，但当时尚未对其具体内部构成作出阐释。其后，蒂斯提出，机会感知能力、机会捕获能力和重构配置能力构成了动态能力。[286]后续研究中，研究人员根据研究目的展开动态能力维度划分。侯娜和刘雯雯基于新零售情境进行企业动态能力维度划分，指出企业动态能力由资源配置、扩散、创新和定制化四种能力构成。[287]夏清华和何丹则将企业动态能力细分为环境洞察能力、学习能力、组织柔性等子部分。[288]综上所述，动态能力内部构成随着时代发展而逐渐演变，不同时代背景下企业所需具备的动态能力是不同的。

综上可知，动态能力与以往组织能力存在明显差别。一方面，组织能力属于低阶能力，即"零级"能力，是企业在进行具体任务过程中的最低能力，不管任务实施结果的好坏如何，这些能力对企业来说都是基础层面的；组织能力重点描述了企业对所掌握资源的开发与应用。另一方面，动态能力属于高阶能力，即"一级"能力，其是指有意改变产品生产流程、标准或服务方式的能力。根据既有研究结论，企业应运用其感知能力持续对外部环境进行扫描来识别并捕捉新机会；一旦识别到新机会，企业就会抓住这些新机会进行一系列的组织活动，通过对现有资源以及所获新资源进行一系列编排活动，将一般组织能力升级为更适合外部动态环境变化的高阶能力。动态能力主要体现企业对新机会或新机遇的有效开发与实施。

2.2.3.2 动态能力理论在本书的应用

动态能力理论已广泛应用于创新创业领域研究中。数字经济背景下，移动互联网、物联网、人工智能等新型信息技术不断更迭、数据资源迅猛发展、顾客需求呈现多样化和个性化的趋势，在复杂多变环境中企业难以保持原有或建立新竞争优势；而动态能力理论能够全面且深入地解释企业生存和发展的过程。[289]数字化能力作为企业的一种动态能力[290]，其对企业整合和重配内外部资源来应对日益变化的数字环境具有重要意义。[291]尤其在数字时代下，创业企业更应重视核心能力的治理与动态升级，从而掌握应对环境变化而获取竞争优势的能力。[292] 面对数字经济带来的数据资源、新技术、新需求等变化，企业需要凭借相应的动态能力对上述新变化进行有效的开发与应对，如凭借数字资源协同能力来整合与协同内外部数据资源，抓住新的市场机会以实现商业模式创新；依托数字创新能力帮助企业创造新产品、新服务或新业务流程，从而提高效能并获取经济收益。由此可见，数字经济时代下，企业具备相应的数字化能力能够帮助商业模式创新顺利实现，进而获取竞争优势。因此，动态能力理论为解释数字经济背景下技术创业企业商业模式创新驱动机制研究提供理论依据，也为探索数字化能力与商业模式创新之间的关系提供经验借鉴。

2.2.4　多层次理论

2.2.4.1　多层次理论的主要观点

社会科学研究的对象的基本属性决定，个体并非存在真空中，即个体自身特征以及自身所处外部环境均会影响个体行为，这意味着任何个体是一个多层次、层层相扣的复杂系统结构，如员工身处于团队之中、团队处于部门之中、部门处于公司之中、公司处于地区之中。通过梳理与整合既有研究成果可知，多水平、多层次的数据结构被广泛应用。以企业创新绩效为例，创新绩效会受到企业创新投入以及所处地区环境的影响，而这两类因素属于不同层次。因此，研究中应考虑不同层次因素的相互影响，避免因只考察企业或地区层面因素所产生的研究结论片面性，以精准全面地阐释组织行为。然而，既有创新创业、战略管理等领域研究侧重于从团队层次、企业层次或地区层次展开独立研究；往往在关注团队层次时忽视了企业因素的影响，或者关注企业层次时忽视了所处地区情境因素对企业行为的影响。在此背景下，多层次理论应运而生[293]，其能够更好地解释不同层次因素的共同作用。

多层次理论涉及自上而下、自下而上两种情形。前者映射高层次情境因素对低层次结果变量的直接影响或者在低层次变量之间的调节作用；后者体现高层次现象是由低层次因素聚合而成。根据上述两种情形衍生出不同多层线性模型，该方法可有效弥补多元回归分析等传统统计方法在处理多层次嵌套数据方面的不足。此外，具体多层次研究会涉及理论、测量和分析三方面层次问题。其中，理论层次主要由概念层次决定，对概念层次进行描述与解释[294]；测量层次体现数据收集的层次[295]，如高层次数据是由低层次数据加权平均而得，一般利用 Rwg、ICC（1）和 ICC（2）判断；分析层次是指假设检验和统计分析的层次。[295]

2.2.4.2 多层次理论在本书的应用

现阶段，商业模式创新领域的已有研究绝大多数侧重于从企业层次展开相应的理论研究、测度和实证分析。依照多层次理论观点，企业商业模式创新会受到组织特征以及所处地区环境的影响。因此，开展商业模式创新的跨层次研究，探究影响企业商业模式创新的地区情境因素，揭示地区情境因素与组织特征因素对企业商业模式创新的交互影响，有利于更为全面地揭示处于不断变化的地区环境中企业商业模式创新行为的驱动机制。尤其是在推进数字中国建设的大环境下，我国各地区积极进行数字化建设，企业商业模式创新会受到所在地区数字化水平以及企业特征的共同影响，综合考察多个层次因素对商业模式创新的影响已成为一个重要的研究方向。因此，多层次理论为解释不同层次因素对商业模式创新的影响提供了理论支撑，能够帮助本研究明确因素的"跨层次直接作用"与"跨层次调节效应"。

2.2.5 组态理论

2.2.5.1 组态理论的产生与发展

数字经济时代下，社会环境愈发变幻莫测，企业面临问题的数量增强且难度提升，以往单一变量"净效应"或至多三个变量间的"中介效应"

或"调节效应"，无法对结果变量作出全面且深层的阐释。一方面，管理学研究经历"普适—权变—组态"的发展过程[296]，即线性逻辑—权变逻辑—全局逻辑的演进，通过探究多个变量间的复杂作用关系，以应对纷繁复杂的生态环境。另一方面，面对复杂且变化莫测的现实环境，管理学领域研究人员倡导发展新理论、新方法或新范式来厘清复杂现象背后的因果机制，以解决管理学理论与现实情况脱节的问题。[297,298]近几年，管理学领域逐渐突破传统相关性理论和方法的局限，基于组态理论和定性比较分析方法形成一种新的研究范式，已广泛应用于营销管理、战略管理、公司治理、公共管理、图书情报和创新生态系统等研究领域。[298]

组态理论最早可追溯至类型学研究。作为类型学研究的代表性人物，韦伯（Weber）于 1978 年提出理想类型分类法，理想类型源自于分类比较[298]，通过先将某些观点极端凸显出来，再对相对分散的个体现象进行区分，最后以极端凸显的观点为核心构建起整体分析框架。由于实际类型存在于理想类型之间，实际类型与理想类型之间可能存在一定偏差，但通过抽象提炼和对比分析等处理流程，二者的偏差能够被解释。虽然类型学已广泛应用于组织战略和结构研究中，但多数研究聚焦在类型的描述上，没有探索类型对理论建构的作用，导致类型学成为一种分类体系，而非理论。[299]

有学者认为战略管理领域最先提出了组态理论[300]，并指出，基于传统分析方法的研究未能真正体现战略管理现实情况，由于战略管理及战略决策会受到多种因素的影响，应基于组态视角剖析多种因素对战略管理及战略决策的组态效应。[301]同时，若想充分理解组态理论，需要对其与分类法和类型学进行有效的区分。一方面，分类法是对实证数据进行聚类分析、量化分类等，从而识别出数据中的自然聚类，但相比于组态理论，其存在理论意义不足、分析结果稳定性不强等缺陷；另一方面，类型学是以形成某个分类为结果，通过不同部分的组合来产生整体理想类型，强调逻辑一致性与否，类型学无法全面且透彻地揭示多个因素的复杂因果机制。[302]以复杂因果关系为依据，组态理论重点探究多种因素并发而形成不同组态，不同组态对结果的效用可能是等同的。组态理论不会假定某个组态能够产生更优质的结果，它既关注多种因素间的相互依赖，又关注因素发挥作用的差异（核心条件、辅助条件）。[298]

现阶段，组态理论被广泛应用于战略管理、创业等领域研究中。组态构建通常有理论推演和经验归纳两种方式，前者基于已有理论及其理论框架提出前因条件，后者的前因条件确定基于经验和知识，即从具体实践中梳理事物发展规律。[303]此外，组态理论认为，组态构型中的因素之间有不同关系：互补性、替代性和抑制性。互补性体现为添加一个或多个因素会提高其他因素对结果的影响效果，互补性因素可产生协同作用；替代性主要体现为组态构型中发挥相同作用的因素之间具有替代性；抑制性主要体现为添加一个或多个因素会降低其他因素对结果的影响效果。

2.2.5.2 组态理论在本书的应用

数字经济时代下，数字技术更迭加速、数据资源不断涌现，企业发展迎来新机遇，但也对其经营模式提出新要求和新挑战，其需要调整或变革商业模式以应对动态变化的环境，实现价值创造和获取竞争优势。如哈罗单车实施解决方案型商业模式创新，解决人们出行问题；小米公司通过生态链商业模式创新来重构价值创造逻辑。上述企业依靠独特的商业模式创新获取竞争优势，甚至颠覆行业竞争格局，实现自身健康成长。对于技术创业企业而言，其存在新生弱性，面临资源匮乏等困境，如何有效识别出商业模式创新的多重驱动因素和多元化实现方式来适应数字化环境变化，是技术创业企业在新时期转型的关键。毋庸置疑，商业模式创新是一个整体性项目，其会受到企业内外部因素的协同作用[134]，而多元回归分析等传统统计方法侧重于对具体管理问题的影响因素开展单独分析，无法全面揭示商业模式创新是如何通过多个变量的协同作用产生的，而组态理论可以有效解决内外部因素的不同组合将产生何种商业模式创新结果，及产生同一商业模式创新结果的内外部因素组合有哪些等问题。综上所述，组态理论为解释数字经济背景下技术创业企业商业模式创新驱动机制研究提供理论依据，也为探究驱动因素对商业模式创新的协同匹配作用提供方法借鉴。

2.3 数字经济背景下技术创业企业商业模式创新驱动机制的研究框架

2.3.1 研究框架设计思路

目前管理学中关于驱动机制的研究，主要包括三种典型模式。第一，基于具体研究视角提出相应驱动因素而构建概念模型，通过大样本数据验证所建概念模型，以揭示驱动因素对因变量的作用关系。如李巍基于高管团队视角，构建高管团队异质性对商业模式创新的驱动机制分析框架，并运用大样本数据进行验证[114]；陈建安等基于自我调节理论，构建一致性文化、成就动机对自我导向型工作重塑行为的驱动机制模型，并基于大样本数据对驱动机制模型进行验证。[304] 第二，基于关键驱动因素的系统梳理，探讨多个关键驱动因素协同匹配效应对结果变量的作用，以揭示驱动因素的组态效应。如程聪和贾定良通过系统梳理影响企业跨国并购的因素，探究导致跨国并购成败的因素构型[305]；王丽平和张敏基于新经济发展情境，系统分析出新经济企业商业模式创新的关键驱动因素，探析多因素协同匹配效应，揭示商业模式创新的因素构型。[306] 第三，通过驱动因素的系统分析，从动态视角出发，构建驱动因素影响结果变量的系统仿真模型，以明确驱动因素对结果变量的动态作用。如李宇佳和张向先通过理论分析得出知识流转的驱动因素，构建系统动力学模型，明确驱动因素对知识流转的动态作用[307]；张梦晓和高良谋从动态视角出发，构建网络位置对知识转移的系统动力学模型，揭示网络位置的影响路径以及知识转移过程。[308]

综合借鉴既有研究[114,305,308]，本书将驱动机制研究的核心内容确定为：

（1）识别对主体行为产生驱动作用的关键因素；（2）剖析关键驱动因素对行为的跨层次作用、协同匹配作用与动态作用。因此，对于数字经济背景下技术创业企业商业模式创新驱动机制的阐释，应回答以下问题：驱动技术创业企业在数字经济背景下开展商业模式创新行为的关键因素有哪些？各个关键驱动因素对技术创业企业商业模式创新存在何种线性作用？关键驱动因素如何协同匹配作用于技术创业企业商业模式创新？关键驱动因素对技术创业企业商业模式创新的动态作用如何？

基于既有驱动机制研究模式及数字经济背景下技术创业企业商业模式创新驱动机制的理论模型，本书将关键驱动因素识别、跨层次作用、组态效应和动态作用视为数字经济背景下技术创业企业商业模式创新驱动机制研究的四个主要内容。四个子研究间是逐层递进、紧密衔接的关系，按照科学合理的顺序逐次推进。具体而言：（1）关键驱动因素识别是研究起点，是研究的基石，为后续跨层次作用研究的顺利开展奠定基础[309]；（2）跨层次作用研究是对关键驱动因素识别结果及所构建概念化模型的统计验证，明确关键驱动因素的线性作用[310]，为后续组态效应研究提供支撑；（3）组态效应研究是对跨层次作用研究的拓展，体现具有线性作用的关键驱动因素间协同匹配关系的复杂作用[311]；（4）动态作用研究以关键驱动因素识别、跨层次作用和组态效应研究为基础，将技术创业企业商业模式创新视为一个复杂且动态的系统，从动态视角出发，明确关键驱动因素对技术创业企业商业模式创新的动态作用，旨在揭示关键驱动因素作用下技术创业企业商业模式创新的动态作用过程，是对前三个研究的进一步拓展。由此可见，关键驱动因素识别、跨层次作用、组态效应和动态作用之间是紧密衔接关系，共同驱动技术创业企业商业模式创新，形成科学完整的数字经济背景下技术创业企业商业模式创新驱动机制研究逻辑。同时，技术创业企业要在数字经济新情境中有效实现商业模式创新也需要提出行之有效的对策建议，切实可行的对策建议需要从上述研究结果出发。综上所述，对数字经济背景下技术创业企业商业模式创新驱动机制各内容的剖析及其结论，将为对策的提出提供强有力的理论依据，最终助力技术创业企业商业模式创新。

2.3.2 研究框架的构建

基于上文的研究框架设计思路，本书构建了数字经济背景下技术创业企业商业模式创新驱动机制的研究框架（见图2.3）。

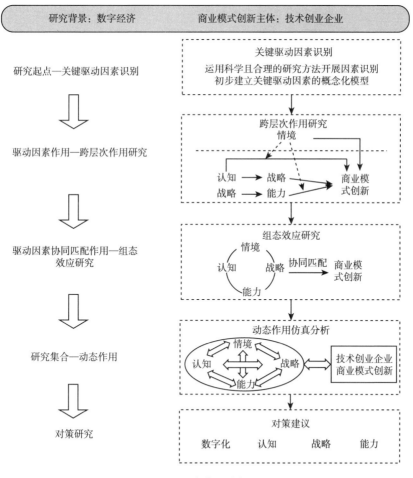

图2.3 本书研究框架

据此可知，本书的研究框架主要由以下几部分构成：

（1）数字经济背景下技术创业企业商业模式创新的关键驱动因素识别。以驱动技术创业企业商业模式创新为目标，在内外部驱动因素的作用下，商业模式创新才可顺利实现。深入剖析数字经济背景下技术创业企业商业模式创新驱动机制问题，厘清驱动因素是决定后续研究科学性与有效性的前提。作为一个被广泛关注的研究主题，商业模式创新驱动因素及其作用研究的成果较为丰富，但对数字经济背景下的技术创业企业商业模式创新进行研究，无论是驱动因素还是行为属性都因数字经济新情境以及技术创业企业的独有特性而产生新的变化。驱动技术创业企业在数字经济背景下进行商业模式创新的部分因素是能够用经典理论所解释的，并且一些传统经济形态下的驱动因素仍发挥重要作用。为此，必须对数字经济新情境下的驱动因素进行研究，并保留那些仍然发挥重要作用的传统驱动因素。鉴于此，面向数字经济新情境，本书运用科学合理的研究方法，来识别技术创业企业这一特定群体商业模式创新的关键驱动因素，得出具有说服力且严谨的识别结果，并确定关键驱动因素的概念化模型，以使后续研究更加严谨且具有价值。

（2）关键驱动因素对技术创业企业商业模式创新的跨层次作用研究。运用科学合理的研究方法对关键驱动因素识别结果进行统计验证，不仅验证了关键驱动因素的有效性，而且为后续研究得到科学和严谨的结论提供保障。因此，本书在关键驱动因素识别结果以及所建概念化模型的基础上，基于多层次理论，将关键驱动因素纳入同一研究模型，构建关键驱动因素对技术创业企业商业模式创新跨层次作用的研究模型，通过大样本数据收集，运用传统回归分析方法对所构建研究模型进行验证，明确关键驱动因素对技术创业企业商业模式创新的作用关系，以揭示单一驱动因素的直接作用及至多三个驱动因素的"中介效应与调节效应"。

（3）关键驱动因素对技术创业企业商业模式创新的组态效应研究。关键驱动因素之间是相互依赖而非独立的，而传统回归分析方法只是对所构建研究模型中固定关系进行简单的统计验证，无法探究不同关键驱动因素协同匹配关系对技术创业企业商业模式创新的复杂作用，难以厘清技术创业企业商业模式创新这一复杂管理现象背后的因果机制，产生与现实情况脱节问题。因此，在确定关键驱动因素对技术创业企业商业模式创新具有直接驱动作用的基础上，本书从组态视角出发，运用模糊集定性比较分析方法剖析数字经济背景下技术创业企业商业模式创新的组态构型，以回答关键驱动因素间相互依赖及其组态对技术创业企业商业模式创新的复杂作用，这一研究验证并拓展了跨层次作用研究，同时也为后续研究提供了保障。

（4）关键驱动因素对技术创业企业商业模式创新动态作用的仿真分析。数字经济背景下技术创业企业商业模式创新是一个动态的复杂系统，由驱动其动态变化的多个因素组成的，多个驱动因素的相互关联以及协同匹配推动整体系统的运行，这是一个多反馈、多回路及非线性的动态过程。但跨层次作用和组态效应研究均是从静态视角出发，无法反映出技术创业企业商业模式创新系统中各个关键驱动因素的动态作用过程。因此，本书在跨层次作用和组态效应的研究基础上，将研究视角从静态扩大至动态，通过仿真分析关键驱动因素对技术创业企业商业模式创新的动态作用，更加直观地描述在单一关键驱动因素以及关键驱动因素组合改变下技术创业企业商业模式创新的动态趋势。

2.4　本章小结

本章是本书的基础部分。首先，对数字经济、商业模式创新、技术创业企业的概念进行界定与解析；其次，基于创新理论、高阶理论、动态能力理论、多层次理论以及组态理论，对数字经济背景下技术创业企业商业模式创新的相关问题进行理论解析；最后，遵循层层递进的原则，构建数字经济背景下技术创业企业商业模式创新驱动机制的研究框架。因此，本章是对研究主题的总体概括，明确后续各章节的布局以及研究逻辑。

第3章 数字经济背景下技术创业企业商业模式创新的理论分析

数字经济背景下，移动互联网、人工智能等新型技术的蓬勃发展与广泛应用，新一轮的科技革命和产业革命加速演进，企业、行业、区域甚至于国家的创新发展进入新发展阶段，商业竞争已经由既往的产品、成本及技术竞争转为商业模式竞争。因此，有必要对数字经济背景下技术创业企业商业模式创新的构成要素、特征、路径、行为属性、驱动因素及其作用等内容进行深入的理论解析，进而构建起数字经济背景下技术创业企业商业模式创新驱动机制的理论模型，为后续研究奠定基础。

3.1 数字经济背景下技术创业企业商业模式的构成要素

国内外学者从不同视角探析了商业模式的构成要素，形成了较为丰硕的研究成果。但数字经济形态与以往经济形态存在显著差异，需要对技术创业企业商业模式的构成要素进行详细阐述。参考佐特和阿密特（Zott & Amit）[196]的研究观点，本书从价值主张、价值传递和价值实现三个方面剖析数字经济背景下技术创业企业商业模式的构成要素，较为全面地诠释了数字经济背景下技术创业企业的价值逻辑。数字经济时代下，数据资源和数字技术等都将对技术创业企业价值逻辑所涉及各个环节的要素产生影响，最终映射在技术创业企业管理模式、经营方式、战略决策等创新与变革之上，即商业模式创新。

3.1.1 价值主张

作为商业模式的首要构成要素，鲜明且清晰的价值主张在商业模式设计和实施过程中发挥关键性作用。价值主张主要阐述企业提供产品或服务的价值承诺，以及顾客从企业所提供的产品或服务中可获得的价值，即企业为顾客提供何种价值。价值主张既是商业模式设计和实施的指南、原则和方针，又是企业的营销口号，需要获得用户、股东、供应商等利益相关者的认可。数字经济时代下，顾客地位被提升至前所未有的高度，顾客需求呈现多元化、个性化等特征，由此以顾客需求为导向已成为价值主张的关键所在。另外，数字经济背景下，市场环境动荡且变化迅速，技术创业企业应深入挖掘顾客需求而实现顾客细分、明确市场定位，并积极调整价值主张，以实现商业模式的创新与变革。

其一，顾客需求。数字经济背景下，以满足顾客需求为核心，提供一种以有形产品或者无形产品为载体的定制化集成解决方案，不再一味提供单一的产品，并通过跨界方式来创造新产品和服务，已成为全部市场主体发展的关键所在。顾客需求是指顾客的目标、期望、需要及愿望，即顾客对产品和服务的需求。数字经济背景下，需求侧（顾客）的地位提升至前所未有高度，顾客对产品和服务的需求呈现个性化、极致化的趋势，技术创业企业应通过提供定制化的产品和服务来满足顾客需求。顾客需求包含显性和隐性两个方面，技术创业企业既应捕获顾客显性需求，又应利用数字技术挖掘顾客隐性需求，继而创造出新颖独特的价值主张。

其二，顾客细分。数字经济不仅冲击了技术创业企业既有商业模式，而且为商业模式调整与变革提供了机遇。技术创业企业价值主张是围绕顾客价值形成的，应对顾客群体进行细分，明确区分主要、次要以及潜在顾客群体。在顾客细分基础上，技术创业企业针对不同顾客群体需求来开发与设计产品和服务，从而增强顾客黏性、全面提高顾客满意度。创业伊始的技术创业企业主要向市场推广自主研发的某一种技术产品，即主营业务相对单一，所针对顾客群体更为聚焦，但随着企业成长与发展，顾客群体逐渐多样化。数字经济背景下，顾客需求呈现多元化趋势，技术创业企业更应通过顾客细分来确定与产品和服务相符的顾客群体，从而满足顾客需求。此外，技术创业企业在满足主要顾客群体需求的基础上，应兼顾次要顾客群体需求，且不能忽视潜在顾客群体的价值。

其三，市场定位。市场定位呈现一系列能够满足目标顾客群体的可选择产品和服务，既明确企业可提供的价值（产品和服务），又可确定企业目标群体的范畴，是价值主张的重要体现。数字经济时代下，商业环境变幻多端，顾客地位提升至前所未有的高度，市场需求呈现多样化趋势，这就要求企业针对不同市场需求制定灵活的市场定位策略。具体而言，随着市场竞争加剧，基本功能性服务领域的竞争也愈加激烈，致使利润收入逐渐降低、市场可替代性增强，最终导致企业陷入低价竞争恶性循环中；相反，提供价值增值和差异化服务的企业往往难以被竞争对手模仿和超越，利润收入稳定增加、市场可替代性被弱化，所处领域市场竞争不强，为此应提供具有个性化和差异化特色的产品和服务，而为供需双方创造更高的价值和利益。

综上所述，数字经济背景下，技术创业企业的价值主张提出应面向目标顾客群体需求，还应充分迎合市场环境变化，充分考虑自身与顾客、供应商、竞争对手等利益相关者关系的转变，保障自身创新活动能够符合时代发展潮流，避免因市场定位失误而产生经营风险；与此同时，技术创业企业还应注重挖掘顾客需求，实现顾客细分，从而获得市场认可。

3.1.2　价值传递

价值传递体现企业将产品和服务提供给目标顾客群体的过程，即顾客价值传递给目标顾客。价值主张是企业可为顾客提供产品和服务的具体体现,而价值传递是企业价值主张可真正交付给目标顾客的关键步骤。数字经济时代下,大数据和数字技术等成为关键生产要素,数据和数字技术等要素驱动技术创业企业价值传递创新,使其商业模式创新能够顺利实施。价值传递主要是企业将产品和服务通过一定的渠道和方法传递给顾客的过程,应从产品、服务、关键活动等方面分析数字经济背景下技术创业企业的价值传递。

其一,产品和服务。产品主要指技术创业企业提供的产品内容和产品载体具体是什么,例如有些技术创业企业主要面向劳动密集型共享经济参与者(货车司机、家政人员),而有的技术创业企业面向知识型和技术型人才(科研人员),而产品载体主要为线下实体店和网络平台。服务主要指技术创业企业为顾客提供的具体服务内容是什么。为了更好地吸引顾客、提高顾客满意度和体验感、增强顾客黏性,技术创业企业需要向顾客提供丰富的增值服务。数字经济时代下,市场竞争加剧、顾客需求变化多端,这种环境要求技术创业企业为顾客提供针对性产品和精准性服务,保证自身产品得到市场认可,从而更好地将价值传递给顾客。

其二,关键活动。企业关键活动主要涵盖营销渠道、采购模式和管理流程等内容,这些关键活动辅助于企业产品和服务进而实现价值传递。技术创业企业商业模式包含多种活动,这些活动能够保障技术创业企业日常业务的正常运营,也是提出价值主张、获取价值、建立竞争优势的基础。数字经济背景下,技术创业企业应通过协同与配合多个部门来研发新技术和新产品,以此满足市场多元化需求。由于不同技术创业企业的产品定位和目标市场导向截然不同,致使不同技术创业企业的品牌营销策略和合作渠道等不尽相同,技术创业企业需要拓宽营销渠道,如采用新媒体、互联网平台等渠道提高品牌知名度,并通过参会宣讲、组织论坛等方式来宣传自身的产品和服务。此外,技术创业企业应不断拓宽合作渠道,如与行业协会、管理培训公司等合作,以打包形式传递给顾客或者吸引顾客入驻,从而实现价值传递。

3.1.3 价值实现

价值实现是指企业将产品和服务提供给目标顾客群体，并基于此获取盈利的过程，与价值主张和价值传递同等重要。技术创业企业在提出价值承诺及真正交付于顾客的同时，还应充分考虑如何确保价值实现，即实现自身及利益相关者的利益。对于任意类型企业而言，拥有充足的财务资源是企业健康发展的物质保障，是其商业模式成功的物质基础。尤其是在数字经济时代下，对于技术创业企业这一特殊企业群体来说，如何构筑有竞争力的价值实现模式是尤为重要的。基于既有研究成果，本书从成本结构和收入模式两方面分析技术创业企业的价值实现。

其一，成本结构。成本结构表征了技术创业企业的资本投入布局，是其收入模式的基石。换言之，成本结构映射了技术创业企业对于不同活动的资源投入，明确各项不同活动的成本，如销售成本、营业成本等。技术创业企业拥有良好的成本结构才可保证价值主张的实施与落实，助力技术创业企业顺应数字经济时代发展需求并获取竞争优势。由于技术创业企业存在资源匮乏等新生弱性，科学且合理的成本结构是其生存与发展的关键所在。尤其在数字经济时代下，市场竞争愈发激烈、业务边界愈发模糊，技术创业企业更应优化与完善成本结构；即通过资源合理配置和构筑强有力成本结构，盘活闲置资源，减少不必要的资产投入，进而发挥企业资源的最大效用，从而保证企业生存和健康成长。

其二，收入模式。收入模式是企业利润的获取方式。同一行业内，由于企业的价值定位和业务流程存在差异，不同企业的成本结构和收入方式截然不同；即便价值定位和业务系统相同，其收入模式也不尽相同。收入模式是企业价值获取与分配的基础，决定着不同利益相关者可分配的利润。数字经济时代下，动荡变化的市场环境以及多样化的消费需求，既有收入模式已无法适应目前的商业环境，难以顺应时代发展潮流。因此对于提供高技术产品和服务为主要业务的技术创业企业而言，构筑科学合理的收入模式，精准定位顾客需求以适应消费需求变化，是其必须重视的。综上所述，数字经济情境下，面对市场竞争的加剧、同质产品的推出与竞争对手的模仿，技术创业企业需要构筑合理独有且具备竞争力的收入模式以实现稳定成长。

3.2　数字经济背景下技术创业企业商业模式创新的特征分析

本节对数字经济背景下技术创业企业商业模式创新特征进行系统性分析，通过对创业企业与在位企业商业模式创新的对比分析，明确创业企业商业模式创新的特征，在此基础上进一步剖析数字经济背景下企业商业模式创新的特征，继而明确数字经济背景下技术创业企业商业模式创新的特征。

3.2.1　创业企业与在位企业商业模式创新的特征分析

与在位企业相比，创业企业的组织架构相对简单、成长空间较大，不会面临组织惯性和路径依赖的束缚，商业模式创新的实施更为容易。虽然，创业企业在实施商业模式创新上有优势，但也面临一系列的威胁与挑战。与在位企业相比，创业企业存在新生弱性，企业规模小且处于初创期，面临运营经验不足、市场份额小、资源匮乏等困境。在此情况下，创业企业商业模式创新的动机、风险承担意愿、价值创造过程等特征与在位企业存在明显差异，如表 3.1 所示。

表 3.1 在位企业与创业企业商业模式创新的比较

特征	在位企业	创业企业
价值创造逻辑	调整与改善原有价值创造逻辑	新的价值创造逻辑
动机	预期收益最大，现有产品和市场的探索与开发	创新和创业导向
过程	创新目标、制定规划、调整重构	试错学习、战略迭代
意义	克服路径依赖、打破核心能力刚性	新想法和新技术的落地、提升存活率、建立竞争优势

创业企业商业模式创新相较于在位企业具有如下特征：

第一，从价值创造逻辑来看，在位企业往往拥有相对成功的商业模式，其存在组织惯性和路径依赖。相对而言，在面对动态变化的外部环境时，在位企业更倾向于通过对原有价值创造逻辑进行调整和完善，进而实现商业模式创新，即在位企业战略目标相对稳定，只是调整与完善原有战略目标。但对创业企业而言，则不具备成功的商业模式原型，创业企业商业模式创新是从无到有的设计过程，并非是非原有商业模式的调整与改善。综上所述，创业企业商业模式创新的实现往往依赖于新价值主张的提出以及新价值逻辑的创造。

第二，从创新的动机来看，在位企业商业模式创新往往是为攻克核心能力刚性的瓶颈，提升自身技术能力和行业准入门槛，进而满足市场需求和降低交易成本，最终改变行业竞争格局。然而，作为新价值创新的来源，商业模式创新能帮助创业企业掌握难以被模仿或复刻的专有价值，从而超越竞争对手。创业企业凭借商业模式创新可以顺利且成功地将新技术和新方法"落地"而构筑核心能力，进而提升自身的存活率以及建立竞争优势。

第三，从创新内容来看，在位企业主要根据外部环境变化来调整与改善原有的商业模式，即多为反应性。在位企业管理者主要遵循收益最大化原则，往往选择借助既有知识和经验对现有产品或市场的潜在价值进行开发和探索，以实现比自身竞争对手更快且更好地满足市场需求的目的，最终大幅度提高企业利润。创业企业主要以创新和创业为导向进行商业模式创新，映射了创业者的行为意愿，包括创业者接受新想法并支持创新的意愿、推进新产品、新技术和新方法的探索性试验以及选择投资风险可控性的创新项目等内容。

第四，从创新过程来看，创业企业商业模式创新是一个循环反复的试错学习过程。即，通过低成本支出来试验不同类型商业模式，从试验中积累知识和经验，最终提出新的价值主张，塑造新的价值创造模式。在位企业商业模式创新经历"创新目标设定—制定规划—按步实施"的过程，多倾向于按照事先设计的方案开展。

3.2.2　数字经济背景下企业商业模式创新的特征分析

数字经济背景下，移动互联网、物联网和人工智能等数字技术已广泛应用于社会经济各领域中，极大地改变企业生存发展的生态环境，导致企业商业模式创新特征的复杂性加深。因此，相对于以往经济形态而言，企业商业模式创新在数字经济形态下显现出独有特性。

第一，商业模式创新呈现出大数据驱动特征，用户数据成为价值创造的基础性资源，需要创业企业具有较高的数据资源挖掘、处理、运用和协同能力。通过对用户数据的收集、处理及挖掘，推出精准的营销模式，进而建立竞争优势与提升销售业绩。例如，借助于对用户浏览数据的收集、挖掘、处理和运用能力，抖音通过精准引流、精准投放、场景化等模式而大幅度提升产品功能价值、服务时效价值和用户体验价值，最终提升企业价值，保持并提高竞争优势。

第二，企业更多地应用以人工智能、物联网和云计算等为代表的数字技术进行商业模式创新。例如，医药领域的企业，应用云技术推出云健康管理服务模式，据此为个人健康情况提供准确分析，并提供合适的建议。此外，人工智能、物联网和云计算等数字技术能够帮助创业企业更有效地盘活闲置资产，实现闲置资源的整合聚集、弹性匹配和动态共享。

第三，跨界融合式商业模式创新成为企业的发展常态。与传统工业经济相比，数字经济时代下，数字技术和数据资源在不同经营主体和行业间的应用与流动，企业通过不同主体和不同领域间的跨界合作进行商业模式创新，将固有的合作关系转变为互利共赢的竞争关系、固有的竞争关系更是转变为合作关系。即，数字经济背景下企业更多地依托跨界领域的竞合关系及其位势的转变而产生效能。

第四，以消费者与企业共同创造价值的方式实现商业模式创新。工业经济时代下，企业商业模式创新是一种相对固定的形式，主要通过价值链内的一系列活动完成商业模式创新，主要涉及自身的技术开发、采购、管理、营销等活动。然而，数字经济背景下，消费者价值需求和价值创造的重要性更加突显，企业将消费者、供应商等纳入到价值链活动中，共同合作进行产品的设计和创新，形成共同生存、共同创造的商业生态圈。

第五，商业模式创新呈现出差异化、个性化与极致化的特点。数字经济环境下，用户需求变得愈发复杂与隐蔽，依托传统商业模式更加难以捕获用户真实需求，需要摒弃过时商业模式或重塑商业模式。在此商业环境下，企业可借助大数据分析技术来收集与处理用户的信息，实时了解与更新客户需求偏好，准确把握用户真实想法。在用户需求精准化的驱动下，大量个性化、差异化和极致化的产品涌现，市场细分程度愈发加强，市场竞争愈发激烈。因此，企业商业模式创新应朝着能够提供差异化、个性化与极致化产品或服务的方向开展，以吸引更多用户。

数字经济时代下，技术创业企业面临着高不确定性、高复杂性的外部环境，为其发展带来新的挑战。同时，人工智能、物联网等数字技术赋能于技术创业企业，为其带来更多的机会，使技术创业企业的管理、发展思路及路径等均发生系统性变化，最终使得技术创业企业商业模式设计、调整与重构呈现出独有特征。这些特征具体而言包括以下内容：其一，商业模式创新的更迭更为频繁且速度更快。人工智能、物联网等数字技术的应用不仅加快产品创新以及服务模式开发的速度，而且模糊组织间的业务边界。技术创业企业基于传统经济形态所形成的商业模式，可获得短暂性的竞争优势，但已无法满足数字经济形态中快速变化的市场需求。由此可见，数字经济背景下，技术创业企业商业模式创新应是一种动态且不断试错的过程，商业模式变革的速度更快且更为频繁。其二，要求拥有更高的资源处置和利用等能力。商业模式创新依赖于资源，需要企业对资源进行配置、整合与重构。数字经济形态下，数据成为新型的生产资料，技术创业企业通过对数据资源进行收集、处理、分析与挖掘，对原有商业模式产生冲击，进而开展商业模式调整与变革。但海量的数据资源所含信息呈现碎片化及隐晦化，技术创业企业应具备更高的资源处置和利用等能力，以获取关键性信息资源进而创造企业价值，并为商业模式创新提供强有力支持。其三，跨界融合成为商业模式创新的常态。数字经济时代下，数字技术和数据资源在技术创业企业与其合作伙伴、竞争对手等主体间流动，技术创业企业的业务边界逐渐模糊，使以往的合作和竞争关系发生颠覆性改变，即跨领域的合作与竞争关系及其位势的变化产生效能。因此，数字经济背景下，技术创业企业更倾向于跨界合作来实现商业模式创新。其四，价值定位更聚焦于顾客需求。数字经济时代下，顾客地位被提升至前所未有的高度，顾客选择不再局限于市场中既有的产品或服务，顾客逐步参与产品与服务的设计，继而其个性化、极致化的需求得到满足。数字经济时代，技术创业企业不能单纯地关注同行同类产品的推出、复刻或模仿竞争对手的经营模式，而需要不断挖掘顾客潜在需求，实现顾客和市场细分。技术创业企业聚焦于顾客需求来提出价值主张，通过大规模定制化生产和智能化服务方式来提升顾客的参与感及体验感，进而提升自身生存率、建立竞争优势。

3.3　数字经济背景下技术创业企业商业模式创新的模式与行为属性

3.3.1　数字经济背景下技术创业企业商业模式创新的模式

数字经济时代，技术创业企业围绕数据资源、数字技术、市场需求等进行商业模式创新，形成了不同模式。这些模式主要有以下五种。

第一，数据连接模式。技术创业企业利用掌握的先进信息技术，开发小程序并将其置于应用程序商店，通过数字技术将顾客与企业的互动链接起来，提高信息协同效率，进而建立双边网络效应的平台商业模式创新。技术创业企业建立或借用数据链接网络平台，通过积淀基础用户数据、发挥网络效应以增加用户数量以及商业系统共生等手段建立竞争优势。技术创业企业通过数字商店和数字网络将企业线下静态的业务活动与客户连接在一起，并结合线上的动态网络活动进行产品的生产与营销，虚实结合为客户创造价值。

第二，跨界融合模式。面对资源匮乏等先天性不足，在数字经济背景下，技术创业企业逐渐将业务活动向产业上下游拓展，跨越原有组织边界，即跨越等级制度、职能部门、不同项目、产品系列及地理位置等，实现跨界融合发展，建立良性商业生态系统。例如，互联网类技术创业企业与零售企业跨界融合，技术创业企业通过数字技术掌握数字消费信息，将信息共享给零售企业，创新零售终端场景，打破消费时空限制，提质降本增效，实现商业模式创新，推进产业转型和升级。

第三，资源扩张模式。技术创业企业面对资源匮乏等不足的困境；而在数字经济背景下，创新资源流动更加频繁、创新主体范围拓宽、创新环节运行更加生态化，技术创业企业可以选择更为合适的合作伙伴、获取所需创新资源，形成开放式创新生态系统，继而实现商业模式创新。

第四，技术驱动型模式。大数据、人工智能、物联网等新一代数字技术的发展与应用，不仅促进我国技术创业企业的快速发展，而且打破技术创业企业原有商业模式构成要素之间的平衡，试图构建新型平衡模式，据此形成新的竞争力。技术创业企业利用数字技术建立起产品或服务数字资源库，通过分析与挖掘数字消费信息，为个性化消费方案的形成提供数据支撑；基于对消费数据的深度预测来明确行业未来的发展趋势，进而研发并生产满足行业需求的产品或服务，从而提升自身竞争优势。此外，技术创业企业通过采用数字技术建立起数智化营销矩阵，实现精准化营销，满足差异化、个性化和极致化的消费需求。如医药类技术创业企业通过利用数字技术实现产品研发、生产、销售与营销等为一体的数字化协同和管控模式，实现智慧医药技术驱动商业模式的创新。

第五，平台型模式。平台型商业模式为社会经济和市场主体创造了巨大价值，驱动技术创业企业进行变革式发展。平台型商业模式是对传统商业模式的颠覆，使业务边界模糊，驱动技术创业企业向外聚焦，从服务社群中获取价值。为了吸引用户以及强化用户体验，技术创业企业通过建立数字平台或借助第三方数字平台，打通产品与服务的线上渠道，增强用户与企业的互动与社交效果，使用户参与到产品研发、设计等环节中，并及时掌握用户反馈信息，从而满足用户的个性化需求。

3.3.2　数字经济背景下技术创业企业商业模式创新的行为属性

数字经济背景下，技术创业企业商业模式创新呈现出不同行为属性。

其一，进化属性。技术创业企业通过收集、分析以及挖掘结构化、半结构化和非结构化数据资源，利用数字技术对其商业模式进行渐进式调整，主要是逐渐过渡不同的创新节点，逐渐创新产品、优化服务或业务模式。

其二，开放属性。随着技术创业企业与客户、供应商等利益相关者之间的合作、知识共享和信息流动越发频繁，商业模式的调整与变革打破以往的封闭式模式，逐渐转向为开放式模式，即开放创新理念的表现愈发凸显。

其三，协同属性。数字经济时代下，技术创业企业采用数据挖掘手段和分布式系统技术对多源性海量数据进行分析以及挖掘，并整合技术、信息、管理、资金等多个创新要素展开协同式商业模式创新。

其四，网络属性。数字经济背景下，技术创业企业商业模式创新呈现出明显的网络属性。技术创业企业存在资源匮乏等先天性不足的问题，而数字经济发展带来了创新主体范围拓宽、主体间沟通与交易成本降低，技术创业企业可轻易构建社会网络关系，并不断优化自身的网络位置和节点，使得商业模式创新存在网络属性。

其五，柔性属性。技术创业企业采用大数据、人工智能和物联网等数字技术不断提高自身的运营、战略以及结构等柔性。例如，技术创业企业通过物联网等数字技术不断提高自身的供应链管理能力，强化供应链参与者的沟通与协同能力，进而高效并合理地应用供应链资源，提高自身战略柔性以应对外部环境变化。

3.4 数字经济背景下技术创业企业商业模式创新驱动因素及作用机理分析

前文对商业模式创新驱动因素的已有研究进行了系统梳理，但技术创业企业的商业模式创新驱动因素与在位企业或一般创业企业的商业模式创新驱动因素存在一定差异。此外，数字经济时代的商业环境更为变幻莫测，海量数据成为新型生产资源，物联网与人工智能等数字技术成为新型生产力。综上所述，由于企业特性、全新外部环境、生产工具与生产资源等均发生重大改变，数字经济背景下技术创业企业商业模式创新驱动因素会发生相应改变。因此，本书对驱动技术创业企业在数字经济情境下开展商业模式创新的因素及其作用进行初步分析，为后续关键驱动因素识别以及作用分析奠定基础。

3.4.1　驱动因素

已有研究表明，技术创业企业商业模式创新的驱动因素包括企业家或管理者认知、实验与学习、资源与能力、外部环境、政府支持等。由此，本部分从内在和外在两个层面进行初步分析。

3.4.1.1　内部驱动因素方面

在数字经济背景下，对于技术创业企业来说，管理者认知、试验与学习、战略决策、组织结构和组织能力等均是驱动其商业模式创新的重要内在因素。第一，由于处于创业初期以及数字经济发展带来的高不确定性，基于高阶理论可知，企业管理者的认识对组织稳定成长以及实现价值获取具有关键性作用，而企业创新倾向以及发展方向主要由管理者的教育背景、工作经验、创业经历等决定。第二，因"新生弱性"而先天资金不足，技术创业企业应在低成本的试错与实验过程中积累经验，通过类比推理与概念组合对商业模式开展谋划与分析以适应数字时代发展，因此实验和学习是企业商业模式创新的内在因素。第三，作为创业企业与技术创业的结合体，技术创业企业必须制定合理的组织战略来引导自身资源配置与创新行动以适应数字时代发展。第四，作为创业企业，技术创业企业组织结构相对简单、成长空间大，具有较强的灵活性，现有的组织流程和惯性对商业模式创新的阻碍相对较小。第五，因"新生弱性"而长期面对内部资源不足，且面对变幻莫测的数字市场环境，技术创业企业无法凭借价格、质量与品牌等来满足市场需求，需重新审视现行商业模式来搜寻出新突破与创新点，而基于动态能力理论可知，技术创业企业必须提升相应能力重新调整自身的价值创造活动。

3.4.1.2　外部驱动因素方面

在数字经济背景下，对技术创业企业来说，技术环境、市场环境、制度环境、行业环境与区域环境等均是驱动其商业模式创新的重要外在因素。第一，数字经济背景下，移动互联网、物联网、人工智能等数字技术的不断更迭将社会经济发展推进到全新的发展阶段，其快速渗透到技术创业企业产品研发、生产、销售以及售后等环节中，逐渐成为企业增产提效和转型升级的新引擎。此外，作为以高技术研发与服务等为主要业务的创业企业，技术变革对其商业模式具有深刻影响，必须进行商业模式的调整与变革才可助力其健康稳定成长。第二，伴随数字经济发展的持续深化，消费者个性化、多样化的需求日渐凸显，以往简单粗暴地大量生产统一性能和规格的产品或服务已不能满足消费者需求，变幻莫测的市场环境驱使技术创业企业摒弃落后且过时的发展理念，而是从全新的视角探寻市场"蓝海"，提出新价值主张来调整自身价值链上的每一个节点，这必定会带动商业模式调整与变革。第三，外部制度环境直接影响技术创业企业的创新过程和结果，对企业创新活动具有塑造功能。外部制度因素会驱动技术创业企业开展独特的商业模式创新活动，为创造新的业务模式提供可能，也潜在影响着企业的价值传递和价值创造。

3.4.2　作用机理分析

根据上述分析可知，数字经济背景下，技术创业企业商业模式创新会受到技术变革、制度环境等外部因素的驱动，也受到管理者认知、组织结构与组织能力等内部因素的驱动。上文论述的驱动因素对商业模式创新的作用会表现出相应的驱动属性——独立驱动属性、协同驱动属性和动态驱动属性。

其一，独立驱动属性。数字经济背景下，市场需求、管理者认知等内外部因素驱动技术创业企业进行战略调整与变革，不断加大新技术研发以及应用，扩大数字人才和资本的投入力度，提高组织的整体能力，以此提升市场地位，并实现利润最大化。同时，企业商业模式创新会受到企业内部及所处地区因素的影响，两类因素属于不同层次，所以要用多层次理论探究不同层次因素的作用。这证明了数字经济背景下技术创业企业商业模式创新行为的产生可能源于多种或不同的驱动因素，各个驱动因素均可独立作用于企业商业模式创新。

其二，协同驱动属性。商业模式创新作为一项复杂的整体性问题，企业内外部单一驱动因素的改变往往会带来其他多种因素的联动变化。技术创业企业具有技术密集、高风险性、高成长性等特点，其能够拉动投资、技术进步等，是国家创新发展的重要力量。因此，数字经济背景下，政策法规、技术变革以及市场需求等变化会引致企业的组织结构、战略决策等产生相应变化，以此驱动技术创业企业将新技术应用于产品的生产、加工以及销售等过程中，成功将价值主张落地，进而实现价值获取。这证明了数字经济背景下技术创业企业商业模式创新行为的产生往往是由多种驱动因素共同引发的，可基于组态理论来考察不同驱动因素的协同匹配作用。

其三，动态驱动属性。数字经济时代下，市场竞争愈发激烈、技术更迭加速、顾客需求多元化，为适应新情境变化，技术创业企业需要调整或变革业务模式以完善企业产业链布局，建立或提升自身的竞争优势，如使用现代化、自动化、数字化的数字平台，先进、高效的生产或工艺设备，以此实现组织的转型升级。由此，为适应数字经济发展新情境，技术创业企业需要处理商业模式创新过程中的各项复杂问题。数字经济背景下技术创业企业商业模式创新不是简单的投入产出关系，而是一个融合多方面驱动因素的多反馈、多回路及非线性的动态过程，各要素相互关联，共同影响整体行为的变化，最终保障系统高效运行，为此需要展开相关的动态作用研究。

基于上述分析，本书构建了数字经济背景下技术创业企业商业模式创新驱动因素的作用模型（见图3.1）。

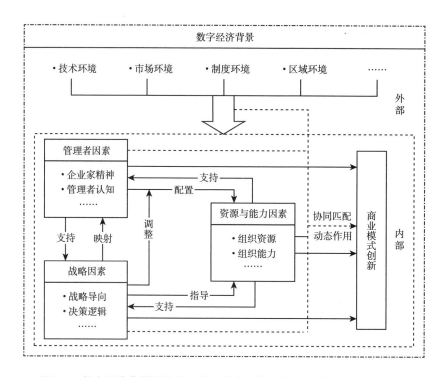

图 3.1　数字经济背景下技术创业企业商业模式创新驱动机制的理论模型

第 4 章数字经济背景下技术创业企业商业模式创新的关键驱动因素识别是在该理论模型的基础上开展的，进一步凝练总结出关键驱动因素。同时，理论模型主要由驱动因素和驱动因素的具体作用两部分构成。其中，驱动因素包含企业内外部两个层面因素，驱动因素的具体作用则是复杂的。具体而言：

（1）技术创业企业商业模式创新的驱动因素产生于企业内外部两个层面，其对实际商业模式创新行为的驱动效果是正向的，无论驱动因素来自企业内部还是企业外部，都会转化为技术创业企业商业模式创新的重要驱动力，助力技术创业企业顺利实现商业模式创新，适应数字经济发展潮流，最终获取竞争优势。由于数字经济属于一种新型经济形态，与传统经济形态的生产要素、生产方式等具有显著差异，且技术创业企业具有独有的企业特性，不能将传统经济形态中的企业商业模式创新驱动因素简单地移植到数字经济背景下技术创业企业商业模式创新研究中。因此，还需要采用规范研究方法进一步识别出数字经济背景下技术创业企业商业模式创新的关键驱动因素。

（2）驱动因素对技术创业企业商业模式创新的作用是复杂的，不只是个别驱动因素对商业模式创新的独立作用，更是一个来自不同层次的多因素相互作用的复杂动态过程。首先，由于技术创业企业商业模式创新的驱动因素源于不同层次，研究应从跨层次视角，探究驱动因素对技术创业企业商业模式创新的跨层次效应。其次，技术创业企业商业模式创新是一个复杂过程的结果，其驱动因素之间是相互依赖而非独立的，技术创业企业商业模式创新必然会受到不同层次驱动因素的协同作用，必须探究驱动因素如何协同匹配作用于技术创业企业商业模式创新。最后，技术创业企业商业模式创新是一个动态的复杂系统，是由驱动其动态变化的多个因素组成的，有必要探究驱动因素对技术创业企业商业模式创新的动态作用。

3.5　本章小结

本章对数字经济背景下技术创业企业商业模式创新展开理论分析，为构建理论研究框架提供基础。首先，深入剖析数字经济背景下技术创业企业商业模式的构成要素；其次，通过对比创业企业与在位企业的商业模式创新驱动因素以及数字经济背景下企业商业模式创新特征，总结出数字经济背景下技术创业企业商业模式创新的特征；再次，进一步分析数字经济背景下技术创业企业商业模式创新的模式及行为属性；最后，阐述了数字经济背景下技术创业企业商业模式创新的驱动因素及其作用分析，为研究框架构建奠定了基础。

第4章 数字经济背景下技术创业企业商业模式创新的关键驱动因素识别

基于前文构建的数字经济背景下技术创业企业商业模式创新驱动机制理论模型及研究框架，本章将运用扎根理论分析方法探究数字经济背景下技术创业企业商业模式创新的关键驱动因素，通过系统化处理流程来确定关键驱动因素的层次范畴及典型关系结构，构建关键驱动因素的概念化模型。本章研究建立在前文理论模型基础上，为后续的实证研究与仿真分析研究奠定基础。

4.1 关键驱动因素识别的研究方法与研究设计

4.1.1 研究方法

已有研究普遍采用质性研究方法来识别驱动因素，而由美国社会学者格拉瑟和斯特拉乌斯（Glaster & Strauss）于 1967 年提出的扎根理论[312]经过持续改进完善，已成为科学规范的质性研究方法之一。扎根理论是对原始访谈资料进行规范化、系统化、概念化等处理，从中探索并归纳出某一现象形成原因的有效研究方法。[312]扎根理论研究方法的主要特点在于资料收集的动态性，并需要经验事实（生产实践或数据）的支持而实现理论构建，即研究问题是自然而然地从原始资料或客观事实中涌现而来，研究问题的确认依托先导性访谈实现[313]，而不是研究人员事先设定的理论假设的逻辑推演；该方法核心在于搜集与分析资料的交互并行过程。具体研究过程是在对某一现象进行界定后，进行资料的收集以及收集后的相关分析，资料分析主要包括梳理出初始范畴（开放式编码）、挖掘出主范畴（主轴式编码）、提炼出范畴间逻辑关系（选择式编码）、验证所构建理论模型的科学性和严谨性，最后确定停止采样时间（理论饱和度检验）。具体研究流程见图4.1。

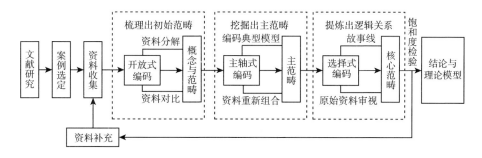

图4.1　扎根理论研究流程

资料来源：整合于尚宴莹和蒋军锋[310]的研究。

本书选择扎根理论这一质性分析方法来识别关键驱动因素的原因在于：虽然国内外学者对于商业模式创新的驱动因素进行了大量且深入的研究，但针对数字经济这一新情境中关于技术创业企业商业模式创新驱动因素的研究仍处于初始阶段，并未形成一个足够成熟与完善的理论框架。若简单地将传统经济形态中普遍意义的商业模式创新驱动因素应用到技术创业企业商业模式创新驱动因素分析，则难以契合我国数字经济的实际情况与技术创业企业的独有特征。扎根理论是从实际事实到实质理论的过程，发挥着填充理论研究与经验研究之间鸿沟的作用，即适用于理论解释性不足或研究成果较为匮乏的研究，不仅克服量化研究的表面化、单一化等问题，而且弥补了传统质性研究的通则性程度低等不足。[314] 综上所述，扎根理论适用于数字经济背景下技术创业企业商业模式创新的关键驱动因素识别研究。

4.1.2 研究设计

本书选择多个样本企业开展具体研究，在分析过程中从多角度、多维度提炼关键驱动因素，识别潜在因果关系并提高识别结果的外部效度，得到更具稳健性、精炼性和普适性的研究结果。[315] 扎根理论研究的前提是针对具体研究问题进行深度访谈资料的获取与收集，因此需要依据研究需求选择恰当的访谈对象，从而提升研究结果的准确性、严谨性和可验证性。为了契合数字经济这一新研究情境，满足对技术创业企业商业模式创新关键驱动因素的有效识别，本书基于以下特定条件的设置来选择访谈对象。

其一，行业背景方面。本研究的主体为技术创业企业，为高新技术产业的新进入者，依托新技术、新产品等进入新的市场或技术领域，因此要求具体访谈对象应来自技术创业企业。与此同时，为了访谈对象能够快速了解本研究的问题和目的，要求访谈对象拥有一年以上的工作经验，对技术创业企业的组织结构、技术研发、产品生产、销售、售后等一系列活动及企业展开商业模式创新的动机和行为具有较高的熟悉度。其二，教育背景方面。为了获取高质量的访谈资料，需要访谈对象拥有较强的语言表达、逻辑思维与分析判断等能力，这些能力一般直观体现在受教育程度上，据此本研究将访谈对象确定为本科及本科以上学历的技术创业企业员工。其三，职业背景方面。由于商业模式创新行为映射出技术创业企业的战略决策和发展方向，普通员工根本无法参与到战略决策与制定，因此将中高层管理者视为访谈对象。

根据既往扎根理论研究成果，适宜的访谈样本数量一般介于 20～30 个，且所确定的范畴应是在访谈资料编码过程中出现 2～3 次以上的概念。[316] 严格遵循理论饱和性原则，依托国家社会科学基金重点项目"数字经济背景下技术创业企业商业模式创新驱动机制及实现路径研究"与中央高校基本科研业务费特色文科重大项目培育项目"数字经济时代中国企业商业模式创新研究"两项科研课题，选取 26 家技术创业企业作为商业模式创新关键驱动因素识别的访谈样本。从访谈样本看，样本包括生物医药、电子信息、先进制造技术、新材料等类型的技术创业企业。从访谈对象的工作经验来看，1~3 年工作年限有 8 人，3~5 年工作年限有 13 人，6~8 年工作年限有 5 人；从访谈对象的学历来看，本科学历为 11 人、硕士为 9 人、博士为 6 人；从访谈对象的职位来看，总经理为 3 人、总经理助理为 5 人、财务总监为 5 人、技术总监为 7 人、运营总监为 6 人。本章研究目的在于识别出数字经济背景下技术创业企业商业模式创新的关键驱动因素，如何挑选出关键性的驱动因素是一个核心问题。研究过程中，通过将开放式编码过程中出现 3 次以上的概念视为初始范畴，进而防止在主轴式编码过程中产生过量的主范畴，最终筛选出关键驱动因素并构建概念化模型。

4.1.3　研究实施

本书采用深度访谈手段来收集原始资料，深度访谈是无结构的、直接的、一对一的访问方式，该方式不仅可与访谈对象直接交流、自由地交换信息与记录访谈信息，而且访谈人员可根据访谈对象的表情神态和肢体语言来判断其内在心理变化，继而调整访问的节奏和氛围，最终真正且准确地掌握和理解访谈对象对所就职企业商业模式创新活动驱动因素的真实见解和观点。

通过对 26 个访谈对象进行一对一的访谈（面谈与电话访谈），获取关键驱动因素识别研究的原始资料；每次面对面访谈时长保持在 1 小时以上，电话访谈时长控制在 40 分钟左右。经访谈对象同意，对整个访谈过程进行录音，以避免关键信息丢失，更有助于后续的资料分析与思考。基于第 2 章构建数字经济背景下技术创业企业商业模式创新驱动机制的理论模型，以数字经济背景下技术创业企业开展商业模式创新的相关举措及驱动企业商业模式创新的因素为主要访谈内容，包括"企业商业模式创新的认知""企业商业模式创新行为的现状""驱动企业商业模式创新的因素"等主题，具体访谈提纲设计见表4.1，根据实际情况对表中访谈内容进行适当的调整，其中企业商业模式创新驱动因素为访谈重点，会在实际访谈过程中进行追问。此外，通过整合与质证访谈资料，确保资料和数据能够反映技术创业企业商业模式创新的真实情况，最终获得26家技术创业企业的访谈记录。随机抽选22份访谈记录，用于识别技术创业企业商业模式创新关键驱动因素的编码分析和模型构建，剩余4份访谈资料为辅助材料，以对扎根分析结果进行饱和度检验。

表4.1 深度访谈提纲

访谈主题	主要内容提纲
对企业商业模式创新的认知	数字经济情境下，贵公司在开展商业模式创新上采取了哪些具体举措
	您对数字经济背景下企业开展商业模式创新有怎样的看法
	贵公司在什么情况下才会进行商业模式创新
企业商业模式创新的现状	数字经济情境下，贵公司开展商业模式创新的具体情况如何
	是否建立具体的战略决策及规章制度
	贵公司以往的主营业务是什么；贵公司当前的主营业务是什么
企业商业模式创新的驱动因素	与传统经济形态比，数字经济情境中企业商业模式创新驱动因素有何不同
	数字经济情境下，您认为驱动企业商业模式创新的主要因素有哪些
	数字经济情境下，市场、技术等因素对企业商业模式创新的驱动有何变化
	对于驱动商业模式创新的因素，您能更进一步地谈一下吗

本书严格遵循扎根理论范畴归纳与模型构建的流程进行编码分析，以保证扎根分析结果的有效性。为提高编码的说服力与降低个人主观认知偏差，编码过程中尽量利用具有理论基础与既有研究成果支撑的学术性词语来描绘访谈资料中出现的概念，继而探寻不同范畴间的逻辑因果关系，并

通过不同访谈资料进行验证。此外，根据专家的意见对有争议性的概念和范畴进行修正与删减，最终使编码过程具有较强的客观性、编码结果具有强说服力。

4.2　关键驱动因素识别的扎根理论分析过程

4.2.1　开放式编码

开放式编码是打散原始访谈资料，以新的方式进行重组、归类的过程。通过将所搜集的技术创业企业相关人员的原始访谈内容进行全部打散，逐行逐句地对原始语句进行编码、标签与录入，赋予它们可以代表其所指现象的概念，进一步对凝练与归纳出的现象概念按照相似现象进行归类、抽象和聚拢而形成范畴。[317]综上所述，开放式编码涵盖如下环节：逐行编码、概念化以及范畴化，基于原始访谈资料的聚敛实现现象定义、界定概念与发现范畴[310]，在分析与检视资料的基础上，开展概念化的归纳与对比。此外，开放式编码需要分析人员具备理论感知，保持客观性和开放性态度，搜寻与捕捉访谈资料中的重要信息点，对相同性质的内容进行归纳并命名。

本书从访谈资料的原始语句中挖掘与提取初始概念，共有600多条原始语句资料、100余个初始概念；但所提取的初始概念存在含义重叠、数目较大等问题，需进行深层次的分解与整理，将相关概念整合在一起，继而实现概念的范畴化。依据既有研究，本书将前后存在矛盾以及出现次数低于3次的初始概念进行删除[309]，最终抽象出8个概念范畴——地区数字化水平、认知异质性、认知能力、顾客导向、数字导向、数字资源协同能力、数字运营能力和数字创新能力。开放式编码结果见表4.2。

表 4.2 开放式编码结果

范畴	原始访谈资料摘录
地区数字化水平	A02 我们公司所处地区提出"加快推进数字产业化、产业数字化、城市数字化"的发展规划,鼓励企业进行创新;A09 我们这边的地方政府大力实施"数字生活新服务"行动,推行百余种项目,培育出一系列消费新业态、新模式,拉动了我们公司相关业务的发展(数字消费)
	A10 这边的地方政府不仅服务意识很强,而且通过电子政务基础设施建设,实现政务转型升级,将各类信息资源共享与在线应用,大大缩减了办事流程,并设置专门窗口为我们提供服务;A25 我们所在地区的政府部门建立了全省一体化政务数据共享平台,制定"一网通办""最多跑一次"等规划,为我们的业务办理提供便捷(数字政务)
	A12 我们公司可以在当地找到掌握新型信息技术的相关人才,这些人来自国内外知名高校,无论是在技术创新还是运营管理方面,我们相信这些人才都能够帮助公司成长与发展;A19 我们这边的政府连续三年举办国际人才资源峰会,进入后疫情时期首次举办了一场线下大型人才资源大会,探讨数字经济时代人才体制机制改革(数字人才资源)
	A17 这边的数字基础设施帮助我们与国内外的合作伙伴进行有效的沟通,实现信息交换与共享;A25 我们这边的地方政府在数字经济背景下提出强化新一代数字基础设施建设,加强工业 5G 物联网、数据中心等建设,提高我们的生产效率(新基建建设)
	A26 我们这边的地方政府出台了一系列政策大力支持数字化平台建设,我们可以从此平台中获得知识、资源和信息; A09 我们所在地区政府全面升级大数据联合计算平台,确保数据信息安全,大幅度提升数据资源的价值,实现价值链的全面互联互通,便于我们从中获得最新动态信息(数字平台建设)
认知异质性	A01 之前我们在这个行业的上市公司工作过,这个公司已经是我们的第二次创业了,当时我的一位朋友投资,我们出技术(创业经验); A05 我们公司的高层管理者大多数为技术出身,年龄处于 35~45 岁,存在一定差异,有不同的人生阅历,掌握不同领域的专长,拥有丰富的信息来源;高管们在我们公司品牌定位上存在分歧(年龄差异;定位分歧); A11 我们公司于 2016 年创建,最开始的创业团队有 4 人,但因业务需要,两位负责投资与运营的专家于 2018 年加入我们,创业团队成员在我们公司的长期发展路线上有不同看法(任期时间差异;发展路线差异); A17 我们公司后来认识到应建立起技术和推广相结合的创业团队,又招入多名来自不同领域的人员加入管理团队,他们拥有多样化的管理经验,了解我国国情,触角敏锐,保障着我们公司的高效运营(管理任职经验;跨行业从业经验差异); A20 我们公司创业团队成员拥有较高的教育水平,董事长是应用物理专业博士,总经理为某名牌大学控制科学与工程专业硕士,研发总监是某名牌大学通信工程硕士,财务总监拥有相关领域 10 余年的工作经验(教育水平差异)

续表

范畴	原始访谈资料摘录
认知能力	A03 我们公司的高层管理者们一直都很看重大数据这一资源，坚定认为大数据是推动公司在数字经济新环境中创新发展的一个重要驱动力，所以坚定地对大数据进行收集、整合和分析，并将分析结果运用到创新活动中（环境变化认知）
	A08 随着企业发展的不断深化，我们积极响应国家、地区的数字化发展战略，坚定了数字技术应用与数字化转型的道路，尽量为数字中国建设、数字经济发展做一些贡献，我们愿意这样做，也一直这样做；A19 随着数字中国建设以及国家创新创业发展战略的布局，创业企业正处于黄金发展期（国家政策认知）
	A10 我们公司的高层管理者对发展环境具有较为全面的了解，包括对本公司任务执行环境的了解、对竞争对手发展情况有一定了解、对所在行业具体发展趋势的了解（关注对手/行业发展情况）
	A16 我们花费了两年时间做了智能手表，但是产品销售状况一直不太好。高管团队觉得不是产品市场需求还没有起来，就是因为智能手表并不是用户的一个强需求，要进一步调整发展方向和市场定位（战略决策转变）
	A19 企业成功需要源源不断的动力支撑，我们一直关注着企业自身发展状况，并积极寻找新的成长机会，我们从"人机大战"中嗅到人工智能技术的进步，并开始展开人工智能技术研发； A01 我们公司的老板比较有远见，我们在做一种创新型的新化合物产品，从产品和技术上为我们公司未来发展奠定基础（自身发展；市场机会）
顾客导向	A02 我们一直坚持向服务对象阐明本公司的美好愿景，让服务对象清楚地知道与我们长期合作会带来的收益（服务对象）
	A17 随着我国数字经济发展深入以及新冠疫情的发生，产业数字化转型已成为必然要求，我们不仅要重视自身的健康成长，还要为国家的数字中国新战略发展奉献绵薄之力，降低公共卫生事件冲击、减少低端无效供给、满足数字时代消费者的新需求和新体验（基于顾客需求的理解）
	A15 数字经济时代，消费观念差异显现，消费需求呈现多元化和个性化，公司成立之初，销售、管理等方面的经验较为缺乏，后来我们在技术与产品研发时，常常先征求顾客的意见，也让顾客参与到研发讨论中，帮助我们从顾客视角完善产品研发（顾客参与研发）
	A21 我们基于自身的发展实际情况，综合了市场主要需求，以满足顾客需求作为战略目标，进行研发项目；坚持优质服务及诚信经营的宗旨不断拓展企业业务、积累客户和合作伙伴资源，最终扩大市场份额。例如，针对消费观念差异和个性化等现实情况，我们推出了新零售模式，线上线下同款同价、剧情式"种草"、定制化产品等（基于顾客需求的满足）
	A09 我们公司非常注重与顾客的深层次沟通，掌握顾客的看法，并听取顾客的意见，了解顾客真实的想法，根据顾客的意见进行产品和服务改进，这样的产品会受到市场的欢迎（顾客沟通）

范畴	原始访谈资料摘录
数字导向	A01 我们一直利用数字技术探索新的业务领域，如推出新数字渠道开拓客户群体、将数字技术应用于新产品创新等数字化创新活动（数字化创新）； A07 我们创业前期主要以维护与拓展客户资源为重点，后来随着新型技术和不同种类产品的研制成功，我们积累了大量的数字技术资源，凭此获得了较强的市场竞争优势（数字技术资源）
	A14 面对数字经济带来的新变化，我们当前主要以数字技术研发为主要方向，力求早日突破传统生产技术的限制，探索系统修复的关键技术；A17 我们公司一直坚持自主创新走好数字化转型升级之路，以快速适应数字经济时代发展要求（数字技术研发；自主创新）
	A19 数字经济新情境中新型信息技术的迭代速度加快，而且我们公司成立时间较短，与国际国内的领先企业相比，产品理念、管理经验、核心技术掌控等存在显著差距，我们必须积极开展前沿技术研发、"卡脖子"技术攻关（对前沿技术的渴望）
	A23 我们公司基于技术领先的理念，进行技术攻关，并建立起研究开发中心，开始研发具有新型、节能等节能型产品（技术理念）
	A24 我们一方面不断加大研发资金投入，积极学习并引进新型技术，另一方面关注国内哪个地方的企业研发出什么前沿技术，我们也马上试试（技术追随）
数字资源协同能力	A08 我们对产品生产物料进行参数化设计，采用菜单式操作模式来配置物料，降低产品异常率和生产周期；A17 我们公司各部门之间利用统一的信息交换接口，实现业务系统之间的信息共享，降低沟通成本（内部资源协同）
	A15 面对新市场情境中消费者的需求变化，我们公司运用多种资源配置方式对所掌握资源进行筛选与配置，顺利完成多个项目，树立起品牌形象（内部资源配置）；A12 我们公司致力于数字信息共享、共建和共治，对内外部互补性资源和竞争性资源的整合与协同来打破数据孤岛；A20 我们这几年做的就是将客户、合作伙伴数据库打通。这是一个趋势，谁有能力整合，谁就能占据主动（数据资源整合与协同）
	A11 我们一直与客户、供应商等合作伙伴保持良好的信息共享机制和互动关系，确保价值网络各环节的数据信息和业务流程的整合协同；A21 我们与供应商进行技术和知识的互补和契合、与竞争对手进行资源整合与技术互补，与研究机构展开技术知识的双向流动（外部资源协同）
	A24 我们重视与国内高校和科研院所的合作，引进数字人才，并根据产品销售情况，整合与重构公司内外部数据资源，保障创新项目的顺利开展（资源整合、多样化协作）
	A16 我们将设备数据上传至云端或服务器之上，通过对设备数据的实时分析与处理，部门管理者可在终端设备上远程查看生产线的实时运行状况及产量信息；A19 我们公司在产品生产过程中充分利用数字化手段，优化业务流程，提高生产效率（数字生产）

范畴	原始访谈资料摘录
数字运营能力	A05 为适应新的发展情境变化，我们对用户、供应商等海量数据进行分析与预测，及时捕捉用户的"痛点"，在不同地区销售差异化产品、为客户提供个性化服务；A06 我们不但将客户纳入产品设计流程中，而且不再让客户只是被动等待我们的回复，让客户通过网络终端来实时查询订单处理情况，掌握与产品相关的信息，并在线反馈订单问题；A11 通过利用不同类型数字技术，我们时刻追踪着售出产品的运行状态参数，根据反馈结果与技术人员分析来判断产品运行是否存在异常，若存在异常就会提前通知用户，全面提高我们公司产品售后服务水平；A14 我们公司通过对海量数据进行分析，提出数字化的营销管理策略（数字销售）
	A01 自公司成立以来，基础数据的收集、分析与处理工作一直被重视，通过不同类型数字技术设备对运营数据进行分析与预测，并建立起业务、财务等基础数据库，拥有海量的基础性数据资源；A26 我们运用大数据技术对大量、动态、持续的数据资源进行收集、分析与挖掘，将识别结果应用到项目执行中（数据收集与分析）
	A06 随着数字经济的不断深化，我们在技术研发过程中分析电商、论坛用户评价数据，研制出顾客需要的产品、为顾客提供差异化的服务；A21 我们凭借大数据技术分析消费者的行为习惯和需求偏好，联系制造商进行相应的产品设计，并严格把握产品质量（数字研发）
	A25 我们重视竞争对手、潜在合作伙伴、网络评价等外部数据资源的整合和分析，准确预测市场需求和市场环境的变化，据此制定后续的战略规划和各种事项决策；A08 我们每天对物联网、云平台等系统衍生出的全生态多样性数据进行分析与预测，并基于此制定公司的战略决策（数字策略）
数字创新能力	A06 我们利用不同数字技术来追踪着售出产品的运行状态参数，根据反馈结果与技术人员分析来判断产品运行是否存在异常，若存在异常就会提前通知用户，全面提高我们公司产品售后服务水平（售后模式创新）
	A09 我们让客户参与到产品设计与生产环节中，以客户需求为基点，按需为客户量身打造一套服务方案，如果客户不满意这一定制方案，可以重新调整方案；A11 我们将客户纳入产品设计流程中，不再让客户等待我们的回复，让客户通过网络终端来实时查询订单处理情况，掌握与产品相关的信息，并在线反馈订单问题；A17 我们公司的业务模式从传统的产品制造拓展向产品问题解决、产品二手回收、产品再制造、个性化定制等（业务模式创新）
	A14 洞察所获数字资源，掌握数字市场机会。我们及时分配、整合与重构内外部数字资源，改进现有产品或生产新产品，抢占市场先机，满足市场需求（产品创新）
	A15 我们为客户提供免费试用产品的机会、产品生命周期内的服务；A23 我们通过网络平台直接进行产品销售，绕过经销商直接向顾客提供服务，缩短经营环节和时间，销售成本得到明显的降低，进一步提高了顾客黏性；A26 我们一直秉承满足客户期望与需求的原则，根据客户个人的实际情况进行生产、销售、提供个性化服务，并通过多种销售渠道为顾客提供深度、咨询性的销售体验（服务创新）

4.2.2 主轴式编码

扎根理论分析的第二个步骤是主轴式编码，以开放式编码研究结果为基础，通过深度分析将近似的初始范畴组合到一起，从而提炼出多个主范畴并明确其涵盖范畴，但无法明确多个主范畴之间的具体关系。通过对开放式编码所得8个初始范畴的内容、结构、性质等内在逻辑关系的分析与比较，最终归纳出4个主范畴，分别是地区数字化水平（情境）、高管团队认知（认知）、战略导向（战略）与数字化能力（能力）。

以战略导向为例。在开放式编码中出现的"数字情境中新型信息技术的迭代加速""数字经济时代，消费观念差异显现，多元化和个性化消费需求""但是企业成立时间较短，产品理念、研发水平、经营经验等方面存在不足""基于技术领先的理念和攻关""以满足顾客需求为战略目标""市场份额得到扩大""获得了较强的竞争优势""建立起良好的顾企关系"等初始范畴可以整合为一条"轴线"（见图4.2）。数字经济新情境下，新型信息技术的迭代加速，消费观念差异显现、多元化和个性化消费需求；同时，技术创业企业因成立时间较短，面临管理经验欠缺、产品理念不善、

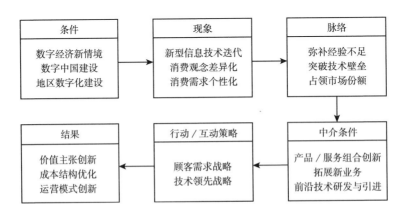

图4.2 主范畴"战略导向"的典型模型

市场份额低等问题。因此，在新的发展情境下，技术创业企业一方面以满足顾客需求为原则进行一系列的产品和服务创新（顾客导向），另一方面基于技术领先的理念展开一系列攻关工作，研发与引进前沿技术（数字导向），从而建立起良好的顾企关系，使得企业的市场份额得到扩大，并获得较强的市场竞争优势。综上所述，可将上述初始范畴整合归纳为一个主范畴——"战略导向"。

按照上述过程，最终形成4个主范畴。具体而言，地区数字化水平主范畴只涵盖地区数字化水平1个副范畴；高管团队认知主范畴涵盖认知异质性和认知能力2个副范畴；战略导向主范畴涵盖顾客导向和数字导向2个副范畴；数字化能力主范畴涵盖数字资源协同能力、数字运营能力与数字创新能力3个副范畴。表4.3为主轴式编码结果。

表4.3　　　　　　　　　　　　主轴式编码结果

编号	主范畴	对应范畴	内涵
1	地区数字化水平	地区数字化水平	地区社会发展中各个领域综合运用新型数字技术生成、传递、处理和交易，促进经济发展和社会转型，以及所形成的数字化发展新环境，主要体现为基础设施、政务、生产、消费、流通等方面的数字化水平
2	高管团队认知	认知异质性	高管团队成员在专长或专业知识、管理经验、任职经历等方面的差异性，映射出企业多样化资源的来源，助力于技术创业企业的价值主张提出、价值创造展开以及实现价值获取
		认知能力	高层管理者团队对内外部环境变化的正确认知和判断水平，体现管理者们感知数字经济发展所带来的新变化，制定切实可行的战略决策和管理决策的能力
3	战略导向	顾客导向	数字经济新情境下，消费者的地位提升至全新高度，供需关系发生根本性改变，技术创业企业要以满足顾客需求为战略目标和发展方向，提供差异化的产品或服务来满足顾客需求，从而保持健康成长与获取竞争优势
		数字导向	数字导向是企业利用新兴数字技术带来的机遇的深思熟虑的战略定位，从应用中创造价值

编号	主范畴	对应范畴	内涵
4	数字化能力	数字资源协同能力	数字资源协同能力是指企业在数字经济新情境及动态变化的市场环境中，有效优化、整合和协同内外部资源，实现数字资源共享、共建与共治的能力
		数字运营能力	数字运营能力体现了企业对海量数据的分析与挖掘，制定数字研发、生产、管理、销售和服务等数字化解决方案的能力
		数字创新能力	数字创新能力是指企业通过获取、分配、整合和重构数字资源来实现产品和服务创新的能力，包括产品创新、服务创新、数字创投和孵化

4.2.3 选择式编码

扎根理论分析的第三个步骤是选择式编码，其主要任务是梳理出故事线；通过提炼具有概括性的核心范畴，整合出核心范畴与主范畴之间的内在逻辑关系，从而简明扼要地阐明范畴之间的清晰故事线，最终形成一个将全部范畴囊括在内的系统详实、成熟完备的理论框架。通过原始访谈资料的收集与编码分析，本书明确"数字经济背景下技术创业企业商业模式创新关键驱动因素"这一核心范畴，挖掘出对其具有显著驱动作用的两个层面4个主范畴，即地区层面的数字化水平、企业层面的高管团队认知、战略导向和数字化能力。

通过选择式编码分析，技术创业企业商业模式创新形成如下清晰故事线：随着数字中国建设进程以及各个区域社会活动各个环节数字化发展的推进（地区数字化水平），技术创业企业高层管理者意识到商业生态情境的新变化，经过多轮的深层次、全方位的讨论，达成一致性战略定位和发展方向（高管团队认知），依托多元化战略来指导创新活动（战略导向）；与此同时，技术创业企业积极研发并引进前沿技术，并将前沿技术应用于产品设计、生产、销售及售后等业务流程中，从而全面提升自身资源利用效率、产品和业务创新、制定数字化解决方案等方面的能力（数字化能力），进而有效应对内外部环境变化以增强自身核心竞争力。这种调整的过程中，地区数字化水平与高管团队认知、数字化能力对技术创业企业商业模式创新具有交互影响效应。

综上所述，关键驱动因素包括地区和企业两个层面。地区层面而言，地区数字化水平是技术创业企业所处地区的数字化发展的程度，是企业更改原有价值主张或提出新的价值主张的关键外生因素，直接驱动技术创业企业展开商业模式创新。从企业层面而言，高管团队认知是指企业高层管理者对数字经济新情境中调整与变革商业模式的主观能动性，决定着企业创新活动的方向和方式，是企业商业模式创新的关键性内生驱动因素。战略导向体现技术创业企业针对内外环境变化所进行的战略选择，指导企业进行资源和能力的配置及应用，是驱动企业商业模式创新的关键因素。高管团队认知通过战略导向间接驱动商业模式创新，是商业模式创新的间接驱动因素。数字化能力是技术创业企业感知市场中机会和威胁、协同内外数字资源、制定数字化解决方案等能力的综合体现，是驱动商业模式创新的关键性内生因素，囊括数字资源协同能力、数字运营能力和数字创新能力。进一步地，战略导向通过数字化能力间接驱动商业模式创新，是商业模式创新的间接驱动因素。此外，高管团队的战略决策需要与所处环境相依存[318]，作为重要的情境因素，地区数字化水平是企业高管团队在进行战略决策时必须考虑的，其在高管团队认知与商业模式创新关系中发挥权变作用。与之相似，地区数字化水平体现了技术创业企业所处环境的变化情况，数字化能力能够帮助企业优化配置内外部数字资源以应对环境变化，即地区数字化水平在数字化能力与商业模式创新关系中发挥重要作用。

综上所述，形成了主范畴与核心范畴典型关系结构的 8 条故事线，具体见表4.4。

表 4.4　　　　　　　　　　　　主范畴的典型关系结构

典型关系结构	关系结构的内涵
地区数字化水平→商业模式创新	地区数字化水平是企业所处地区的数字化发展水平，其对技术创业企业商业模式创新具有直接驱动作用
高管团队认知→商业模式创新	高管团队认知是对企业高层管理者协作实现知识共享、感知环境变化、解决问题状况与制定战略决策等情况的体现，其对技术创业企业商业模式创新具有直接驱动作用
战略导向→商业模式创新	战略导向是对企业针对环境变化所选择战略定位与发展方向的体现，其对技术创业企业商业模式创新具有直接驱动作用
数字化能力→商业模式创新	数字化能力是对企业协同内外数字资源、制定数字化解决方案、创新产品和服务等能力的综合体现，其对技术创业企业商业模式创新具有直接驱动作用
高管团队认知→战略导向→商业模式创新	高管团队认知是商业模式创新的间接驱动因素，它通过战略导向间接驱动技术创业企业商业模式创新
战略导向→数字化能力→商业模式创新	战略导向是商业模式创新的间接驱动因素，它通过数字化能力间接驱动技术创业企业商业模式创新
高管团队认知 地区数字化水平→↓ 商业模式创新	地区数字化水平是高管团队认知与商业模式创新关系中的重要情境因素
数字化能力 地区数字化水平→↓ 商业模式创新	地区数字化水平是数字化能力与商业模式创新关系中的重要情境因素

4.2.4　理论模型饱和度检验

理论模型饱和度检验是研究人员不再能从额外访谈资料中获得新的范畴、理论见解时，则说明应停止采样[319]，以达成验证理论模型严谨性与科学性的目的。本书运用剩余 4 家技术创业企业的访谈资料，按照上述研究程序进行重新检验，验证"数字经济背景下技术创业企业商业模式创新驱动因素"理论模型是否依然成立。

以 HJ 有限公司为例。围绕国家振兴东北战略部署与国家"数字中国"

战略的推进，黑龙江省人民政府积极响应国家战略规划，颁布了《"数字龙江"发展规划（2019－2025 年）》之后，政治、经济、社会、文化、生态等领域的数字化建设得到全面深化，形成数据驱动的融合式经济形态、构建起智能基础设施体系、智能化的社会治理和民生服务手段，数字产业化和产业数字化的速度加快，这深刻地改变了企业生存发展的生态环境。在新的发展情境下，HJ 公司高管团队认识到需要将新技术、新需求融入原有商业模式中，以快速生成满足消费者需求的产品和服务，从而实现企业健康稳定成长，并获取经济收益和市场竞争优势（地区数字化水平驱动商业模式创新，地区数字化水平在高管团队认知与商业模式创新之间的作用）。在《国家信息化发展战略纲要》等一系列政策文件的发布，以及消费者需求多元化、个性化趋势的大环境下，HJ 公司高层管理者意识到加快数字化发展以及满足多样化需求是至关重要的，高层管理者对新情境中的企业战略规划进行深层次、全方位的解读，将数字化理念融入于企业文化中，秉持数字技术创新以及满足顾客需求的战略规划，逐步增强研发资金投入并学习与引进新型产业技术，快速实现技术的产品化与商业化，从而为用户创造价值（高管团队认知通过战略导向驱动商业模式创新）。随着国家《促进大数据发展行动纲要》的发布以及新型信息技术的发展与应用，HJ 公司管理者意识到大数据资源在应对新环境变化中的重要性，积极引进多名数字技术人才，采用人工智能、3D 视觉等新型数字技术，分析现有资源并优化配置，预测环境变化以紧随市场趋势，了解客户真实需求并构筑出定制化服务方式，洞察新的创意进行产品与业务创新，大大缩减了软件产品研发周期，加速产品市场推广，为企业带来经济效益，企业利润同比增长近7%（战略导向通过数字化能力驱动商业模式创新）。此外，HJ 公司在本省数字经济发展不断深化的背景下，凭借良好的资源协同能力，不断收集与整合数据信息资源，并盘活闲置资源，开发出智能化业务板块，依托创新创业服务平台，形成"线上线下接单、按环节分解、多主体合作"的经营模式；面对数字化消费理念的深化，HJ 公司秉持以客户需求为中心的服务理念，通过网络平台为客户提供产品选型以及报价、产品远程定制化等服务，调整与变革传统服务模式，构建起良好的顾企关系（地区数字化水平在数字化能力与商业模式创新之间的作用）。

综上所述，HJ有限公司的访谈资料符合数字经济背景下地区数字化水平、高管团队认知、战略导向和数字化能力4个主范畴对技术创业企业商业模式创新驱动的故事线。如此类推，按照上述程序对其余3家技术创业企业进行重复检验，发现范畴并未新增或者减少，核心范畴"数字经济背景下技术创业企业商业模式创新驱动因素"也得到精确，表明上述研究所得范畴与故事线的饱和性较好，即可以停止采样。

4.3　关键驱动因素的扎根理论研究结果

立足数字经济新情境，严格遵循扎根理论分析的流程对原始访谈资料进行循环往复检验，获得数字经济背景下技术创业企业商业模式创新的关键驱动因素与关系模型。首先，依托开放式编码识别出数字经济背景下技术创业企业商业模式创新驱动因素的8个关键范畴，涉及地区数字化水平、认知异质性、认知能力、顾客导向、数字导向、数字资源协同能力、数字运营能力和数字创新能力。其次，通过主轴式编码将初始范畴归纳为地区数字化水平、高管团队认知、战略导向和数字化能力4个主范畴，并阐述各个范畴的具体内涵。再次，凭借选择式编码明晰主范畴之间的典型关系结构。最后，依托剩余4份原始访谈资料对扎根结果进行理论饱和度检验。

综上所述，初步建立起数字经济背景下技术创业企业商业模式创新关键驱动因素的概念化模型（见图4.3）。

4.3.1　地区层面因素

地区层面因素包括地区数字化水平一个类属。

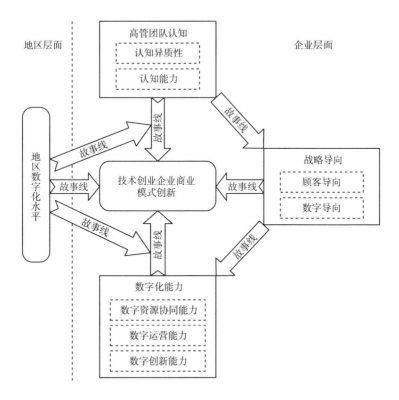

图 4.3　数字经济背景下技术创业企业商业模式创新关键驱动因素的概念化模型

地区数字化水平是指不同区域社会经济活动中各领域的数字化发展的程度，是创新主体所面对的一种新型情境因素。作为地区层面的驱动因素，地区数字化水平带来的全新环境变化会给企业带来新的机遇与挑战，直接驱动企业商业模式创新。

环境变化是一种最活跃又不可控的驱动因素，技术创业企业商业模式必须随着全新环境变化而进行调整与变革。数字技术、数据资源、数字消费等环境变化对技术创业企业产生较大影响，例如，数字消费、消费个性化的变化会驱动企业改变生产与销售模式。尤其在数字经济发展情境下的数字发展战略、顾客需求多样、新型技术涌现及竞争加剧等环境变化，技术创业企业应加速推动商业模式的调整与变革。

4.3.2 企业层面因素

企业层面因素包括高管团队认知、战略导向和数字化能力三种类属。

4.3.2.1 高管团队认知

高管团队认知反映了高层管理者通过合作形式对数字经济发展所带来的商业生态环境变化和自身资源的批判和认知，反映其对当前环境的判断和未来趋势的推断、提出高质量战略方案和管理决策的能力，涵盖了认知异质性和认知能力两个条目。其中，认知异质性指高管团队成员在学历、职能、工作经验等方面的差异，不仅体现了高管在知识和经验等方面的多样性，而且还体现了高管对战略目标的信念和偏好的程度，反映企业提出与外部环境动态适配的高质量问题解决方案的能力。[126,320]认知能力指高管团队从动态复杂的环境中识别出机会和威胁，进而推进组织战略变革的能力，体现在变幻莫测的环境中高管团队作出切合实际战略决策，并有效执行的能力[280]，体现高管团队成员对环境变化的认知和判断。

技术创业企业商业模式创新活动需要其对市场环境、竞争环境、行业趋势、内部资源和能力、战略定位等有较为充分且有效的判断。高管团队成员的特质和背景对企业战略决策具有关键性作用。[321]因此，数字经济背景下，面对动态变化的市场环境与模糊不清的组织边界，商业模式创新往往取决于高管团队成员的判断，即高管团队成员基于自身的认知作出战略决策是至关重要的。

4.3.2.2 战略导向

战略导向是指企业对自身要素禀赋与外部环境的整体考量和认知诠释[322,323]，是企业对资源禀赋和客观环境的综合思量，继而作出相应的战略选择和设计[323]；体现企业在资源有限的情况下如何展开经营活动，反映资源配置和利用的方式，是主体与环境的有机结合。战略导向的选择对创业企业开展创新活动是至关重要的。[235]对外而言，合理的战略导向指导企业行为与活动，使其能够敏捷应对环境变化；对内而言，合理的战略选择指引企业整合与更新资源以打破当前资源约束的局面，使其更好地适应外部环境。[324]

战略导向包括顾客导向和数字导向两个条目。其中，顾客导向指企业以满足顾客需求和提高顾客价值为起点，重视对顾客的消费能力、需求偏好、消费行为等特质的考察与分析，通过设计与生产新产品、创造新服务模式等方式来快速满足顾客需求，映射出企业对市场动态变化和顾客需求等的关注。[325]数字导向是技术导向的一个重要分支，被理解为企业意图理解和使用技术来应对环境变化；表明了企业利用新兴数字技术带来机遇的深思熟虑的战略定位，从数字技术应用中创造价值[326]；重视吸收和分析外部资源的创业企业有更大的发展潜力，往往能获得更好的收益。[327]

4.3.2.3 数字化能力

数字经济背景下，商业生态环境的不确定性、复杂性等不断加剧，相较于竞争优势、资源基础等理论，动态能力理论在阐释企业如何在动态环境变化中获取和保持竞争优势方面有明显的优越性。[328]动态能力反映了企业整合、构建和重配内外部资源而快速响应外部环境动态变化的能力，继而保持竞争优势、实现可持续健康成长。[61]由于动态能力的概念和维度具有时代背景特殊性，不同时代背景要求企业应具备与之相对应的动态能力[329]；受人工智能、移动互联技术等新一轮技术驱动，数字资源已成为新的生产要素，由此数字化能力至关重要。[330]

数字化能力包括数字资源协同能力、数字运营能力与数字创新能力三个条目。数字资源协同能力是指企业在数字经济动态环境变化中整合与协同竞争性和互补性资源的能力。[331]数字运营能力是指企业基于海量数据的分析与挖掘，制定数字研发、生产、管理、销售和服务等数字化解决方案的能力。[332] 数字创新能力是指企业通过获取、分配、整合和重构数字资源来实现组织创新的能力，包括产品创新、服务创新、数字创投和孵化能力。[291]

面对数字化环境和数字化转型趋势，企业需要展开的数字化工作包括制定合适的数字化战略，并根据数字化战略配置资源和能力。[290] 对于技术创业企业而言，若想高效利用数字经济发展带来的红利，其需要具备相应的数字化能力，以保障商业模式创新活动的顺利实施。

4.4　本章小结

根植于数字经济新情境，本章运用扎根理论研究方法探索与识别技术创业企业商业模式创新的关键驱动因素，通过循环往复的开放式编码、主轴式编码、选择式编码和理论饱和度检验等步骤对原始访谈资料进行分析，识别出两个层面的 4 个主范畴驱动因素，即地区数字化水平（情境）、高管团队认知（认知）、战略导向（战略）和数字化能力（能力），进一步厘清各驱动因素与商业模式创新的关系，进而构建关键驱动因素的概念化模型，为后续研究奠定基础。

第5章 数字经济背景下关键驱动因素对技术创业企业商业模式创新的跨层次作用研究

以第 4 章数字经济背景下技术创业企业商业模式创新的关键驱动因素识别结果和所构建概念化模型为基础，本章结合多层次理论，运用多层线性模型和多元回归分析方法对概念模型进行验证，明确关键驱动因素对商业模式创新的驱动作用，揭示单一关键驱动因素的直接作用及至多三个关键驱动因素的"中介效应和调节效应"。本章研究不仅统计验证第 4 章的关键驱动因素识别结果，也为后续组态效应研究奠定基础。

5.1 理论基础与研究假设

5.1.1 地区数字化水平与商业模式创新

权变理论指出，组织战略调整应根据外部环境变化而开展。数字经济背景下，凭借大数据、人工智能等技术逐渐形成的数字化发展环境已快速渗透到社会经济各领域中，对于技术创业企业而言，数字化发展环境是一种全新的商业环境。全新商业环境下，市场主体互动愈发紧密、组织边界愈发模糊、市场竞争愈发开放，仅凭技术创新或产品创新已无法满足日益变化的顾客需求，这意味着技术创业企业必须作出调整与变革以快速适应环境变化；而商业模式创新可帮助企业快速、高效地为顾客提供新的解决方案，依托新价值增长点来实现价值创造，从而适应新的发展情境并建立竞争优势。[151,333]基于创新理论和数字化水平的相关研究[334-336]，本书提出地区数字化水平对技术创业企业商业模式创新作用的研究假设。

其一，大数据、物联网等新型信息技术得到快速发展与广泛应用，组织创新边界和行业边界均被打破、交易成本大大降低[335]，这为技术创业企业创新活动提供资源和技术支持，其可利用新型技术调整原有生产、服务和交易方式，进而实现商业模式演进与变革。[150]其二，地区创新主体间信息网络的连通性支撑着地区数字化发展。高效的信息网络连通性加深了创新主体间的沟通便捷性与合作深度，不仅帮助企业吸引优质的合作伙伴，也帮助企业增强其与利益主体的关系[337]，进而形成新的商业生态模式。其三，新型数字基础设施为数字消费和创新活动提供基础保障，打破创新要素的时空界限，实现信息知识的实时共享[334]，使得技术创业企业获取新知识的数量增加、质量提高，从中捕获新的发展机会，最终提出新价值主张并实现价值创造。其四，数字化情境下，数字消费理念不断深化，顾客偏好、消费方式等发生根本性转变，技术创业企业必须重塑组织结构和盈利模式，将所掌握的市场机会进行快速落地，在价值传递过程中实现价值捕获。[338]其五，所处地区具备丰富的数字化人才，企业可以轻易地获得所需员工，以此高效地解决自身的数字鸿沟问题[339]，并在商业实践中精准判断和甄选出所需信息，提高资源配置效率和战略调整速度，最终实现商业模式创新。综上所述，地区数字化水平通过打破组织边界、实现信息实时传播共享、降低创新活动成本等途径驱动技术创业企业商业模式创新。基于此，提出如下假设：

H1：地区数字化水平正向驱动技术创业企业商业模式创新。

5.1.2　高管团队认知与商业模式创新

基于高阶理论可知，高层管理者的价值观、人格特质、认知方式及能力等影响其战略判断和选择。[126]研究表明，对于隶属同一行业内经营范畴相似的企业而言，虽然它们身处于大致相同的市场竞争环境、拥有相近资源，但战略选择和创新绩效存在明显的异质性[340]，这一现象产生的原因就在于高层管理根据自身认知范式对所处环境中的机遇和挑战加以识别，从而产生不同的商业模式设计与创新。[341,342]

作为商业模式创新的设计者与重要驱动力，高管团队对外部环境的探索和判断能帮助企业捕获潜在机会、获得所需资源，继而作出决策调整。[343]随着数字经济的不断深化，原有组织及产业边界被打破[344]，数据成为新的生产要素，用户地位提升至新的高度[345]，形成一种全新的商业生态环境。在新的商业生态环境下，高管团队通过对环境的加工和解读，认识到必须对原有的生产、销售等价值链环节进行调整。商业模式创新以甄别环境中的机会和风险为起始（新技术应用和客户需求偏好等），高管团队认知在这一过程中发挥关键性作用。[41,346]已有文献表明，管理者对机会和威胁的精准掌握可保障现行商业模式成功过渡到新商业模式。[347]研究假设如下：

第一，高管团队的认知异质性程度高，说明团队内部成员能对战略规划、创新活动等进行全方位、多维度、深层次的解读和判断，可为组织发展提供广泛的决策素材和多样化的创新要素，进而有效克服单个高层管理者因"知识面不够宽"和"视野狭隘"等导致的决策失误，帮助组织制定高质量决策方案，保证组织变革的顺利实施。[348]具体分析如下：其一，数字经济时代，客户需求不断变化、市场细分程度升高、新技术接踵而至，技术创业企业的商业生态环境发生巨大改变，其凭借较强的高管团队认知异质性可从纷繁复杂的环境变化中提炼出新价值增长点，通过理论分析和思辨性探讨提出新的服务方式及构建新的逻辑来实现价值创造和捕获。[349]其二，大数据、人工智能等技术使数据变得更透明、传播速度更快，这一商业生态环境下，认知异质性强的高管团队会帮助技术创业企业从多样化的信息中搜寻和捕捉到关键信息，为商业模式创新提供资源供给和智力支持；进一步，高管团队对所获用户数据进行有效的识别和萃取，精准把握用户需求偏好，为用户提供精致化、个性化、差异化的产品或服务，最终实现商业模式创新。[5]

第二，面对外部动态环境变化，拥有高认知能力的高管团队能识别出潜在机会和市场风险，会提出多元化的问题解决思路，并制定高质量的决策[350]，据此展开相应调整以快速适应环境变化。[351]具体分析如下：其一，数字经济时代下，精细化的用户需求使市场细分程度越来越高，市场竞争的范围扩大和程度加深，具有较强认知能力的高管团队能清楚认识到现行商业模式的不足，帮助技术创业企业选择正确的细分市场，开发新业务板块来拓展业务边界，继而吸引潜在用户和投资者的关注，通过整合和重配内外部资源，提升资源利用效率，最终稳步实现商业模式创新。[352]其二，面对组织边界愈发模糊，市场环境愈发难以预测等环境变化，认知能力较强的高管团队更可能对现有价值创造环节进行相应的改进与变革[126]，因为认知能力较强的高管团队能准确掌握企业定位，进而保证技术创业企业商业模式创新的调整与变革是适时的、正确的。基于此，提出如下假设：

H2：高管团队认知正向驱动技术创业企业商业模式创新。

H2a：认知异质性正向驱动技术创业企业商业模式创新。

H2b：认知能力正向驱动技术创业企业商业模式创新。

5.1.3　高管团队认知、战略导向与商业模式创新

5.1.3.1　高管团队认知与战略导向

战略导向是高管团队认知在组织层面的体现和演化，是基于综合考量而构建起经营与行为理念，即高管团队认知在企业战略导向选择上扮演重要的角色。

第一，数字经济时代下，顾客的消费体验与主观感受被提升到新的高度[353]，技术创业企业应密切关注顾客需求变化，顾客导向战略的重要性逐步凸显。其一，认知异质性程度高的高管团队拥有多领域的知识、差异化的经验及丰富的信息获取渠道，这保证了管理者能清楚地认识到新情境中自身需要关注顾客需求和市场变化[354]，及时更新产品或服务与顾客需求相衔接的重要性，将组织注意力置于顾客需求上，继而采取顾客导向战略。其二，认知能力强的企业能精准识别和判断环境变化，认识到提高顾客效用逐渐成为数字经济时代下建立竞争优势并实现健康成长的主要途径，从而选择契合发展实际的顾客导向战略。

第二，数字化转型趋势下，技术创业企业需要利用数字技术将不同领域的新知识、数据信息等转为自身知识，使其为我所用[355]，由此数字导向的重要性日益凸显。其一，具有经验和职能背景等异质性的高管团队能够对数字环境变化作出全方位解读和判断，继而选择正确的战略定位。其二，拥有较高认知能力的高管团队能及时认识到数据资源成为新生产要素、数字技术成为新生产力，进而推动企业从战略层面提高对前沿技术的开发和应用，提高技术敏感能力、积累核心技术知识，为新产品和新服务的开发提供技术保障。[356]基于此，提出如下假设：

H3：高管团队认知对战略导向具有正向促进作用。

H3a$_1$：认知异质性对顾客导向具有正向促进作用。

H3a$_2$：认知能力对顾客导向具有正向促进作用。

H3b$_1$：认知异质性对数字导向具有正向促进作用。

H3b$_2$：认知能力对数字导向具有正向促进作用。

5.1.3.2　战略导向的中介作用

作为一种创新性活动，商业模式创新受到战略导向的影响。[357]精准的战略导向推动企业合理配置资源和能力，催生出新产品、新服务和新技术等，从而形成新的商业模式。[358]其一，数字经济背景下，"需求侧－顾客地位"被提升至空前未有的高度,采用顾客导向的技术创业企业能在既有领域或跨界搜寻信息,及时洞察和了解顾客需求变化,从中识别新的市场机会,拓展新的业务领域,继而形成新的商业模式。[359]其二,数字经济时代,经济开放度提高,技术壁垒被打破,数字技术应用使得信息传播速度加快且实现实时共享[334],采用数字导向的技术创业企业能更加熟练地应用新技术,掌握危机规避方法,据此突破刚性惯例和陈旧发展观念,为产品设计、服务流程创新等提供技术保障,从而实现商业模式创新。基于此,提出如下假设:

H4:战略导向正向驱动技术创业企业商业模式创新。

H4a:顾客导向正向驱动技术创业企业商业模式创新。

H4b:数字导向正向驱动技术创业企业商业模式创新。

数字化环境下,商业模式创新离不开高管团队的认知印记[349];认知印记能帮助高管团队更清晰地认识新情境中战略选择和创新活动的核心点,即高管团队认知转变会映射在企业战略选择上,继而影响组织行为方式和商业逻辑。[327]具体分析如下:其一,高管团队认知异质性和能力越强,技术创业企业对数字经济背景下顾客地位、顾客价值等变化的感知则愈发强烈,促进企业确定以达成顾客需求、提高顾客消费体验等为基准的发展理念,在此理念引导下将创新资源优化配置到新产品或新服务的开发中,使自身在动态环境中建立竞争优势并实现商业模式创新。其二,高管团队认知的异质性和能力越强,技术创业企业越能认识到数字技术对自身经营活动的重要性,提高学习实质性新技术的能力和意愿,不断丰富技术知识、提升技术多样性[360],藉以创造出具有商业价值的新知识组合,进而改变产品研制、分销渠道和交易模式等商业模式要素,最终实现对原有商业模式的调整与变革。[324]综上所述,高管团队认识直接映射在战略导向选择上[354],而战略导向能帮助技术创业企业调整和重新塑造价值创造模式来适应动态环境,最终实现商业模式创新。[361]基于此,提出如下假设:

H5:战略导向在高管团队认知与技术创业企业商业模式创新关系中发

挥中介作用。

H5a$_1$：顾客导向在认知异质性与技术创业企业商业模式创新关系中发挥中介作用。

H5a$_2$：数字导向在认知异质性与技术创业企业商业模式创新关系中发挥中介作用。

H5b$_1$：顾客导向在认知能力与技术创业企业商业模式创新关系中发挥中介作用。

H5b$_2$：数字导向在认知能力与技术创业企业商业模式创新关系中发挥中介作用。

5.1.4 高管团队认知、战略导向、数字化能力与商业模式创新

5.1.4.1 战略导向与数字化能力

战略导向对数字化能力具有重要影响。[362]具体分析如下：其一，顾客导向型企业能够准确与及时地发现外部市场需求的变化，促使组织采取一系列措施来把握和应对环境变化带来的机会和挑战。[363]顾客导向型的技术创业企业能快速辨别出当前市场环境变化及预测市场未来走向，识别和挖掘出高价值机会，进而推动企业重新配置和组合创新资源，提高自身数字资源协同的效果。同时，数字经济时代下，人工智能、移动互联等技术层出不穷，已蔓延到商业生态系统的各环节[7]；而作为技术导向的一个重要分析，数字导向体现了企业学习与利用新型数字技术的意愿和能力，可帮助技术创业企业追寻新知识、加速内外部数据资源的协同，保障组织创新与数字经济发展处于同频。其二，数字经济时代下，数字技术、数据资源等创新要素的重要性愈发凸显，技术创业企业基于数字导向战略将新型创新要素引入企业内部，精准匹配市场需求和内部生产，扩展线上线下的数字化渠道和营销[364]；同时，数字导向反映了学习与应用新型数字技术的意愿和能力，其鼓励员工探索和展开组织变革，实现组织内部数字化营销、

智能生产，提高数字化运营水平。其三，数字经济背景下，个性化和多样化的顾客需求日渐显现，顾客导向型的技术创业企业时刻关注消费信息及市场需求变化，能够有效引导企业从原有以"产品"为核心转变为"产品＋服务"为中心的经营模式，最大程度满足顾客需求。[365]文献表明，战略导向正向促进企业动态能力[366]；数字经济时代下，战略导向能帮助技术创业企业认识到顾客需求、数字技术、数据资源等新生产要素重要性，促使各部门应用数字技术改造和创新现有产品和服务，从而满足市场个性化和多元化需求。基于此，提出如下假设：

H6：战略导向对数字化能力具有正向促进作用。

$H6a_1$：顾客导向对数字资源协同能力具有正向促进作用。

$H6a_2$：顾客导向对数字运营能力具有正向促进作用。

$H6a_3$：顾客导向对数字创新能力具有正向促进作用。

$H6b_1$：数字导向对数字资源协同能力具有正向促进作用。

$H6b_2$：数字导向对数字运营能力具有正向促进作用。

$H6b_3$：数字导向对数字创新能力具有正向促进作用。

5.1.4.2　数字化能力的中介作用

数字化能力对商业模式创新具有重要影响。数字经济时代下，新型信息技术的发展与应用导致数据呈现爆发式增长，外部环境愈发复杂严峻，企业难以持续保持原有竞争优势。[367]在新发展情境下，技术创业企业应考虑如何依托商业模式协调自身与环境的关系来适应新环境的变化，继而形成商业模式最优设计[118]；而拥有较强数字化能力的企业能更好地实现自身商业模式的设计与转型。[1]具体分析如下：其一，数字资源协同能力帮助企业有效地组合所获数字资源与原有资源，盘活未被有效利用或闲置的资源，提高资源利用效率，为企业价值创造活动提供资源保障。[329]此外，技术创业企业面临资源匮乏的困境，其与战略合作伙伴进行数字资源共享和互动，可实现价值网络环节中数据信息与业务流程的精准匹配[369]，并从中搜寻有价值信息和机会，创新价值创造方式。其二，数字运营能力是企业将商业模式创新各要素转为可执行方案的重要支撑。[291]数字化运营帮助技术创业企业智能决策和动态调度，根据平台流量监测、模拟仿真试验等评估市场潜在发展空间，制定多渠道营销策略，合理调配资源以减少不必要能耗，改进业务流程、价值创造和获取方式，从而实现商业模式创新。[370]其三，技术创业企业的健康成长离不开可操控性的资源，可存储、可编程的新型数字技术能够帮助企业获取外部数字资源，加速实现内外部数字资源的协同，以实现产品和服务创新来匹配数字经济发展新要求。[371]基于此，提出如下假设：

H7：数字化能力正向驱动技术创业企业商业模式创新。

H7a：数字资源协调能力正向驱动技术创业企业商业模式创新。

H7b：数字运营能力正向驱动技术创业企业商业模式创新。

H7c：数字创新能力正向驱动技术创业企业商业模式创新。

为顺应数字经济发展浪潮，培育资源协同、运营变现、数字创新等能力是企业完善商业生态系统和商业模式创新的新引擎。[291]面对创新风险，在以数字化能力为主导的商业模式创新中，技术创业企业需要有正确的战略导向，以作为能力升级和创新活动的保障，进而实现商业模式的创新发展。具体分析如下：其一，数字导向型的技术创业企业往往拥有较强的学习新型信息技术的意愿和能力，能引导员工收集与挖掘外部数据资源，与内部数据资源进行有效协同，提升数字资源协同能力，掌握市场最新发展动向，通过调整与变革经营模式来适应环境变化，最终实现商业模式创新。其二，顾客导向型的技术创业企业能掌握顾客偏好变化的相关信息，根据顾客反馈信息改进或开发产品或服务来最大限度提升顾客满意度，优化售后这一价值链节点来带动新商业模式的形成。其三，数字导向型的技术创业企业倾向在新产品开发过程中使用更高端、更先进的数字技术，提升自身的数字创新能力，从而为顾客开发出更新颖、更优质的产品。简兆权等发现动态能力在战略导向与技术创新关系中发挥中介作用。[366]在对战略导向与组织绩效的关系研究中，学者们发现战略导向通过数字化能力影响组织绩效。[372]还有研究发现，数字化能力在战略导向与新产品开发绩效关系中发挥中介作用。[362]基于此，提出如下假设：

H8：数字化能力在战略导向与技术创业企业商业模式创新关系中发挥中介作用。

H8a$_1$：数字资源协同能力在顾客导向与技术创业企业商业模式创新关系中发挥中介作用。

H8a$_2$：数字运营能力在顾客导向与技术创业企业商业模式创新关系中发挥中介作用。

H8a$_3$：数字创新能力在顾客导向与技术创业企业商业模式创新关系中发挥中介作用。

H8b$_1$：数字资源协同能力在数字导向与技术创业企业商业模式创新关系中发挥中介作用。

H8b$_2$：数字运营能力在数字导向与技术创业企业商业模式创新关系中发挥中介作用。

H8b$_3$：数字创新能力在数字导向与技术创业企业商业模式创新关系中发挥中介作用。

5.1.4.3 战略导向与数字化能力的链式中介作用

基于扎根理论分析的识别结果，并结合假设 H3、H6 与 H7，本书认为高管团队认知通过战略导向与数字化能力最终驱动技术创业企业商业模式创新。具体而言，高管团队认知通过战略导向综合考量并构建经营与行为理念，引发对数字化能力的变革，以匹配数字经济发展新要求，进而促进技术创业企业的商业模式创新。基于此，提出如下假设：

H9：战略导向、数字化能力在高管团队认知与技术创业企业商业模式创新关系中发挥链式中介作用。

H9a$_1$：顾客导向、数字资源协同能力在认知异质性与技术创业企业商业模式创新关系中发挥链式中介作用。

$H9a_2$：数字导向、数字资源协同能力在认知异质性与技术创业企业商业模式创新关系中发挥链式中介作用。

$H9a_3$：顾客导向、数字运营能力在认知异质性与技术创业企业商业模式创新关系中发挥链式中介作用。

$H9a_4$：数字导向、数字运营能力在认知异质性与技术创业企业商业模式创新关系中发挥链式中介作用。

$H9a_5$：顾客导向、数字创新能力在认知异质性与技术创业企业商业模式创新关系中发挥链式中介作用。

$H9a_6$：数字导向、数字创新能力在认知异质性与技术创业企业商业模式创新关系中发挥链式中介作用。

$H9b_1$：顾客导向、数字资源协同能力在认知能力与技术创业企业商业模式创新关系中发挥链式中介作用。

$H9b_2$：数字导向、数字资源协同能力在认知能力与技术创业企业商业模式创新关系中发挥链式中介作用。

$H9b_3$：顾客导向、数字运营能力在认知能力与技术创业企业商业模式创新关系中发挥链式中介作用。

$H9b_4$：数字导向、数字运营能力在认知能力与技术创业企业商业模式创新关系中发挥链式中介作用。

$H9b_5$：顾客导向、数字创新能力在认知能力与技术创业企业商业模式创新关系中发挥链式中介作用。

$H9b_6$：数字导向、数字创新能力在认知能力与技术创业企业商业模式创新关系中发挥链式中介作用。

5.1.5　调节作用

5.1.5.1　地区数字化水平、高管团队认知与商业模式创新

作为企业改变价值创造的经营逻辑、提升客户价值和竞争优势的重要

途径，商业模式创新并非一项孤立的调整[373]，它是在特定市场环境中高管团队认知发生转变并随之展开的结构安排集合。商业模式创新不仅受认知结构和认知过程的驱动，也会受到外部环境的推动。[374]伴随地区数字化水平的提升，创新主体互动性加强、顾客需求变化加快、市场竞争程度加剧及技术更迭频繁，技术创业企业无法有效预测市场的未来走向，这在很大程度上制约着其创新发展。由于营商环境的动态性加剧，技术创业企业经营过程的不确定性和决策任务的复杂性也被提升，高管团队需要更多的信息进行分析与判断，才能制定出合理的战略决策[279]；而以思维和判断为核心的高管团队认知成为决定企业商业模式创新成效的重要因素。[126]综上所述，差异化的地区数字化发展水平下，高管团队的环境信息加工、机会识别与管理决策会存在差异；即地区数字化水平在高管团队认知与技术创业企业商业模式创新的关系中发挥调节作用，具体分析如下：

其一，认知异质性较高的高管团队拥有多样性的知识和经验、较为广泛的社会网络关系，能基于不同视角解析组织问题，提出差异性的解决方案，并通过群体思维从中甄选出适合环境变化的解决方案，实施与同行业竞争者不同的服务模式和交易机制，从而推动商业模式创新。在较高的地区数字化水平下，辖区内技术创业企业经营环境的动荡性和模糊性被加剧，这必然导致高管团队成员在发展方向、市场定位等问题上产生争议与分歧，但是高水平的高管团队认知异质性所带来的收益会远远超过所需承担的沟通与协商成本。相反，在较低的地区数字化发展水平下，市场环境相对稳定，虽然高管日常管理工作非常复杂，但稳定环境对高管团队的信息处理要求相对较低。有研究表明，与身处动荡环境中的高管团队相比，处于相对平稳环境中的高管团队，只需采用规范化和日常化的方式来处理日常管理工作[279]，而认知异质性程度较高的团队在解决问题时会付出更多的时间和沟通成本，不利于企业展开产品或服务创新。综上所述，伴随地区数字化水平的提升，高管团队认知异质性更能够驱动技术创业企业展开商业模式创新。

其二，纷繁复杂的环境下，认知能力强的高管团队可凭借成熟的认知范式提出多元的问题解决思路和方法，从而应对环境变化。[351] 随着地区数字化水平的提升，辖区内数字技术和顾客需求发生巨大转变，技术创业企业难以对海量的数据信息进行收集与筛选，从而无法有效预测顾客偏好和竞争者行为策略。由此，高管团队需凭借较强的认知能力紧盯顾客需求变化和行业未来发展趋势，选择精准的细分市场，拓宽原有业务边界，并将内外部资源进行整合与重构，实现认知能力与环境变化的协同匹配，进而推动商业模式创新。在数字化水平相对较低的地区，市场竞争程度较低，高管团队仅需按照惯例对数据信息等进行重配和利用即可顺利进行经营活动[375]，由此高管团队认知能力对商业模式创新的影响较弱。综上，高管团队依托认知能力在数字化环境中精准掌握企业定位，并通过更新产品生产技术和优化交易结构来满足顾客需求以及适应动态环境变化，进而驱动技术创业企业商业模式创新的调整与演化。基于此，提出如下假设：

H10：地区数字化水平正向调节高管团队认知对技术创业企业商业模式创新的作用。

H10a$_1$：地区数字化水平正向调节认知异质性对技术创业企业商业模式创新的作用。

H10a$_2$：地区数字化水平正向调节认知能力对技术创业企业商业模式创新的作用。

5.1.5.2 地区数字化水平、数字化能力与商业模式创新

我国各地区深入贯彻"数字中国"战略，通过加快新型基础设施建设、构建新一代大数据中心、新型互联网中心等行动，各地区数字化水平得到明显提升。随着地区数字化水平的提升，创新资源呈现传播速度加快、透明化加剧、实时共享等特征，尤其是数据资源的可供性和自生产性使数据要素加速渗入到企业创新活动中。[376] 虽然技术创业企业可较为轻易地获取创新资源，但其必须支付高额度的资源整合、重构和配置成本，方可真正将资源转为己用[334]，而数字化能力可将数字时代发展带来的大数据、数字

技术等红利转为自身所用，快速应对高度不确定的商业生态环境。由此，地区数字化水平作为技术创业企业商业模式创新的重要情境因素，其在数字化能力与商业模式创新关系中发挥权变作用。具体分析如下：

其一，数字化情境下，商业环境动态性加剧，而数字化能力是企业搜寻潜在商业机会与应对新情境变化的关键。我国各地区不断强化数字基础设施建设，加速数据等创新资源的流通，技术创业企业能便捷地接触到丰富的创新资源，凭借数字资源协同能力获取并内化吸收外部资源更全面，为自身价值链环节的调整与变革提供强有力的资源支撑，最终实现商业模式创新。相反，数字化发展程度较低，市场需求变动幅度较小，技术创业企业更倾向以低成本获取所需资源，采取更为稳健的方式进行创新发展，而非贸然展开商业模式创新。其二，数字技术打破原有组织边界，技术创业企业面临的环境愈发不确定、不可预测，数字运营能力能帮助技术创业企业制定合理的数字化解决方案，将现行商业模式与新技术、新需求相结合，衍生出新产品、新服务和新业务流程[377]，最终实现商业模式的调整与变革。其三，伴随大数据、物联网等新技术的更迭与应用，市场主体互动性越来越强，使企业与顾客间的关系愈发密切；顾客逐渐参与到企业价值创造过程中，脱离了传统意义上需求者的单一角色，逐渐肩负起创造新价值、智力支持以及价值整合等任务[378]，这要求技术创业企业调整与变革传统的服务模式，保证自身在价值传递过程中实现价值捕获；而数字创新能力能帮助企业生产出新产品、新服务模式，提高产品附加值并实现精准管理，将传统"产品"模式转向"产品＋服务"模式[329]，最终实现价值创造与获取。基于此，提出如下假设：

H11：地区数字化水平正向调节数字化能力对技术创业企业商业模式创新的作用。

H11a$_1$：地区数字化水平正向调节数字资源协同能力对技术创业企业商业模式创新的作用。

H11a$_2$：地区数字化水平正向调节数字运营能力对技术创业企业商业模

式创新的作用。

H11a$_3$：地区数字化水平正向调节数字创新能力对技术创业企业商业模式创新的作用。

5.1.6　研究模型

综上所述，本书构建了关键驱动因素对技术创业企业商业模式创新的跨层次作用研究模型，如图5.1所示。

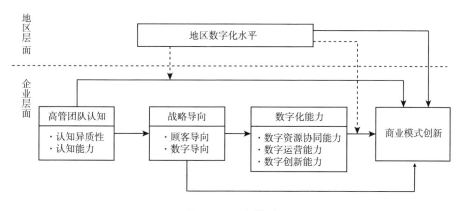

图 5.1　研究模型

5.2　实证分析

5.2.1　问卷设计与变量测量

5.2.1.1　问卷设计

研究数据应源于技术创业企业的实际运营情况，无法从各类统计年鉴与数据库中获得，因此采用问卷调查方式获取。问卷调查法凭借成本低、耗时短、结果易量化等优势，已广泛应用于创新创业研究中。实际操作过程中，既要保证问卷中的量表具有良好的信度与效度，又要有充足的有效调查样本数量，才能确保调研数据具有研究价值。本书基于问卷设计的基本原则与要点，并结合实际研究情境进行问卷设计工作，具体步骤如下：

第一，根据研究目标与研究内容，回顾并梳理与研究变量密切相关的文献资料，选择国内外学者开发且在中国情境下广泛应用的成熟量表，并基于数字经济背景及技术创业企业发展的实际情况对量表进行适当调整，从而形成初始问卷；第二，邀请创新创业领域内的学术专家对初始问卷进行审查，依据专家意见修改问卷；第三，与本校 MBA 学员中多名技术创业企业高层管理者进行交流与讨论，对问卷进行再次修缮，确保问卷的表述清晰、通俗易懂、逻辑合理；第四，从哈尔滨工程大学科技园中选择多位技术创业企业高层管理者进行小样本预测试，根据预测试时的反馈信息对量表进行完善；第五，通过上述流程形成最终调查问卷，并展开大样本调研。

调查问卷由三部分构成。第一部分，卷首语，表明问卷调查者的身份、阐明调查目的、介绍调查内容，请求被调查者根据自身真实想法和情况作出回答，说明问卷调查的保密性与匿名性，并保证调查数据只用于学术研究，不用于他处。第二部分，被调查对象基本信息，基本信息涵盖性别、年龄、职位、任职年限、企业规模、所在地区、企业年龄、企业性质、所处行业和营业收入等内容。第三部分，变量量表的具体题项，包括地区数字化水平、高管团队认知、战略导向、数字化能力及商业模式创新等变量题项。本研究利用选项填答的方式，量表题项采用 Likert7 级量表，1~7 代表"非常不符合"到"非常符合"。

5.2.1.2　变量测量

1. 地区层面变量

数字化水平。基于既有研究成果[379,380]，将地区数字化界定为：地区社会经济发展中的各个领域广泛利用数字技术、信息系统和网络平台等，生成、处理、共享和交易信息，促使各领域实现数字化转型，形成以数字信息为核心的数字化发展环境。已有研究主要基于信息化水平测度的相关成果，依托我国各类统计年鉴数据，从数字基础设施建设、信息网络连通性等方面构建数字化水平评价指标体系[334,335]；但因统计数据可获性的限制，根本无法较为全面地测度地区数字化水平。由此，本研究参考腾讯研究院、中国信息通信研究院等权威机构的研究[244,381]，并结合已有研究成果，从基础设施、技术应用、人才资源、政府服务、产品消费及产业发展等方面进行测量，共设计了 7 个题项（见表 5.1）。

表 5.1　　　　　　　　　　　数字化水平的测量量表

变量	简称	题项
数字化水平	DL_1	企业所在城市的新型数字基础设施建设水平较高（宽带、信息化服务平台）
	DL_2	企业所在城市的新型信息技术应用程度较高
	DL_3	企业所在城市的数字型技术人才资源较为丰富
	DL_4	企业所在城市的政府部门的线上一站式服务水平较高
	DL_5	企业所在城市的线上社交和移动互联网支付频率较高
	DL_6	企业所在城市的数字文化产品使用量较高（新闻客户端、流媒体等）
	DL_7	企业所在城市的产业数字化转型较快（工业等）、数字产业（互联网）蓬勃发展

2. 企业层面变量

（1）商业模式创新。数字化环境下，商业模式创新是企业生存与健康可持续发展的必由之路。本书参照已有的研究成果[196,382]，从引入新思想、创新交易方式、提供新产品等价值主张、传递和实现的状况对其进行测度，共设计了 7 个题项（见表 5.2）。

表 5.2　　　　　　　　　　　商业模式创新的测量量表

变量	简称	题项
商业模式创新	BMI_1	企业为客户提供价值不断提高的产品或服务
	BMI_2	企业不断引入大量的、多样化的新客户
	BMI_3	企业不断引入多样化的供应商、合作伙伴等参与者
	BMI_4	企业用新颖的方式将各种合作者紧密联系在一起
	BMI_5	企业采用创新的交易方式或手段
	BMI_6	企业不断在商业模式中引入新的思想、方法和商品
	BMI_7	企业不断在商业模式中引入新的流程、惯例和规范

（2）高管团队认知。高阶理论认为高层管理者的认知范式和能力影响企业判断和战略选择[273]，进而导致不同的创新结果。高管团队认知包括认知异质性和认知能力两个内容。本书参照已有研究成果[383,126,384]，从知识背景、创业经历、管理风格等方面对认知异质性进行测量，共设计了 5 个题项；从环境判断、战略决策等方面对认识能力进行测量，共设计了 4 个题项（见表 5.3）。

表 5.3   高管团队认知的测量量表

变量	内容	简称	题项
高管团队认知	认知异质性	CM_1	高管团队成员的知识背景存在很大差异
		CM_2	高管团队成员的创业经历存在很大差异
		CM_3	高管团队成员的管理风格存在很大差异
		CM_4	高管团队成员思考问题的方式存在很大差异
		CM_5	高管团队成员处理问题的方式存在很大差异
	认知能力	CA_1	高管团队成员可以对国家政策作出适时的响应
		CA_2	高管团队成员可以对行业变化作出准确的判断
		CA_3	高管团队成员可以对企业发展作出清晰的认识
		CA_4	高管团队成员可以对战略决策作出及时的调整

（3）战略导向。因不同的战略导向选择而使得企业在发展理念、创新动机和意愿等方面存在差异。[235]战略导向涵盖顾客导向和数字导向两个内容。本书参照已有研究[385-387,373,326]，从需求、价值和满意度等方面对顾客导向进行测量，共设计了 4 个题项；从愿景、数字技术使用等方面进行对数字导向测量，共设计了 4 个题项（见表 5.4）。

表 5.4   战略导向的测量量表

变量	内容	简称	题项
战略导向	顾客导向	CO_1	企业的竞争优势是建立在满足顾客需求之上
		CO_2	企业不断努力创造新的服务内容，为顾客提供更多的价值
		CO_3	企业经常会依据顾客的意见和反馈对产品进行改善
		CO_4	企业经常性地评估顾客满意度

变量	内容	简称	题项
战略导向	数字导向	DO_1	我们不断与新的数字技术创新保持同步
		DO_2	我们能够根据需求尝试新的数字技术
		DO_3	我们不断寻求新方法来提高数字技术的使用效率
		DO_4	我们就数字技术（移动互联网、人工智能、云计算）如何为商业价值作贡献制定了清晰的愿景

（4）数字化能力。数字化能力是企业在数字经济环境下进行商业模式创新，实现可持续发展的重要条件。数字化能力分为数字资源协同能力、数字运营能力与数字创新能力三维度。本书参考已有研究[388-390,291]，从数字资源聚合、内外部信息共享等方面测量数字资源协同能力，共设计了 3 个题项；从营销策略、智能决策等方面测量数字运营能力，共设计了 6 个题项；从数据、数字化资源应用等方面测量数字创新能力，共设计了 3 个题项（见表 5.5）。

表 5.5   **数字化能力的测量量表**

变量	内容	简称	题项
数字化能力	数字资源协同能力	DRC_1	企业业务系统之间有统一的信息交换接口或方式
		DRC_2	企业能够根据创新需要聚合内外部数字资源
		DRC_3	企业能够根据合作需要共享组织拥有的内外部信息
	数字运营能力	DOC_1	企业能够抽象分析数字信息进行精准市场定位
		DOC_2	企业能够利用数字化手段来优化业务流程或资源配置
		DOC_3	企业能够为市场分析和客户体验提供数字化的营销管理策略
		DOC_4	企业能够开展服务和资源的实时动态分析进行柔性调节
		DOC_5	企业能够通过数字工具和组件提高商业智能决策的效率
		DOC_6	企业能够对数据流和业务流进行整合并实现共享和无缝连接
	数字创新能力	DIC_1	企业能够通过应用数据对现有的产品和服务进行改造
		DIC_2	企业能够基于数字化资源为顾客提供创新性的产品和服务
		DIC_3	企业能够建立内部创投部门来推动数字化创新

（5）控制变量。参考既有研究[142,391]，选择企业年龄、企业规模、企业

性质、行业类型和营业收入作为控制变量。企业规模体现企业竞争能力的状况，影响产品研制、服务创新等活动的资金供给[392]，利用企业在岗员工数量测度，包括"20 人以下""21~60 人""61~100 人""101~160 人""160 人以上"[393]；企业年龄反映企业管理经验和业务运作的状况，年龄越大则意味组织惯性越强，使企业商业模式创新的动机和意愿不足[394]，利用企业实际注册年份距问卷调研时的年限测量，包括"1 年以下""1~3 年""4~6 年""6~8 年"四种类型[393]；企业性质反映企业获得资金、政策等支持的容易程度，设置"国有企业""民营企业""三资企业""其他"四种类型；行业类型上，不同行业的技术创业企业需要不同的创新资源，且商业模式创新的难度也不尽相同，设置"战略性新兴行业"和"非战略性新兴行业"两种类型；营业收入水平影响着技术创业企业商业模式变革或创新的意愿，设置"100 万元以下""101 万~300 万元""301 万~600 万元""601 万~2000 万元""2001 万元以上"五种类型。

5.2.2　数据收集与研究方法

5.2.2.1　样本与调查对象

本研究以调查研究的目的性与可行性作为起点，面向中国地区的技术创业企业进行问卷调查。根据前文阐述的技术创业企业基本内容，结合已有研究成果[142,395,396]，将调查对象设定为已成立年限在 8 年以内的技术创业企业。另外，高层管理者对战略目标、财务状况和资源情况等企业信息有更为全面的了解，因此调研对象为技术创业企业的高层管理者，涵盖董事长、总经理、董事会秘书、财务总监、技术总监、运营总监等人员。最终调研数据为京津冀、珠三角、长三角、中原、成渝、关中平原、哈长、辽中南、山东半岛等城市群中 64 个城市的 525 家技术创业企业。

选择调研我国多个城市的技术创业企业的原因在于：第一，我国城市在资源禀赋、经济基础、教育资源等方面存在不均衡状况，各城市的创新发展水平截然不同。[397] 第二，伴随数字中国建设进程的加快，我国城市数字化发展表现出东高西低趋势，且分层现象明显。东部地区的绝大多数城市数字基础设施建设较为完善、数字技术开发与应用相对成熟；而中西部地区的大多数城市在相关方面仍存在欠缺，需进一步挖掘纵深发展潜力。第三，我国不同城市数字化发展的构成存在结构性差异，表现在数字化发展主动力的差异上。东部地区的城市主要以数字化产业、产业数字化转型来带动发展；而西部地区的数字化产业刚刚起步、产业数字化转型尚未全面深化，西部城市的数字化发展主要以数字政务和数字生活等为主动力，数字化产业和产业数字化的增长潜力仍待释放。[381] 第四，不同城市的技术创业企业发展水平存在差异。由于每个城市拥有独特的资源禀赋、经济发展、社会状况等特征，不同城市出台的数字化政策、数字技术开发与应用、数字基础设施建设等为辖区内技术创业企业创新发展带来迥然不同的机会与挑战。

5.2.2.2　数据收集

数据主要通过网络和实地调查获得。第一，通过企业官方网站等途径获得企业的电子邮箱地址，与企业联系，并取得企业高层管理者同意后，向高层管理者发送电子版问卷来获取数据，共收集到 7 个城市 60 家技术创业企业有效问卷。第二，依托课题组的科研合作关系，请求高校合作伙伴向本校的 MBA、EMBA 学员发放电子调查问卷，通过这些学员在所任职企业及具有合作关系的企业发放问卷，共收集到 17 个城市 174 家技术创业企业有效问卷。第三，课题组委托专业的问卷调查平台"问卷星"发放问卷，共收集到 35 个城市 255 家技术创业企业有效问卷。通过指定问卷发放的地区以及受访者范围，避免与其他途径所获数据出现重叠。第四，因受新冠疫情的影响，外出实地调研受限，课题组只在东北三省进行实地问卷调研，共收集到 5 个城市 36 家技术创业企业有效问卷。问卷发放与回收历经 4 个多月，先后向 64 个城市的 673 家技术创业企业发放问卷，有效数据 525 份，有效率为 78.09%。样本基本情况见表 5.6。

项目	分类	数量	比重（％）	项目	分类	数量	比重（％）
性别	男	320	60.95	企业性质	国有企业	68	12.96
	女	205	39.05		民营企业	387	73.71
职位	董事长	29	5.52		三资企业	46	8.76
	总经理	128	24.38		其他	24	4.57
	其他	368	70.10	企业规模	20 人以下	3	0.57
学历	大专及以下	18	3.43		21~60 人	40	7.62
	本科	380	72.38		61~100 人	145	27.62
	研究生	127	24.19		101~160 人	131	24.95
年龄	20~30 岁	144	27.43		160 人以上	206	39.24
	31~40 岁	343	65.33	行业类型	战略性新兴	443	84.38
	41~60 岁	33	6.29		非战略新兴	82	15.62
	60 岁以上	5	0.95	营业收入	100 万元以下	7	1.33
企业年限	1 年以下	7	1.33		101 万~300 万元	34	6.48
	1~3 年	123	23.43		301 万~600 万元	93	17.71
	4~6 年	98	18.67		601 万~2000 万元	185	35.24
	7~8 年	297	56.57		2001 万元以上	206	39.24

表 5.6　　　　　样本基本特征统计

样本情况如下：第一，从企业规模看，60.76% 的技术创业企业人员数量低于 160 人；第二，从企业年限看，56.57% 的企业年限在 6~8 年；第三，从企业性质来看，民营企业占大多数，比重为 73.71%；第四，从行业类型分布看，战略性新兴行业占总样本的 84.38%，这与技术创业企业的本身特质相关；第五，从营业收入看，74.48% 的企业营业收入在 600 万元以上；第六，从调查对象看，有 60.95% 为男性，年龄在 31~40 岁的占比为 65.33%，学历处于本科以上的占比为 96.57%。此外，从城市分布看，北京有 17 家企业、上海有 16 家企业、深圳、苏州与成都均有 14 家企业、杭州有 12 家企业、南京和青岛均有 10 家企业，剩余大连、东莞、福州等 53 个城市各有 6~9 家企业。

5.2.2.3　研究方法

探讨关键驱动因素对商业模式创新的影响，包括地区和企业两个层面变量，研究数据嵌套性特征明显。若只处理企业层面数据，则忽视地区特征，从而降低参数估计的标准误；但若只简单将数据聚集到地区层面进行数据分析，就会将企业信息丢失，继而影响结果的显著情况。既有的线性分析方法只能对同一层面的数据进行分析，不能分析多层次变量的关系。多层线性模型（hierarchical linear model，HLM）是一种专门处理多层嵌套数据的分析方法，能有效区分团队水平和个体水平的变异，基于普通线性回归模型，利用斜率预测模型估计不同层次变量对结果变量的跨层次作用。[398] 根据既有研究[399,400]，具体分析步骤如下：

第一步，零模型。

多层线性模型主要适用于组建变量居于显著异质性的样本；零模型是多层线性模型的基石，通过其能够计算出样本的组间差异。将因变量纳入模型中，就可以检验因变量的变异情况，即明确组内与组间变异的情况。

$$Level-1:BMI_{ij} = \beta_{0j} + \gamma_{ij}$$
$$Level-2:\beta_{0j} = \gamma_{00} + \mu_{0j}$$
$$Mixed:BMI_{ij} = \gamma_{00} + \mu_{0j} + \gamma_{ij} \tag{5.1}$$

其中，γ_{ij} 为技术创业企业内误差项，满足 $cov(\gamma_{ij}, \mu_{oj}) = 0$；$\mu_{oj}$ 为地区层面误差项，满足 $\mu_{oj} \sim N(0, \delta_{oj}^2)$，$cov(\gamma_{ij}, \mu_{oj}) = 0$。

第二步，随机系数模型。

零模型的第一层中加入企业层面控制变量与解释变量，建立不包括地区层面变量的随机系数模型，探究企业层面因素对商业模式创新的直接作用。为细致探究数字化能力的具体要素对商业模式创新的直接作用，采用同样的方式分别将变量的不同维度纳入模型中。以数字资源协同能力（DRC）为例，模型如下：

$$Level-1:BMI_{ij} = \beta_{0j} + \beta_{1j} \times DRC + \beta_{ij} \times control_{ij} + \gamma_{ij}$$
$$Level-2:\beta_{0j} = \gamma_{00} + \mu_{0j}$$
$$\beta_{1j} = \gamma_{10} + \mu_{1j}$$

$$\beta_{ij} = \gamma_{i0} + \mu_{ij}$$

$$\text{Mixed:} BMI_{ij} = \gamma_{00} + \gamma_{10} \times DRC + \gamma_{i0} \times control_{ij} + \mu_{0j} + \mu_{1j} \times$$
$$DRC + \mu_{ij} \times control_{ij} + \gamma_{ij} \tag{5.2}$$

第三步，地区层面截距预测模型。

为检验地区层面变量对商业模式创新的直接作用，在随机系数模型中的 Level – 2 中加入数字化水平，探究地区数字化水平（DL）对商业模式创新的直接作用。

$$\text{Level} – 1: BMI_{ij} = \beta_{0j} + \beta_{1j} \times DRC + \beta_{2j} \times DOC + \beta_{3j} \times$$
$$DIC + \beta_{ij} \times control_{ij} + \gamma_{ij}$$
$$\text{Level} – 2: \beta_{0j} = \gamma_{00} + \gamma_{01} \times DL + \mu_{0j}$$
$$\beta_{1j} = \gamma_{10} + \mu_{1j}$$
$$\beta_{2j} = \gamma_{20} + \mu_{2j}$$
$$\beta_{3j} = \gamma_{30} + \mu_{3j}$$
$$\beta_{4j} = \gamma_{40} + \mu_{4j}$$
$$\beta_{ij} = \gamma_{i0} + \mu_{ij}$$

$$\text{Mixed:} BMI_{ij} = \gamma_{00} + \gamma_{10} \times DRC + \gamma_{20} \times DOC + \gamma_{30} \times DIC + \gamma_{i0} \times control_{ij} +$$
$$\mu_{0j} + \mu_{1j} \times DRC + \mu_{2j} \times DOC + \mu_{3j} \times DIC + \mu_{ij} \times control_{ij} + \gamma_{ij}$$
$$\tag{5.3}$$

第四步，调节作用斜率预测模型。

为验证数字化水平的调节作用，在截距预测模型的 Level – 2 中加入 DL，其余变量的调节作用检验也采用这一模型。本研究以认知异质性（CM）为例，模型如下：

$$\text{Level} – 1: BMI_{ij} = \beta_{0j} + \beta_{1j} \times CM + \beta_{ij} \times control_{ij} + \gamma_{ij}$$
$$\text{Level} – 2: \beta_{0j} = \gamma_{00} + \gamma_{01} \times DL + \mu_{0j}$$
$$\beta_{1j} = \gamma_{10} + \gamma_{11} \times DL_{ij} + \mu_{1j}$$
$$\beta_{ij} = \gamma_{i0} + \mu_{ij}$$

$$\text{Mixed:} BMI_{ij} = \gamma_{00} + \gamma_{01} \times DL + \gamma_{10} \times CM + \gamma_{11} \times CM \times DL + \gamma_{i0} \times$$

$$control_{ij} + \mu_{0j} + \mu_{1j} \times CM + \mu_{ij} \times control_{ij} + \gamma_{ij} \qquad (5.4)$$

5.2.3　基础性检验

5.2.3.1　同源偏差检验

共同方法偏差是同一评分者、项目语境模糊、调查环境及研究本身特征所导致的偏差。虽然研究数据的来源多样，也采用匿名测评方式，但受现实条件约束无法完全消除共同方法偏差，需采用统计方法进行检验，以降低其对研究结果的影响。本书采用单因素检验方法来分析同源偏差问题，利用 SPSS24.0 软件对题项进行未旋转的主成分分析，根据第一个因子解释总方差的比例来判断研究数据的同源偏差是否会影响实证分析结果，如表5.7 所示。根据结果可知，共有 9 个特征值大于 1 的因子，且第一因子解释总方差 21.826%，未超过临界值 40%，即后续的实证检验结果不会受到同源偏差问题的影响。

表 5.7　　　　　　　　　　未旋转主成分分析结果

成分	初始特征值			提取载荷平方和		
	总计	方差百分比	累积百分比	总计	方差百分比	累积百分比
1	9.385	21.826	21.826	9.385	21.826	21.826
2	3.765	8.756	30.582	3.765	8.756	30.582
3	3.015	7.012	37.584	3.015	7.012	37.594
4	2.768	6.438	44.032	2.768	6.438	44.032
5	2.353	5.471	49.503	2.353	5.471	49.503
6	1.883	4.379	53.882	1.767	4.109	57.991
7	1.767	4.109	57.991	1.622	3.244	52.752
8	1.542	3.587	61.578	1.542	3.587	61.578
9	1.408	3.274	64.852	1.408	3.274	64.852

5.2.3.2 信度和效度分析

1. 信度分析

信度分析是量表所衡量内容的一致性程度，即可靠性分析。遵循既有研究，量表信度可运用 Cronbach'α 值来判断。总量表的 Cronbach'α 值应在 0.8 以上，0.7 ~ 0.8 可以接受；分量表的 Cronbach'α 值最好在 0.7 以上，0.6 ~ 0.7 可以接受，结果如表 5.8 所示。高管团队认知（认知异质性、认知能力）、战略导向（顾客导向、数字导向）、数字化能力（数字资源协调能力、数字运营能力、数字创新能力）、地区数字化水平及商业模式创新的 Cronbach'α 值均超过临界值 0.7，去除任意题项都会降低量表信度，且 CITC 值均超过 0.5，说明量表信度较高。

表 5.8 信度分析结果

构念	题项	CITC	SMC	项已删除的 Cronbach'α	Cronbach'α
认知异质性（CM）	CM_1	0.644	0.422	0.859	0.873
	CM_2	0.679	0.467	0.851	
	CM_3	0.722	0.526	0.841	
	CM_4	0.744	0.569	0.835	
	CM_5	0.713	0.532	0.843	
认知能力（CA）	CA_1	0.638	0.410	0.752	0.808
	CA_2	0.608	0.371	0.767	
	CA_3	0.635	0.406	0.754	
	CA_4	0.615	0.379	0.764	
顾客导向（CO）	CO_1	0.748	0.561	0.836	0.876
	CO_2	0.745	0.555	0.838	
	CO_3	0.725	0.529	0.846	
	CO_4	0.719	0.519	0.847	
数字导向（DO）	DO_1	0.718	0.527	0.751	0.827
	DO_2	0.650	0.436	0.784	
	DO_3	0.679	0.470	0.771	
	DO_4	0.572	0.328	0.819	

续表

构念	题项	CITC	SMC	项已删除的 Cronbach'α	Cronbach'α
数字资源协同能力（DRC）	DRC_1	0.733	0.540	0.723	0.830
	DRC_2	0.653	0.432	0.803	
	DRC_3	0.684	0.485	0.770	
数字运营能力（DOC）	DOC_1	0.709	0.518	0.816	0.853
	DOC_2	0.630	0.397	0.831	
	DOC_3	0.599	0.376	0.837	
	DOC_4	0.639	0.414	0.829	
	DOC_5	0.633	0.427	0.830	
	DOC_6	0.630	0.408	0.831	
数字创新能力（DIC）	DIC_1	0.662	0.439	0.724	0.805
	DIC_2	0.655	0.431	0.731	
	DIC_3	0.640	0.409	0.748	
地区数字化水平（DL）	DL_1	0.705	0.504	0.849	0.874
	DL_2	0.665	0.452	0.855	
	DL_3	0.657	0.451	0.856	
	DL_4	0.596	0.374	0.863	
	DL_5	0.623	0.415	0.860	
	DL_6	0.629	0.409	0.859	
	DL_7	0.699	0.500	0.850	
商业模式创新（BMI）	BMI_1	0.796	0.508	0.866	0.886
	BMI_2	0.649	0.425	0.873	
	BMI_3	0.624	0.394	0.876	
	BMI_4	0.693	0.482	0.868	
	BMI_5	0.675	0.458	0.870	
	BMI_6	0.687	0.484	0.869	
	BMI_7	0.710	0.506	0.866	

2. 效度分析

效度分析是测量工具或手段能精准测出所需测量事物的程度，即有效性。按照既有研究，以内容效度、收敛效度和区分效度来判断所利用变量量表的效度。

第一，内容效度方面。本书采用国内外成熟且广泛应用于我国发展情境的量表，通过与学术专家、高层管理者的多次商榷，进一步展开小样本预测试，尽量确保量表具有良好的效度。

第二，收敛效度是不同方法对同一变量测度结果的一致性程度。首先，通过 KMO 样本测度与 Bartlett's 球状检验来确定是否可展开探索性因子分析。结果可知 KMO 值大于 0.7、Bartlett's 统计值也显著，即可开展因子分析法。其次，运用探索性因子分析法来检验量表的因子结构，基于主成分分析法和最大方差进行估计与检验。根据表 5.9 结果可知，各变量 KMO 值都大于 0.7，Bartlett's 球形检验结果也都显著，且积累解释方差百分比均超过 50%。最后，通过验证性因子分析检验变量与指标间的关系，利用相关拟合指数确定量表的收敛效度。

表 5.9   探索性因子分析结果

构念	缩写	KMO	Bartlett's 值	显著性	累积解释方差百分比
认知异质性	CM	0.868	1219.987	0.000	63.816%
认知能力	CA	0.801	642.441	0.000	63.450%
顾客导向	CO	0.836	1044.485	0.000	72.986%
数字导向	DO	0.803	762.992	0.000	66.018%
数字资源协同能力	DRC	0.713	607.597	0.000	74.805%
数字运营能力	DOC	0.883	1167.016	0.000	57.903%
数字创新能力	DIC	0.713	504.956	0.000	72.007%
地区数字化水平	DL	0.906	1493.740	0.000	57.057%
商业模式创新	BMI	0.925	1629.179	0.000	59.588%

根据表 5.10 结果可知，全部题项均依据理论假设置于相应的构念上，因子载荷系数也均超过 0.7，说明量表能体现其所处维度的信息。此外，所有变量的组合信度 CR 值均大于 0.7，平均变量萃取量 AVE 均超过标准值 0.5，说明变量量表具有良好的内在质量。进一步，各变量模型拟合指标基本上符合标准，拟合情况良好。具体看，x^2/df 值处于 1~5，比较拟合指数 CFI 与拟合优度指标 GFI 均大于 0.9，估计误差平方根 RMSEA 基本上都高于 0.1，标准化

均方根残差 SRMR 皆小于 0.08，再次佐证量表具有良好的收敛效度。

表 5.10   验证性因子分析结果

变量		题项	因子载荷	CR	AVE	x^2/df	CFI	GFI	RMSEA	SRMR
高管团队认知	认知异质性	CM_1	0.770	0.908	0.663	3.805	0.988	0.985	0.073	0.055
		CM_2	0.797							
		CM_3	0.831							
		CM_4	0.847							
		CM_5	0.825							
	认知能力	CA_1	0.807	0.874	0.634	1.834	0.952	0.998	0.075	0.018
		CA_2	0.784							
		CA_3	0.805							
		CA_4	0.789							
战略导向	顾客导向	CO_1	0.864	0.915	0.730	1.270	0.999	0.998	0.023	0.013
		CO_2	0.861							
		CO_3	0.848							
		CO_4	0.844							
	数字导向	DO_1	0.859	0.886	0.660	2.470	0.996	0.946	0.042	0.016
		DO_2	0.810							
		DO_3	0.831							
		DO_4	0.746							
数字化能力	数字资源协同能力	DRC_1	0.889	0.899	0.748	4.351	0.942	0.928	0.028	0.051
		DRC_2	0.842							
		DRC_3	0.863							
	数字运营能力	DOC_1	0.817	0.892	0.579	2.571	0.988	0.986	0.055	0.030
		DOC_2	0.752							
		DOC_3	0.726							
		DOC_4	0.758							
		DOC_5	0.757							
		DOC_6	0.753							
	数字创新能力	DIC_1	0.855	0.885	0.720	3.092	0.929	0.967	0.083	0.031
		DIC_2	0.850							
		DIC_3	0.840							

变量	题项	因子载荷	CR	AVE	x^2/df	CFI	GFI	RMSEA	SRMR
地区数字化水平	DL_1	0.798	0.903	0.571	2.635	0.985	0.982	0.056	0.035
	DL_2	0.766							
	DL_3	0.759							
	DL_4	0.703							
	DL_5	0.730							
	DL_6	0.734							
	DL_7	0.793							
商业模式创新	BMI_1	0.796	0.912	0.596	1.783	0.993	0.994	0.033	0.018
	BMI_2	0.747							
	BMI_3	0.725							
	BMI_4	0.784							
	BMI_5	0.770							
	BMI_6	0.780							
	BMI_7	0.799							

第三，区分效度。区分效度可明确不同变量被区别的程度，基于相关系数与平均变量萃取量（AVE）的平方根的比较来判断，相关系数结果见后面表5.12中对角线上的数值。根据结果可知，变量与其他变量的相关系数均小于AVE的平方根，说明量表的区分效度良好。

5.2.3.3 描述性统计

在对研究假设进行验证前，首先对全部变量进行基本统计性分析，以确定样本符合正态分布，包括均值、标准差、偏度和峰度等指标。遵循已有标准，变量偏度绝对值应小于3、峰度绝对值应低于10，即说明样本数据属于正态分布[401]，结果见表5.11。结果表明，数据均值处于1.16～5.820区间，标准差在1.0左右；所有变量的偏度绝对值均小于3、峰度绝对值均小于10，说明样本数据分布相对集中，符合正态分布，可开展后续实证检验。

表 5.11   描述性统计分析

变量	缩写	N	均值	标准差	偏度	峰度
成立年限	NX	525	3.30	0.873	-0.754	-0.941
企业性质	XZ	525	2.05	0.631	1.059	2.670
企业人数	RY	525	3.95	1.1012	-0.470	-0.862
企业行业	HY	525	1.16	0.363	1.900	1.614
营业收入	YY	525	4.05	0.974	-0.863	0.160
认知异质性	CM	525	4.253	1.311	-0.373	-0.714
认知能力	CA	525	5.820	0.8655	-2.048	5.122
顾客导向	CO	525	5.784	1.073	-2.382	5.925
数字导向	DO	525	5.586	1.045	-2.065	4.289
数字资源协同能力	DRC	525	5.609	1.070	-1.749	2.697
数字运营能力	DOC	525	5.680	0.890	-2.103	4.996
数字创新能力	DIC	525	5.573	1.117	-1.577	1.854
地区数字化水平	DL	525	5.699	0.904	-1.550	2.794
商业模式创新	BMI	525	5.601	0.923	-1.719	2.642

5.2.3.4 相关性分析

利用 Pearson 相关系数分析检验变量间的相关性，明确关联强度和关系方向，见表 5.12。根据结果可知，任意两个变量之间的相关系数至少在 0.1 的水平上显著，说明本书提出的研究假设具有一定合理性，可以展开验证。

表 5.12   相关系数矩阵

变量	CM	CA	CO	DO	DRC	DOC	DIC	BMI
CM	0.814							
CA	-0.110 **	0.796						
CO	-0.011	0.257 ***	0.854					
DO	-0.043	0.363 ***	0.067	0.812				

续表

变量	CM	CA	CO	DO	DRC	DOC	DIC	BMI
DRC	-0.006	0.282 ***	0.233 ***	0.184 ***	0.865			
DOC	-0.032	0.445 ***	0.251 ***	0.381 ***	0.289 ***	0.761		
DIC	-0.013	0.357 ***	0.236 ***	0.383 ***	0.247 ***	0.326 ***	0.849	
BMI	0.129 ***	0.289 ***	0.217 **	0.349 ***	0.312 ***	0.326 ***	0.378 ***	0.772

注：对角线上数值为 AVE 平方根；*** 、** 、* 分别表示 $p < 0.01$、$p < 0.05$ 和 $p < 0.1$，双尾检验。

5.2.3.5 聚合检验

研究模型涉及两个层面数据——企业层面和地区层面，地区层面的数字化水平数据是从地区内相应技术创业企业样本测量而获得，需对数据进行聚合检验，以保证企业测量数据聚合到地区层面的有效性。

聚合检验是数据从个体层面转化到高一层面的内部一致性，一般采用同一地区内全部访谈企业回答总分数的平均值来衡量地区层面变量。常用统计指标包括内部一致性（r_{wg}）和组内相关 [$ICC(1)$ 和 $ICC(2)$]，组内一致性测度相同地区中的企业对相应构念的反应是否一致，组内相关 ICC (1) 确定地区之间的组间差异性是否足够，组内相关 $ICC(2)$ 明确地区之间平均数的信度。理论上，$r_{wg} > 0.7$，$ICC(1) > 0.12$，$ICC(2) > 0.7$，则说明可以利用地区层面的数据进行分析。

根据表 5.13 结果可知，地区数字化水平的内部一致性 r_{wg} 均值为 0.933，组内相关 ICC (1) 与 ICC (2) 值分别为 0.412 与 0.852，均达到聚合检验标准值，说明各地区内技术创业企业所填写的数字化水平量表聚集到地区层面的数字化水平数据是有效的，可以展开进一步的统计分析。

表 5.13　　　　　　　　　地区数字化水平的聚合分析

聚合变量	r_{wg}最小值	r_{wg}最大值	r_{wg}平均值	r_{wg}中位数	ICC (1)	ICC (2)
地区数字化水平	0.71	0.98	0.933	0.956	0.412	0.852

5.2.4 假设检验

5.2.4.1 主效应检验

其一，以商业模式创新为因变量，采用 HLM 6.08 和 SPSS 24.0 软件分别对假设 H1、假设 H2 和假设 H7 进行验证，结果见表 5.14 和表 5.15。（1）将控制变量企业年限、企业性质、企业规模、行业类型及营业收入的回归模型设定为 M1。（2）在 M1 的基础上分别加入认知异质性、认知能力两个变量构建起 M2、M3，并运用 SPSS 24.0 软件展开多元回归分析，以验证假设 H2a 与假设 H2b。假设 H7 同样操作。（3）运用 HLM 6.08 软件验证地区数字化水平对商业模式创新的跨层次作用，以检验假设 H1 是否成立。

表 5.14　　　　　　　　　商业模式创新为因变量的结果

变量		商业模式创新					
		M1	M2	M3	M4	M5	M6
控制变量	NX	0.070	0.059	0.055	0.082 **	0.064	0.082 **
	XZ	0.049	0.053	0.029	0.031	0.024	0.023 **
	RY	0.028	0.017	0.048	0.065	0.046	0.047
	HY	−0.107 **	−0.106 **	−0.113 **	−0.103 **	−0.090 **	−0.067
	YY	−0.065	−0.061	−0.078 *	−0.077 *	−0.098 **	−0.080 *
自变量	CM		0.164 ***				
	CA			0.291 ***			
	DRC				0.319 ***		
	DOC					0.327 ***	
	DIC						0.376 ***
R²		0.019	0.034	0.103	0.119	0.125	0.158
调整后 R²		0.010	0.023	0.092	0.109	0.114	0.148
F 值		2.040	8.127	48.205	11.681	12.281	16.210

注：***、** 和 * 分别表示 $p<0.01$、$p<0.05$ 和 $p<0.1$。

表 5.15 商业模式创新为因变量的跨层次作用结果

变量		M1	M2
控制变量	NX		0.080 *
	XZ		0.047
	RY		0.042
	HY		− 0.260 **
	YY		− 0.053
自变量	DL		0.240 ***
σ^2		0.286	0.244
ICC（1）		24.55%	
离异数（−2LL）		1397.342	1401.926

注：*** 、 ** 和 * 分别表示 $p < 0.01$、$p < 0.05$ 和 $p < 0.1$。

表 5.14 中 M2 和 M3 的结果显示，认知异质性与认知能力对技术创业企业商业模式创新均具有显著正向驱动作用，系数分别为 0.164 和 0.291，且均在 0.01 的水平下显著，假设 H2a、假设 H2b 成立。M4、M5 和 M6 显示，数字资源协同能力、数字运营能力和数字创新能力均能显著正向驱动技术创业企业商业模式创新，假设 H7、假设 H7a、假设 H7b、假设 H7c 均成立。

表 5.15 中的 M1 回归结果显示，技术创业企业商业模式创新的方差有 24.55% 来自组间差异，可采用多层线性模型进行检验。表 5.15 中的 M2 结果表明，地区数字化水平对技术创业企业商业模式创新具有跨层次直接驱动作用，系数为 0.240，且在 0.01 的水平下显著，假设 H1 成立。

其二，以战略导向两个维度为因变量，采用 SPSS 24.0 软件对假设 $H3a_1$、假设 $H3a_2$、假设 $H3b_1$、假设 $H3b_2$ 进行验证，结果见表 5.16。（1）设定以顾客导向为因变量，仅包含控制变量的 M1；（2）在 M1 的基础上纳入认知异质性和认知能力，形成 M2 与 M3；（3）运用 SPSS 24.0 软件验证假设 $H3a_1$ 与假设 $H3a_2$。

按照上述步骤，建立以数字导向为因变量，认知异质性与认知能力为自变量的回归 M4、M5、M6，以验证假设 $H3b_1$ 与假设 $H3b_2$。基于表 5.16 中 M2 的回归结果显示，认知异质性对顾客导向的作用不显著，表明认知异质性对顾客导向未产生促进作用，假设 $H3a_1$ 未成立；M3 的回归结果显示，认知能力对顾客导向具有显著促进作用，回归系数为 0.251，且在 0.01 的水平下显著，假设 $H3a_2$ 成立。同时，M5 的回归结果表明，认知异质性对数字导向的作用不显著，假设 $H3b_1$ 未成立；M6 的回归结果显示，认知能力对数字导向均具有显著正向促进作用，回归系数为 0.365，且在 0.01 的水平下显著，假设 $H3b_2$ 成立。综上所述，假设 H3 部分内容成立。

表 5.16　　　　　　　　　　　　战略导向为因变量的结果

变量		顾客导向			数字导向		
		M1	M2	M3	M4	M5	M6
控制变量	NX	0.057	0.058	0.045	− 0.006	− 0.002	− 0.024
	XZ	0.019	0.019	0.002	0.026	0.025	0.001
	RY	− 0.099 **	− 0.098 **	− 0.082 *	0.014	0.018	0.039
	HY	− 0.068	− 0.068	− 0.073 *	0.003	0.003	− 0.005
	YY	0.116 **	0.116 **	0.105 **	0.038	0.036	0.022
自变量	CM		− 0.009			− 0.044	
	CA			0.251 ***			0.365 ***
R^2		0.021	0.021	0.084	0.013	0.015	0.135
调整后 R^2		0.012	0.010	0.073	0.007	0.005	0.125
F 值		2.271	2.040	35.190	2.232	2.985	78.974

注：***、** 和 * 分别表示 $p < 0.01$、$p < 0.05$ 和 $p < 0.1$。

其三，以数字化能力三个维度为因变量，采用 SPSS 24.0 软件对研究假设 $H6a_1$、假设 $H6a_2$、假设 $H6b_1$、假设 $H6b_2$、假设 $H6b_3$ 进行验证，结果见表 5.17。首先，设定以数字资源协同能力为因变量，仅包含控制变量的 M1；其次，在 M1 的基础上分别加入顾客导向和数字导向，构建起 M2 与 M3；最后，运用 SPSS 24.0 软件验证假设 $H6a_1$ 与假设 $H6b_1$。按照上述步骤，建立以数字运营能力和数字创新能力为因变量，顾客导向和数字导向为自变量的回归模型 M4 ~ M9，以验证假设 $H6a_2$、假设 $H6a_3$、假设 $H6b_2$、假设 $H6b_3$。

表 5.17　数字化能力为因变量的结果

变量		数字资源协同能力			数字运营能力			数字创新能力		
		M1	M2	M3	M4	M5	M6	M7	M8	M9
控制变量	NX	-0.037	-0.050	-0.036	0.018	0.005	0.021	-0.032	-0.045	-0.030
	XZ	0.057	0.052	0.052	0.075*	0.071*	0.065	0.071	0.066	0.061
	RY	-0.115**	-0.092*	-0.117**	-0.055	-0.031	-0.060	-0.050	-0.028	-0.055
	HY	-0.012	0.003	-0.013	-0.049	-0.033	-0.050	-0.106**	-0.090**	-0.107***
	YY	0.036	0.010	0.029	0.101**	0.074	0.087*	0.040	0.013	0.025
自变量	CO		0.231***	0.184***		0.239***			0.228***	
	DO						0.377***			0.382***
R²		0.017	0.069	0.050	0.018	0.074	0.159	0.020	0.071	0.165
调整后 R²		0.007	0.058	0.039	0.008	0.063	0.149	0.010	0.060	0.155
F 值		1.742	6.358	4.579	1.851	6.860	16.330	2.111	6.585	17.073

注：***、** 和 * 分别表示 $p<0.01$、$p<0.05$ 和 $p<0.1$。

根据表 5.17 中 M2 结果可知，顾客导向对数字资源协同能力具有显著促进作用，系数为 0.231，在 0.01 的水平下显著，假设 H6a₁ 成立；M3 的回归结果显示，数字导向对数字资源协同能力具有显著促进作用，回归系数为 0.184，在 0.01 的水平下显著，假设 H6b₁ 成立。根据 M5 的回归结果显示，顾客导向对数字运营能力具有显著促进作用，回归系数为 0.239，在 0.01 水平下显著，假设 H6a₂ 成立；M6 的回归结果显示，数字导向对数字运营能力具有显著促进作用，系数为 0.377，且在 0.01 的水平下显著，假设 H6b₂ 成立。根据 M8 的回归结果显示，顾客导向对数字创新能力的作用具有显著性，回归系数为 0.228，假设 H6a₃ 成立；M9 的回归结果显示，数字导向对数字创新能力具有显著促进作用，回归系数为 0.382，且在 0.01 的水平下显著，假设 H6b₃ 成立。综上所述，假设 H6 成立。

5.2.4.2　中介效应检验

1. 战略导向在高管团队认知与商业模式创新关系的中介作用检验

按照温忠麟等提出的三步回归法进行中介假设检验。[402]具体过程如下：第一步，检验高管团队认知与技术创业企业商业模式创新的关系（见表 5.14 中 M2 与 M3）；第二步，检验高管团队认知与战略导向的关系（见表 5.16）；第三步，控制中介，检验高管团队认知因素与商业模式创新的相关系数下降与否。此外，若第一步的回归结果不显著，则需要进行 Sobel 检验。战略导向的中介效应结果见表 5.18。

表 5.18　战略导向对高管团队认知与商业模式创新关系的中介效应检验

变量		商业模式创新			
		M1	M2	M3	M4
控制变量	NX	0.046	0.059	0.049	0.062
	XZ	0.049	0.044	0.029	0.029
	RY	0.038	0.017	0.060	0.037
	HY	− 0.092 **	− 0.107 ***	− 0.102 **	− 0.111 ***
	YY	− 0.086 *	− 0.074	− 0.094 **	− 0.084 *

变量		商业模式创新			
		M1	M2	M3	M4
自变量	CM	0.126 ***	0.140 ***		
	CA			0.252 ***	0.187 ***
中介变量	CO	0.217 ***		0.152 ***	
	DO		0.357 ***		0.284 ***
Sobel 检验		-0.001 [-0.018, 0.013]	-0.011 [-0.035, 0.010]	0.041 [0.014, 0.082]	0.110 [0.057, 0.175]
R^2		0.081	0.161	0.124	0.172
调整后 R^2		0.068	0.150	0.112	0.161
F 值		25.928	78.342	12.492	43.443

注：*** 、** 和 * 分别表示 $p < 0.01$、$p < 0.05$ 和 $p < 0.1$。

表 5.18 中 M1 显示，控制中介变量顾客导向后，认知异质性对商业模式创新的回归系数为 0.126，在 0.01 的水平下显著；但表 5.16 中 M2 结果表明认知异质性对顾客导向的作用不显著，而进行 Sobel 检验，回归系数为 -0.001，显著性水平为 [-0.018, 0.013]，包含 0，说明顾客导向对认知异质性与技术创业企业商业模式创新的关系未发挥中介效应，假设 H5a_1 未成立。

表 5.18 中 M2 显示，控制中介变量数字导向后，认知异质性对商业模式创新的回归系数为 0.140，在 0.01 的水平下显著；但是表 5.16 中 M5 结果表明认知异质性对数字导向的作用不显著，而展开 Sobel 检验，回归系数为 -0.011，显著性水平为 [-0.035, 0.010]，包含 0，说明数字导向对认知异质性与技术创业企业商业模式创新的关系未发挥中介效应，假设 H5a_2 未成立。

表 5.18 中 M3 显示，控制中介变量顾客导向后，认知能力对商业模式创新的回归系数为 0.252，在 0.01 的水平下显著，与表 5.14 中 M3 的回归系数 0.291 下相比有所下降。同时 Sobel 检验结果为 0.041，显著性水平为 [0.014, 0.082]，不包含 0，上述结果均说明顾客导向对高管团队认知能力与技术创业企业商业模式创新的关系具有部分中介效应，假设 H5b_1 成立。

表 5.18 中 M4 显示，控制中介变量数字导向后，认知能力对商业模式创新的回归系数为 0.187，在 0.01 的水平下显著，与表 5.14 中 M3 的回归系数 0.291 相比有明显下降。同时 Sobel 检验结果为 0.110，显著性水平处于 [0.057，0.175]，不包含 0，上述结果说明数字导向对高管团队认知能力与技术创业企业商业模式创新的关系具有部分中介效应，假设 $H5b_2$ 成立。因此，假设 H5 部分内容成立。

2. 数字化能力在战略导向与商业模式创新关系的中介作用检验

依照上述检验流程，检验数字化能力在战略导向与商业模式创新关系的中介作用，结果见表 5.19。根据 M1 和 M5 的结果可知，顾客导向和数字导向均正向驱动商业模式创新，回归系数分别为 0.216 和 0.351，均在 0.01 的水平下显著，说明战略导向能够正向驱动商业模式创新，假设 H4a 和假设 H4b 成立，即假设 H4 成立。

第一，检验顾客导向、数字化能力与商业模式创新的关系。根据表 5.19 中 M2 结果可知，控制中介变量数字资源协同能力后，顾客导向对商业模式创新的回归系数为 0.150，在 0.01 的水平下显著，与 M1 的回归系数 0.216 相比有所下降；同时，Sobel 检验系数为 0.056，显著性水平居于 [0.025，0.106]，说明数字资源协同在顾客导向与商业模式创新关系中发挥中介效应，假设 $H8a_1$ 成立。根据 M3 结果可知，控制中介变量数字运营能力后，顾客导向对商业模式创新的回归系数为 0.146，且在 0.01 的水平下显著，与 M1 的回归系数 0.216 相比有所下降；同时，Sobel 检验系数为 0.060，显著性水平居于 [0.029，0.116]，不包含 0，上述结果说明数字运营能力对顾客导向与技术创业企业商业模式创新关系发挥了中介效应，假设 $H8a_2$ 成立。根据 M4 结果可知，控制中介变量数字创新能力后，顾客导向对商业模式创新具有显著促进作用，回归系数为 0.137，与 M1 的回归系数 0.216 相比有所下降；同时，Sobel 检验的系数为 0.068，显著性水平居于 [0.033，0.121]，不包含 0，说明数字创新能力在顾客导向与技术创业企业商业模式创新关系中发挥中介效应，假设 $H8a_3$ 成立。

表 5.19　数字化能力对战略导向与商业模式创新关系的中介效应检验

变量		商业模式创新							
		M1	M2	M3	M4	M5	M6	M7	M8
控制变量	NX	0.057	0.072*	0.056	0.073*	0.072*	0.081**	0.067*	0.080**
	XZ	0.045	0.030	0.024	0.022	0.040	0.026	0.025	0.039
	RY	0.050	0.076	0.059	0.059	0.023	0.054	0.037	0.037
	HY	-0.092**	-0.093**	-0.082**	-0.061	-0.108***	-0.104**	-0.096*	-0.077*
	YY	-0.090*	-0.093**	-0.112**	-0.095**	-0.079*	-0.086*	-0.098*	-0.086*
自变量	CO	0.216***	0.150***	0.146***	0.137***				
	DO					0.351***	0.303***	0.266***	0.244***
中介变量	DRC		0.284***				0.262***		
	DOC			0.293***				0.225***	
	DIC				0.345***				0.282***
Sobel 检验			0.056 [0.025] 0.106	0.060 [0.029] 0.116	0.068 [0.033] 0.121		0.043 [0.016] 0.082	0.075 [0.032] 0.131	0.095 [0.053] 0.157
R²		0.065	0.140	0.144	0.176	0.142	0.208	0.185	0.209
调整后 R²		0.054	0.129	0.133	0.164	0.132	0.197	0.174	0.198
F 值		5.995	12.038	12.444	15.727	14.325	19.343	16.772	19.462

注：***、** 和 * 分别表示 $p<0.01$，$p<0.05$ 和 $p<0.1$。

第二，实证检验数字导向、数字化能力与商业模式创新的关系。根据表 5.19 中 M6 结果可知，控制数字资源协同能力后，数字导向对商业模式创新具有显著驱动作用，回归系数为 0.303，这与表 5.19 中 M5 的回归系数 0.351 相比有所下降；且 Sobel 检验系数为 0.043，显著性水平居于 [0.016，0.082]，说明数字资源协同能力在数字导向与技术创业企业商业模式创新关系中发挥部分中介效应，假设 H8b$_1$ 成立。根据表 5.19 中 M7 结果可知，控制中介变量数字运营能力之后，数字导向能够显著驱动商业模式创新，回归系数为 0.266，相较于表 5.19 中 M5 的回归系数有所下降；且 Sobel 检验系数为 0.075，显著性居于 [0.032，0.131]，说明数字运营能力对数字导向与技术创业企业商业模式创新的关系具有部分中介效应，假设 H8b$_2$ 成立。表 5.19 中 M8 结果可知，控制中介变量数字创新能力后，数字导向对商业模式创新具有显著驱动作用，回归系数为 0.244，相较于表 5.19 中 M5 的回归系数有所下降；且 Sobel 检验系数为 0.095，显著性水平居于 [0.053，0.157]，不包含 0，这说明数字创新能力对认知能力与技术创业企业商业模式创新的关系具有部分中介效应，假设 H8b$_3$ 成立。综上所述，假设 H8 成立。

另外，根据中介效应研究的最新观点——"不强调间接效应的大小，不区分间接中介效应和直接中介效应，重点检验中介变量的显著性"，本研究的战略导向和数字化能力均具有中介效应，再次证实上述实证结果的可靠性。

5.2.4.3　链式中介检验

本书采用 SPSS 中 Process 插件的模型 6 检验战略导向、数字化能力在高管团队认知与商业模式创新关系中的链式中介效应。通过 95% 无偏差校正置信区间，重复抽样 5000 次，检验结果见表 5.20。

表 5. 20 链式中介效应检验结果

路径	效应值	BootSE	BootLLCI	BootULCI
认知异质性→顾客导向→数据资源协同能力→商业模式创新				
Total	0.001	0.017	− 0.033	0.035
CM→CO→BMI	− 0.001	0.008	− 0.020	0.013
CM→DRC→BMI	0.003	0.013	− 0.023	0.029
CM→CO→DRC→BMI	− 0.001	0.003	− 0.008	0.006
认知异质性→数字导向→数据资源协同能力→商业模式创新				
Total	− 0.011	0.020	− 0.052	0.029
CM→DO→BMI	− 0.014	0.014	− 0.042	0.013
CM→DRC→BMI	0.005	0.013	− 0.019	0.031
CM→DO→DRC→BMI	− 0.002	0.002	− 0.008	0.002
认知异质性→顾客导向→数字运营能力→商业模式创新				
Total	− 0.009	0.017	− 0.046	0.021
CM→CO→BMI	− 0.001	0.008	− 0.019	0.013
CM→DOC→BMI	− 0.008	0.015	− 0.039	0.019
CM→CO→DOC→BMI	− 0.001	0.004	− 0.009	0.006
认知异质性→数字导向→数字运营能力→商业模式创新				
Total	− 0.018	0.019	− 0.058	0.017
CM→DO→BMI	− 0.012	0.012	− 0.038	0.011
CM→DOC→BMI	− 0.003	0.010	− 0.024	0.017
CM→DO→DOC→BMI	− 0.004	0.004	− 0.013	0.003
认知异质性→顾客导向→数字创新能力→商业模式创新				
Total	− 0.002	0.019	− 0.041	0.034
CM→CO→BMI	− 0.001	0.007	− 0.019	0.013
CM→DIC→BMI	< − 0.000	0.016	− 0.032	0.031
CM→CO→DIC→BMI	− 0.001	0.004	− 0.009	0.007
认知异质性→数字导向→数字创新能力→商业模式创新				
Total	− 0.012	0.021	− 0.054	0.027
CM→DO→BMI	− 0.011	0.011	− 0.035	0.010
CM→DIC→BMI	0.004	0.012	− 0.020	0.028
CM→DO→DIC→BMI	− 0.005	0.005	− 0.014	0.004

续表

路径	效应值	BootSE	BootLLCI	BootULCI
认知能力→顾客导向→数据资源协同能力→商业模式创新				
Total	0.094	0.026	0.047	0.149
CA→CO→BMI	0.028	0.016	0.022	0.062
CA→DRC→BMI	0.056	0.021	0.022	0.101
CA→CO→DRC→BMI	0.010	0.005	0.002	0.022
认知能力→数字导向→数字资源协同能力→商业模式创新				
Total	0.160	0.035	0.097	0.232
CA→DO→BMI	0.095	0.027	0.047	0.153
CA→DRC→BMI	0.057	0.020	0.021	0.102
CA→DO→DRC→BMI	0.008	0.005	>0.000	0.020
认知能力→顾客导向→数字运营能力→商业模式创新				
Total	0.131	0.031	0.076	0.198
CA→CO→BMI	0.030	0.015	0.004	0.063
CA→DOC→BMI	0.092	0.029	0.042	0.156
CA→CO→DOC→BMI	0.008	0.005	0.002	0.019
认知能力→数字导向→数字运营能力→商业模式创新				
Total	0.167	0.035	0.103	0.239
CA→DO→BMI	0.087	0.028	0.039	0.147
CA→DOC→BMI	0.063	0.024	0.021	0.114
CA→DO→DOC→BMI	0.017	0.008	0.005	0.034
认知能力→顾客导向→数字创新能力→商业模式创新				
Total	0.132	0.031	0.076	0.197
CA→CO→BMI	0.027	0.016	>0.000	0.061
CA→DIC→BMI	0.094	0.026	0.048	0.151
CA→CO→DIC→BMI	0.011	0.005	0.002	0.023
认知能力→数字导向→数字创新能力→商业模式创新				
Total	0.166	0.034	0.104	0.236
CA→DO→BMI	0.077	0.026	0.032	0.132
CA→DIC→BMI	0.063	0.021	0.026	0.109
CA→DO→DIC→BMI	0.026	0.009	0.011	0.048

根据顾客导向和数字资源协同能力在认知异质性与商业模式创新关系的链式中介效应检验可知，总效应值为 0.001 ［ -0.033，0.035］，不显著。其中，以顾客导向作为中介变量所得效应值为 -0.001 ［ -0.020，0.013］，以数据资源协同能力作为中介变量所得效应值为 0.003 ［ -0.023，0.029］，以顾客导向和数据资源协同能力同时作为中介变量所得效应值为 -0.001 ［ -0.008，0.006］。由此可知，顾客导向和数据资源协同能力在认知异质性与商业模式创新的关系中不具有链式中介作用，假设 $H9a_1$ 不成立。

根据数字导向和数字资源协同能力在认知异质性与商业模式创新关系的链式中介效应检验可知，总效应值为 -0.011 ［ -0.052，0.029］，不显著。其中，以数字导向作为中介变量所得效应值为 -0.014 ［ -0.042，0.013］，以数据资源协同能力作为中介变量所得效应值为 0.005 ［ -0.019，0.031］，以数字导向和数据资源协同能力同时作为中介变量所得效应值为 -0.002 ［ -0.008，0.002］。由此可知，数字导向和数据资源协同能力在认知异质性与商业模式创新的关系中不具有链式中介作用，假设 $H9a_2$ 不成立。

根据顾客导向和数字运营能力在认知异质性与商业模式创新关系的链式中介效应检验可知，总效应值为 -0.009 ［ -0.046，0.021］，不显著。其中，以顾客导向作为中介变量所得效应值为 -0.001 ［ -0.019，0.013］，以数字运营能力作为中介变量所得效应值为 -0.008 ［ -0.039，0.019］，以顾客导向和数据运营能力同时作为中介变量所得效应值为 -0.001 ［ -0.009，0.006］。由此可知，顾客导向和数据运营能力在认知异质性与商业模式创新的关系中不具有链式中介作用，假设 $H9a_3$ 不成立。

根据数字导向和数字运营能力在认知异质性与商业模式创新关系的链式中介效应检验可知，总效应值为 -0.018 ［ -0.058，0.017］，不显著。其中，以数字导向作为中介变量所得效应值为 -0.012 ［ -0.038，0.011］，以数据运营能力作为中介变量所得效应值为 -0.003 ［ -0.024，0.017］，以数字导向和数据运营能力同时作为中介变量所得效应值为 -0.004 ［ -0.013，

0.003]。由此可知，数字导向和数据运营能力在认知异质性与商业模式创新的关系中不具有链式中介作用，假设 H9a$_4$ 不成立。

根据顾客导向和数字创新能力在认知异质性与商业模式创新关系的链式中介效应检验可知，总效应值为 - 0.002 [- 0.041，0.034]，不显著。其中，以顾客导向作为中介变量所得效应值为 - 0.001 [- 0.019，0.013]，以数据创新能力作为中介变量所得效应值为 - 0.000 [- 0.032，0.031]，以顾客导向和数据创新能力同时作为中介变量所得效应值为 - 0.001 [- 0.009，0.007]。由此可知，顾客导向和数据创新能力在认知异质性与商业模式创新的关系中不具有链式中介作用，假设 H9a$_5$ 不成立。

根据数字导向和数字创新能力在认知异质性与商业模式创新关系的链式中介效应检验可知，总效应值为 - 0.012 [- 0.054，0.027]，不显著。其中，以数字导向作为中介变量所得效应值为 - 0.011 [- 0.035，0.010]，以数据创新能力作为中介变量所得效应值为 0.004 [- 0.020，0.028]，以数字导向和数据创新能力同时作为中介变量所得效应值为 - 0.005 [- 0.014，0.004]。由此可知，数字导向和数据创新能力在认知异质性与商业模式创新的关系中不具有链式中介作用，假设 H9a$_6$ 不成立。

根据顾客导向和数字资源协同能力在认知能力与商业模式创新关系的链式中介效应检验可知，总效应值为 0.094 [0.047，0.149]，显著。其中，以顾客导向作为中介变量所得效应值为 0.028 [0.022，0.062]，以数据资源协同能力作为中介变量所得效应值为 0.056 [0.022，0.101]，以顾客导向和数据资源协同能力同时作为中介变量所得效应值为 0.010 [0.002，0.022]。由此可知，顾客导向和数据资源协同能力在认知能力与商业模式创新的关系中具有链式中介作用，假设 H9b$_1$ 成立。

根据数字导向和数字资源协同能力在认知能力与商业模式创新关系的链式中介效应检验可知，总效应值为 0.160 [0.097，0.232]，显著。其中，以数字导向作为中介变量所得效应值为 0.095 [0.047，0.153]，以数据资源协同能力作为中介变量所得效应值为 0.057 [0.021，0.102]，以数字导向和数据资源协同能力同时作为中介变量所得效应值为 0.008 [> 0.000，0.020]。由此可知，数字导向和数据资源协同能力在认知能力与商业模式创新的关系中具有链式中介作用，假设 $H9b_2$ 成立。

根据顾客导向和数字运营能力在认知能力与商业模式创新关系的链式中介效应检验可知，总效应值为 0.131 [0.076，0.198]，显著。其中，以顾客导向作为中介变量所得效应值为 0.030 [0.004，0.063]，以数据运营能力作为中介变量所得效应值为 0.092 [0.042，0.156]，以顾客导向和数据资源协同能力同时作为中介变量所得效应值为 0.008 [0.002，0.019]。由此可知，顾客导向和数据运营能力在认知能力与商业模式创新的关系中具有链式中介作用，假设 $H9b_3$ 成立。

根据数字导向和数字运营能力在认知能力与商业模式创新关系的链式中介效应检验可知，总效应值为 0.167 [0.103，0.239]，显著。其中，以数字导向作为中介变量所得效应值为 0.087 [0.039，0.147]，以数据运营能力作为中介变量所得效应值为 0.063 [0.021，0.114]，以数字导向和数据运营能力同时作为中介变量所得效应值为 0.017 [0.005，0.034]。由此可知，数字导向和数据运营能力在认知能力与商业模式创新的关系中具有链式中介作用，假设 $H9b_4$ 成立。

根据顾客导向和数字创新能力在认知能力与商业模式创新关系的链式中介效应检验可知，总效应值为 0.132 [0.076，0.197]，显著。其中，以顾客导向作为中介变量所得效应值为 0.027 [> 0.000，0.061]，以数据创新能力作为中介变量所得效应值为 0.094 [0.048，0.151]，以顾客导向和数据创新能力同时作为中介变量所得效应值为 0.011 [0.002，0.023]。由此可知，顾客导向和数据创新能力在认知能力与商业模式创新的关系中具有链式中介作用，假设 $H9b_5$ 成立。

根据数字导向和数字创新能力在认知能力与商业模式创新关系的链式中介效应检验可知，总效应值为 0.166 [0.104，0.236]，显著。其中，以数字导向作为中介变量所得效应值为 0.077 [0.032，0.132]，以数据创新能力作为中介变量所得效应值为 0.063 [0.026，0.109]，以数字导向和数据创新能力同时作为中介变量所得效应值为 0.026 [0.011，0.048]。由此可知，数字导向和数据创新能力在认知能力与商业模式创新的关系中具有链式中介作用，假设 $H9b_6$ 成立。

5.2.4.4　调节作用检验

为验证地区数字化水平在高管团队认知与技术创业企业商业模式创新关系中的调节作用，采用 HLM 6.08 软件对研究假设 $H10a_1$ 与假设 $H10a_2$ 进行验证，结果见表 5.21 中 M1 和 M2。根据表中 M1 结果可知，地区数字化水平与认知异质性的交互项回归系数为 −0.189，且在 0.01 的水平下显著，说明地区数字化水平负向调节认知异质性与商业模式创新的关系，假设 $H10a_1$ 未成立；根据 M2 结果可知，地区数字化水平与认知能力的交互项回归系数为 0.075，且在 0.05 水平下显著，说明地区数字化水平正向调节认知能力与商业模式创新的关系，假设 $H10a_2$ 成立。综上所述，假设 H10 部分内容成立。

表 5.21　　　　　　　　　　　　调节效应检验结果

变量		商业模式创新	
		M1	M2
控制变量	NX	0.069	0.069
	XZ	0.047	0.014
	RY	0.032	0.057
	HY	− 0.272 **	− 0.263 **
	YY	− 0.039	− 0.068
自变量	CM	0.079 **	
	CA		0.321 ***
调节变量	DL	0.238 ***	0.243 ***
	DL × CM	− 0.189 ***	
	DL × CA		0.075 **
σ^2		0.252	0.265
离异数（−2LL）		1392.761	1359.881

注：***、** 和 * 分别表示 $p < 0.01$、$p < 0.05$ 和 $p < 0.1$。

按照上述流程，验证地区数字化水平在数字化能力与技术创业企业商业模式创新关系中的跨层次调节作用，即验证假设 H11a$_1$、假设 H11a$_2$、假设 H11a$_3$，结果见表 5.22 中 M1 ~ M3。M1 结果显示，数字资源协同能力与地区数字化水平的交互项回归系数为 0.140，且在 0.05 的水平下显著，说明地区数字化水平正向调节数字资源协同能力与商业模式创新的关系，假设 H11a$_1$ 成立；根据 M2 结果可知，数字运营能力与地区数字化水平的交互项回归系数为 0.161，且在 0.01 的水平下显著，说明地区数字化水平正向调节数字运营能力与商业模式创新的关系，假设 H11a$_2$ 成立；根据 M3 结果可知，数字创新能力与地区数字化水平的交互项回归系数为 0.011，且在 0.05 的水平下显著，说明地区数字化水平正向调节地区数字创新能力与商业模式创新的关系，假设 H11a$_3$ 成立；即假设 H11 成立。

表 5.22　　地区数字化水平在数字化能力与商业模式创新关系中的跨层次调节作用

变量		商业模式创新		
		M1	M2	M3
控制变量	NX	0.093 **	0.073 *	0.092 **
	XZ	0.020	0.018	0.009
	RY	0.076 *	0.052	0.066
	HY	− 0.276 ***	− 0.200 *	− 0.162
	YY	− 0.073 *	− 0.083 *	− 0.067
	DRC	0.247 ***		
自变量	DOC		0.325 ***	
	DIC			0.313 ***
调节变量	DL	0.246 ***	0.240 ***	0.245 ***
	DL × DRC	0.140 **		
	DL × DOC		0.161 ***	
	DL × DIC			0.011 **
σ^2		0.267	0.266	0.280
离异数（ −2LL）		1359.913	1356.917	1332.682

注：*** 、** 和 * 分别表示 $p < 0.01$、$p < 0.05$ 和 $p < 0.1$。

5.3　结果分析与讨论

通过汇总检验结果可知，共 11 个假设未得到支持，包括假设 H3a₁、假设 H3b₁、假设 H5a₁、假设 H5a₂、假设 H9a₁～H9a₆ 与假设 H10a₁，剩余假设均得到验证，见表 5.23。下面结合分析结果进行深入的讨论与分析。

表 5.23　　　　　　　　　　　　　　研究假设汇总

序号	研究假设内容	通过否
H1	地区数字化水平正向驱动技术创业企业商业模式创新	是
H2	H2a 认知异质性正向驱动技术创业企业商业模式创新	是
	H2b 认知能力正向驱动技术创业企业商业模式创新	是
H3	H3a₁ 认知异质性对顾客导向具有正向促进作用	否
	H3a₂ 认知能力对顾客导向具有正向促进作用	是
	H3b₁ 认知异质性对数字导向具有正向促进作用	否
	H3b₂ 认知能力对数字导向具有正向促进作用	是
H4	H4a 顾客导向正向驱动技术创业企业商业模式创新	是
	H4b 数字导向正向驱动技术创业企业商业模式创新	是
H5	H5a₁ 顾客导向在认知异质性与技术创业企业商业模式创新关系中发挥中介作用	否
	H5a₂ 数字导向在认知异质性与技术创业企业商业模式创新关系中发挥中介作用	否
	H5b₁ 顾客导向在认知能力与技术创业企业商业模式创新关系中发挥中介作用	是
	H5b₂ 数字导向在认知能力与技术创业企业商业模式创新关系中发挥中介作用	是
H6	H6a₁ 顾客导向对数字资源协同能力具有正向促进作用	是
	H6a₂ 顾客导向对数字运营能力具有正向促进作用	是
	H6a₃ 顾客导向对数字创新能力具有正向促进作用	是
	H6b₁ 数字导向对数字资源协同能力具有正向促进作用	是
	H6b₂ 数字导向对数字运营能力具有正向促进作用	是
	H6b₃ 数字导向对数字创新能力具有正向促进作用	是
H7	H7a 数字资源协调能力正向驱动技术创业企业商业模式创新	是
	H7b 数字运营能力正向驱动技术创业企业商业模式创新	是
	H7c 数字创新能力正向驱动技术创业企业商业模式创新	是

序号	研究假设内容	通过否
H8	H8a$_1$ 数字资源协同能力在顾客导向与技术创业企业商业模式创新关系中发挥中介作用	是
	H8a$_2$ 数字运营能力在顾客导向与技术创业企业商业模式创新关系中发挥中介作用	是
	H8a$_3$ 数字创新能力在顾客导向与技术创业企业商业模式创新关系中发挥中介作用	是
	H8b$_1$ 数字资源协同能力在数字导向与技术创业企业商业模式创新关系中发挥中介作用	是
	H8b$_2$ 数字运营能力在数字导向与技术创业企业商业模式创新关系中发挥中介作用	是
	H8b$_3$ 数字创新能力在数字导向与技术创业企业商业模式创新关系中发挥中介作用	是
H9	H9a$_1$ 顾客导向、数字资源协同能力在认知异质性与技术创业企业商业模式创新关系中发挥链式中介作用	否
	H9a$_2$ 数字导向、数字资源协同能力在认知异质性与技术创业企业商业模式创新关系中发挥链式中介作用	否
	H9a$_3$ 顾客导向、数字运营能力在认知异质性与技术创业企业商业模式创新关系中发挥链式中介作用	否
	H9a$_4$ 数字导向、数字运营能力在认知异质性与技术创业企业商业模式创新关系中发挥链式中介作用	否
	H9a$_5$ 顾客导向、数字创新能力在认知异质性与技术创业企业商业模式创新关系中发挥链式中介作用	否
	H9a$_6$ 数字导向、数字创新能力在认知异质性与技术创业企业商业模式创新关系中发挥中介作用	否
	H9b$_1$ 顾客导向、数字资源协同能力在认知能力与技术创业企业商业模式创新关系中发挥链式中介作用	是
	H9b$_2$ 数字导向、数字资源协同能力在认知能力与技术创业企业商业模式创新关系中发挥链式中介作用	是
	H9b$_3$ 顾客导向、数字运营能力在认知能力与技术创业企业商业模式创新关系中发挥链式中介作用	是
	H9b$_4$ 数字导向、数字运营能力在认知能力与技术创业企业商业模式创新关系中发挥链式中介作用	是
	H9b$_5$ 顾客导向、数字创新能力在认知能力与技术创业企业商业模式创新关系中发挥链式中介作用	是
	H9b$_6$ 数字导向、数字创新能力在认知能力与技术创业企业商业模式创新关系中发挥链式中介作用	是

序号	研究假设内容	通过否
H10	H10a$_1$地区数字化水平正向调节认知异质性对技术创业企业商业模式创新的作用	否
	H10a$_2$地区数字化水平正向调节认知能力对技术创业企业商业模式创新的作用	是
H11	H11a$_1$地区数字化水平正向调节数字资源协同能力对技术创业企业商业模式创新的作用	是
	H11a$_2$地区数字化水平正向调节数字运营能力对技术创业企业商业模式创新的作用	是
	H11a$_3$地区数字化水平正向调节数字创新能力对技术创业企业商业模式创新的作用	是

5.3.1　地区数字化水平与商业模式创新关系的讨论

研究证明地区数字化水平正向驱动技术创业企业商业模式创新（$\beta = 0.240$，$p < 0.01$），假设 H1 得到支持。不同地区出台的激励型和扶持型数字化发展政策、所建立的新型数字基础设施，降低了企业创新的风险以及资源获取等成本，从而驱动技术创业企业展开商业模式创新活动。

5.3.2　高管团队认知与商业模式创新关系的讨论

研究证明，高管团队认知两维度——认知异质性与认知能力，都正向驱动着技术创业企业商业模式创新（系数分别为：$\beta = 0.164$，$p < 0.01$；$\beta = 0.291$，$p < 0.01$），假设 H2a 和假设 H2b 得到数据支持。基于高阶理论，高管团队认知是企业管理决策以及战略选择的重要变量。具体而言：认知异质性越强，意味着高管团队拥有丰富且多样的管理经验和运作知识，这为企业提供了丰富且多元化的创新资源，助力技术创业企业创造出与众不同的交易模式，且引进新的交易方，形成新的价值增长点，继而创造出新

的产品与服务，最终驱动商业模式创新；认知能力越强，则说明高管团队能够清晰地掌握自身定位，识别出现有商业模式的不足与局限，扩充业务边界，吸引潜在群体的关注与投资，驱动商业模式的调整与变革。

5.3.3 高管团队认知、战略导向与商业模式创新关系的讨论

其一，认知能力正向促进战略导向两维度——顾客导向与数字导向（系数分别为：$\beta = 0.251$，$p < 0.01$；$\beta = 0.365$，$p < 0.01$），假设 H3a$_2$ 与假设 H3b$_2$ 得到支持。说明高管团队成员所拥有的较强认知能力能帮助高管清楚地认识到新发展情境中满足顾客需求以及攻克前沿技术的重要性，进而选择适合新发展情境的发展方向；然而认知异质性对顾客导向与数字导向的影响均不显著，假设 H3a$_1$ 与假设 H3b$_1$ 未得到支持。虽然高管团队所拥有的多样化知识、技能与经验能够为企业带来新颖且多样的资源和知识，但受资源甄别难度、成员商讨时间等限制，难以快速制定合适的战略决策，继而无法选择正确的发展方向。

其二，战略导向，即顾客导向与数字导向，都能够正向促进商业模式创新（系数分别为：$\beta = 0.216$，$p < 0.01$；$\beta = 0.351$，$p < 0.01$），假设 H4a 与假设 H4b 得到支持。具体而言，在顾客导向方面，具有较高程度市场导向的技术创业企业一般更善于倾听顾客的意见，能够从顾客意见与需求中获得新颖的创新思想，继而形成新产品、新服务或新流程；在数字导向方面，坚持数字导向的技术创业企业往往会在研发资本上进行高额投入，且能够快速实现技术的市场化与商业化，这类企业能够持续投入技术研发，跟随或超越技术发展潮流，开发新技术产品，且实现商业化，继而优化与扩充企业产业生态系统，最终驱动商业模式创新。

其三，战略导向对认知能力与技术创业企业商业模式创新的关系产生部分中介效应，假设 H5b$_1$ 和假设 H5b$_2$ 得到支持。说明高管团队认知能力越强，越能掌握市场环境变化，继而帮助企业选择合理的战略定位，根据顾

客需求以及前沿技术变化，探寻并识别潜在市场机会，进而开展资源的配置与利用，这一过程结合顾客需求以及先进技术发展推动了管理者对自身战略定位、资源等进行重新调整，迅速满足顾客需求并将先进技术转化为企业价值，驱动企业进行商业模式创新。而战略导向对认知异质性与技术创业企业商业模式创新关系未发挥中介效应，假设 H5a$_1$ 和假设 H5a$_2$ 未得到支持。这由于高管团队成员存在认知异质性，成员们对新经济形态发展具有差异性的认识与看法，在组织战略定位商榷过程中会存在意见不一致的情况，进而无法顺利确定自身战略定位，导致企业发展失去前进方向。

5.3.4　高管团队认知、战略导向、数字化能力与商业模式创新关系的讨论

其一，战略导向显著正向影响数字化能力。顾客导向正向促进数字资源协同能力、数字运营能力与数字创新能力（$\beta = 0.231$，$p < 0.01$；$\beta = 0.239$，$p < 0.01$；$\beta = 0.228$，$p < 0.01$），假设 H6a$_1$ ~ H6a$_3$ 得到支持。数字导向均正向促进数字资源协同能力、数字运营能力与数字创新能力（$\beta = 0.377$，$p < 0.01$；$\beta = 0.184$，$p < 0.01$；$\beta = 0.382$，$p < 0.01$），假设 H6b$_1$ ~ H6b$_3$ 得到支持。

其二，数字化能力，即数字资源协同能力、数字运营能力与数字创新能力，均显著正向驱动商业模式创新（$\beta = 0.319$，$p < 0.01$；$\beta = 0.327$，$p < 0.01$；$\beta = 0.376$，$p < 0.01$），假设 H7a、假设 H7b、假设 H7c 得到支持。具体而言，拥有数字资源协同能力的技术创业企业往往能更好地获得数字经济环境中的数据资源，对内外部资源进行有效整合与协同，充分发挥资源的效用，帮助技术创业企业摆脱资源短缺的困境，更好地推动组织架构重构、运作模式调整、战略决策实施、新机会探索等活动，保障新商业模式的实施；拥有数字运营能力的企业能够将数字资源和市场机会等变现为商业价值，确保商业模式创新的落地实施；拥有数字创新能力的技术

创业企业可通过获取、分配、整合和重构数字资源来实现产品和服务创新。

其三，数字化能力对战略导向与技术创业企业商业模式创新的关系产生部分中介效应，假设 $H8a_1$ ~ $H8a_3$ 和假设 $H8b_1$ ~ $H8b_3$ 得到支持。战略导向映射出技术创业企业在数字经济时代下的经营理念与思想，其对数字化能力的培养与提升具有重要作用。数字经济背景下，顾客导向型的技术创业企业能及时准确地把握和应对顾客需求的变化，在此基础上形成与发展数字化能力，以实现内外部资源的有效整合和优化配置，进而推动商业模式的调整与变革；秉持数字导向战略的技术创业企业能够不断监测和熟练使用各类数字技术，提高组织资源协同、组织运营和产品创新等能力，进而实现价值主张、分销渠道、盈利模式等商业模式要素的衔接和协同，最终冲击现有的商业模式。

其四，认知能力、战略导向、数字化能力与商业模式创新的链式中介效应显著，假设 $H9b_1$ ~ $H9b_6$ 得到支持。说明高管团队成员的认知能力能清楚地认识到新发展情境中满足顾客需求以及攻克前沿数字技术的重要性，进而获得数字经济环境中的数字资源和市场机会，创新产品和服务以期变现为商业价值，从而驱动技术创业企业开展商业模式创新活动。然而，认知异质性、战略导向、数字化能力与商业模式创新的链式中介效应却并不显著，假设 $H9a_1$ ~ $H9a_6$ 未得到支持。说明虽然高管团队所拥有的多样化知识、技能与经验能够为企业带来新颖且多样的资源和知识，但资源甄别难度、成员商讨时间等负面效应更为显著，难以引发链式中介效应，最终无法显著影响技术创业企业商业模式创新。

5.3.5 地区数字化水平、高管团队认知与商业模式创新关系的讨论

多层线性模型结果表明，地区数字化水平对认知能力与商业模式创新关系呈正向的跨层次调节作用（$\beta = 0.075$，$p < 0.05$），假设 $H10a_2$ 得到支

持；而对认知异质性与商业模式创新关系则呈负向的跨层次调节作用（$\beta =$ -0.189，$p < 0.01$），假设 $H10a_1$ 未得到支持。

一方面，作为一种全新的发展情境，地区数字化水平直接影响技术创业企业生存状况，环境与组织行为之间的互动关系密切相关，企业必须密切关注与及时掌握环境变化所传递出的信息才能够实现可持续发展；而高管团队认知能力越强则意味着企业能熟知环境变化，预测环境复杂及动荡性，及时了解顾客信息和技术发展方向，驱动技术创新企业利用新的机会窗口来重新配置资源，实现商业模式创新。可见，高管团队认知能力直接影响企业战略选择，当识别到新机会时会驱使企业选择新的发展方向；而地区数字化水平越高，这些全新选择可能越有市场价值。反之，若技术创业企业一直处于相对稳定不变的环境中，企业所面临的问题大多为结构化且一成不变的，利用既有知识即可解决，实现经营目标。另一方面，地区数字化水平较高时，认知异质性对技术创业企业实施商业模式创新的作用越弱。随着地区数字化水平的提升，市场环境复杂性、动态性逐渐加深，使得高管团队成员对环境变化具有异质性认知，虽然这对企业战略选择至关重要，但这必须花费大量时间才能制定出适合新情境发展的决策，无法及时满足市场需求，进而无法获取企业价值。

5.3.6　地区数字化水平、数字化能力与商业模式创新关系的讨论

多层线性模型结果表明，地区数字化水平对数字化能力与商业模式创新关系呈正向的跨层次调节作用。具体地讲，地区数字化水平对数字资源协同能力与商业模式创新关系呈正向的跨层次调节作用（$\beta = 0.140$，$p < 0.05$）；地区数字化水平对数字运营能力与商业模式创新关系呈正向调节作用（$\beta =$ 0.161，$p < 0.01$）；地区数字化水平正向地跨层次调节数字创新能力与商业模式创新的关系（$\beta = 0.011$，$p < 0.05$），假设 $H11a_1 \sim H11a_3$ 得到支持。随着地

区数字化水平的提升，各类要素资源不断汇集，技术创业企业凭借较强的资源协同能力，对各类数据资源进行吸收与萃取，从中识别出具有商业价值的市场机会，通过有效发挥内外部信息资源的协同匹配效应，进而实现价值创造；随着地区数字化水平的加深，消费者个性化与多元化需求的程度不断加深，技术创业企业只有拥有较强的创新能力才能够提供新产品或新服务来满足需求，从而形成适合数字经济时代发展的商业模式。

5.4　本章小结

本章分析了数字经济背景下技术创业企业商业模式创新关键驱动因素的识别以及理论模型，综合高阶理论、动态能力理论和多层次理论，分析了关键驱动因素对技术创业企业商业模式创新的作用，并提出研究假设，构建起跨层次作用的研究模型。结合已有的成熟变量量表，通过问卷调查获取样本数据，利用多层线性模型和多元回归分析方法对理论模型进行验证，揭示单一关键驱动因素的直接驱动作用以及至多三个关键驱动因素的"中介作用与调节作用"。研究发现，地区数字化水平对商业模式创新具有跨层次直接作用；高管团队认知、战略导向与数字化能力均对商业模式创新具有显著的驱动作用；战略导向在认知能力与商业模式创新关系中发挥部分中介作用，而在认知异质性与商业模式创新关系中未发挥中介作用；数字化能力在战略导向与商业模式创新关系中发挥部分中介作用；战略导向、数字化能力在认知能力与商业模式创新之间具有显著的链式中介效应，但在认知异质性与商业模式创新关系中未发挥链式中介作用。此外，地区数字化水平对认知能力与商业模式创新具有正向调节作用，而负向调节认知异质性与商业模式创新；地区数字化水平对数字化能力与商业模式创新具有正向调节作用。

第6章 数字经济背景下技术创业企业商业模式创新的关键驱动因素组态效应研究

通过第 5 章数字经济背景下关键驱动因素对技术创业企业商业模式创新跨层次作用研究，确定关键驱动因素对技术创业企业商业模式创新具有线性作用，包括单一驱动因素的直接作用以及至多三个关键驱动因素的"中介作用与调节作用"，但多层线性模型与多元回归分析法只是对理论模型建构出的固定因素关系进行简单的统计验证，无法阐释多个关键驱动因素协同匹配对技术创业企业商业模式创新的复杂作用。鉴于此，基于跨层次作用研究结果，本章从组态视角出发，运用模糊集定性比较分析方法探究不同关键驱动因素相互依赖及组合对技术创业企业商业模式创新的复杂作用，揭示不同驱动因素的组态效应。具体来讲，数字经济背景下，本章基于"组态视角"探究关键驱动因素对技术创业企业商业模式创新的组态效应，试图回答"数字经济背景下技术创业企业商业模式创新的组态构型有哪些"。本章通过阐述问题提出，构建相应的组态效应研究模型以及介绍所利用分析方法等内容，明确关键驱动因素间的组合方式与特定结果（高商业模式创新以及非高商业模式创新）之间的关系，为技术创业企业商业模式创新带来有益的实践启示。

6.1 问题提出

作为组织的结构模式，商业模式指导着组织的价值创新以及价值获取；涵盖产品、服务、技术等多个方面的创新，跨越在位企业的既有界限，以新的方式进行价值创造与捕获。商业模式创新是对原有商业模式进行改进与变革，它是价值创造的不竭动力源，且可促使组织形成具有市场竞争优势的产品或流程创新。[347] 因此，为适应数字经济时代发展新情境，技术创业企业进行持续商业模式的改进与变革是至关重要的。毋庸置疑，技术创业企业商业模式创新实现的原因必然是复杂的，不仅会受到自身能力、战略等因素的影响，也会受到外部情境因素的影响，这也解释了为什么技术创业企业实施商业模式创新的结果会不一致，有的会成功，有的会失败。由此可见，商业模式创新往往是内外部因素共同作用的结果，即：它是根据外部情境变化，在企业管理者的指导下，资源和能力共同协作产生的。这恰恰印证了福斯和萨比（Foss & Sacbi）于 2017 年的研究成果，明确指出了商业模式创新与既往产品、技术、流程等创新的不同，阐述了商业模式创新的驱动因素涉及多个层面，且驱动因素之间相互作用才能够实现商业模式创新。[346]

通过对国内外商业模式创新的相关研究可知，商业模式创新紧密依赖着高管团队认知、对潜在市场机会的识别及整合内外部资源的能力。[54,126] 在此基础上，众多学者明确了以顾客导向、技术导向为主要内容的战略导向对商业模式创新的重要影响。[215,235] 与此同时，在商业模式创新形成过程中，组织必须考虑外部环境变化，如在数字中国建设过程中，各地区数字化水平已成为驱动企业商业模式创新的全新情境。虽然，既有研究考察了高管团队认知、战略导向与数字化能力对商业模式创新的影响，但倾向于探究某个或某几个驱动因素对商业模式创新的独立作用，或者至多两个驱动因素的交互作用。

然而，在复杂组织治理中，多重因素之间相互依赖，基于差异化的排列组合来实现影响具体结果的同一目标，即殊途同归[403]；与之相类似，商业模式创新是企业的一种整体性战略决策，体现出组织业务模式、运营方式等具体内容，同样受到管理者认知、战略、能力以及外部环境的共同影响，是综合考虑多种因素的结果。而既有研究较少运用复杂因果分析思路来探究不同驱动因素之间的复杂配置关系，即关于企业商业模式创新驱动因素的组态效应研究较为缺乏。据此，本书摒弃既往研究只关注单一因素对商业模式创新的作用，将定性比较分析方法引入数字经济新情境中商业模式创新研究领域内，将地区数字化水平、高管团队认知、战略导向以及数字化能力进行整合，试图研究上述多个驱动因素之间如何协同匹配来实现不同商业模式的创新结果，从而挖掘技术创业企业商业模式创新实现的多个等效构型。具体来说，本章试图回答以下问题：数字经济背景下技术创业企业商业模式创新的组态构型有哪些？即，这些驱动因素如何匹配影响技术创业企业高（非高）商业模式创新？

鉴于此，本章在关键驱动因素识别、关键驱动因素跨层次作用研究的基础上，首先，将地区数字化水平、高管团队认知、战略导向及数字化能力置于统一框架，构建起组态效应的研究框架（见图 6.1），为探究数字经济背景下技术创业企业商业模式创新的组态路径、阐明驱动因素之间相互作用的复杂逻辑奠定基础；其次，通过运用 NCA 分析技术，明确任何单一驱动因素均不能成为技术创业企业商业模式创新的充要条件，这是对既有研究成果的补充，并为后续研究提供新的方向；最后，运用模糊集定性比较分析方法，总结出何种组态构型更有助于技术创业企业商业模式创新的实现，并列出不利于商业模式创新实现的组态构型，使得数字经济背景下技术创业企业商业模式创新的实现方式更为清晰，丰富了该领域研究的方法，且响应了商业模式创新驱动因素复杂性分析的号召。

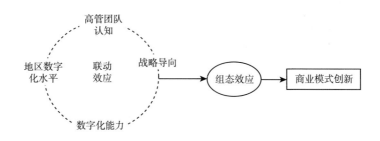

图 6.1　本章研究模型

6.2　研究方法

6.2.1　定性比较分析

毋庸置疑，管理实践问题往往是复杂的，会受多种因素的共同影响，致使以往线性回归分析方法无法提供科学、全面以及有效的解释，这种发展情境以及研究需求催生出定性比较分析（qualitative comparative analysis，QCA），是一种跨越定性与定量研究的新方法；该方法主要用于解释多因诱发的复杂社会问题，通过布尔代数算法进行具体分析。[404] QCA 方法基于整体（holistic）视角，更加符合管理实践的相互依赖性（inter-dependence）和因果复杂性（multiple conjunctural causation）。QCA 的整体视角根植于组态思维，组态思维认为"组织最好被理解为互相联结的结构和实践的集群而非分单元或者松散结合的实体，即不能以孤立分析部件的方式理解组织"。[302] 管理现象往往是"多因生一果"的复杂因果关系，即"技术创业企业商业模式创新是内外部因素的综合考虑"。

此外，定性比较分析方法包含清晰集定性比较分析（csQCA）、多值集定性比较分析（msQCA）以及模糊集定性比较分析（fsQCA）。其中，csQCA 是处理 0 或 1 二分变量的方法；msQCA 是处理多类别变量的方法；fsQCA 既可

以处理二分变量或多类别变量，又可以处理定比变量，将案例校准为介于
0～1区间的集合隶属度，其利用布尔代数、反事实分析和条件构型对复杂因
果关系进行可视化和系统化的分析，可为溯源分析提供经验基础。[405]因此，
本研究摒弃以"自变量－因变量"二元关系为核心的传统回归分析方法，
转而采用模糊集定性比较分析方法。具体来说，本书主要出于以下几点
考虑：

第一，驱动组织行为产生的因素经常是互相关联的，多重并发的驱动
因素会导致组织行为。为探析数字经济背景下技术创业企业商业模式创新
如何实现这一问题，简单探讨高管团队认知、战略导向、数字化能力等驱
动因素独立作用或者两两作用的常规做法已无法满足现实需求，需要从整
体视角出发探究多个驱动要素之间的协同匹配作用。据此，QCA方法能够
满足研究需求，该方法并不考虑单一变量对因变量的净效应，而专注于挖
掘具有解释力、由多个因素构成的相似或相异组态构型。综上所述，QCA
方法能帮助本书确定技术创业企业实现高（非高）商业模式创新的不同组
态构型。

第二，与其他类型的定性比较分析方法对比，fsQCA方法在探究前因复
杂性、因果非对称性等方面更具优势，它能充分考虑各因素的不同程度变
化对结果的细微影响。由于中国幅员辽阔，区域特色明显，加上数字经济
发展程度不断加深，技术创业企业创新发展的区域化特征日益突显。例如，
我国不同城市的数字化发展水平存在显著差异，难以通过0或1的二分取值
完全界定；而fsQCA可将变量赋值为［0，1］区间内的连续模糊集，有效
弥补二分赋值非此即彼的缺陷。[302]

第三，数字经济背景下技术创业企业高商业模式创新与非高商业模式
创新的组态构型可能存在非对称性，也就是说，导致高商业模式创新实现
的原因与非高商业模式创新的原因是大相径庭的。因此，需要采用一种合
适的方法对其进行探析，而QCA方法能够为本研究研究主题提供思路和发
展方向。

6.2.2 必要条件分析

与以往回归分析不同，QCA 方法是明确产生特定结果的必要条件、充分因果条件或条件组合。如果某一或某些条件存在于结果产生的任何时刻，那么该条件即为必要条件。因此，在组态分析前，必须对单个因素开展必要性分析，继而确定是否有某个或某些因素是特定结果产生的必要条件。既有研究主要利用定性比较分析方法进行单个因素的必要性检验，根据一致性阈值来判断，若一致性阈值超过 0.9，这说明必要条件成立，但是只能从定性视角作出回答。

作为新兴的因果关系，必要条件因果主要阐述了某一因素不存在时结果不会发生；充分条件因果主要体现了因素（组合）充分地产生结果。为更为全面地分析各个因素与结果的因果关系，本研究采用全新的必要条件分析方法（necessary condition analysis，NCA），从定量视角明确各个因素对结果的必要程度[406]，即"各个因素在什么程度上会成为高（非高）商业模式创新的必要条件"；这一方法是对 QCA 方法原有简单阐述"一个因素对于特定结果必要还是不必要"的定性结果的补充与完善。尤其对 fsQCA 方法而言，fsQCA 详细阐述因素的不同程度的细微变化，而非简单的"是"或"否"，这使得 NCA 与 fsQCA 方法的结合具有更大的价值。[407]本研究首先运用 NCA 检验各驱动因素是否为技术创业企业商业模式创新的必要条件，如果是，在什么水平上是；再运用 fsQCA 进行必要条件分析，以佐证 NCA 分析结果的稳健性。

NCA 方法包含必要条件的效应量分析（effect size）和瓶颈水平分析（bottleneck level）。效应量值体现上限区域对结果的约束状况，上限区域越大，则对结果的约束则越强，效应量取值范围在 0 ~ 1，值越大则效应量越大，若效应量值低于 0.1，则意味着效应量太小，处于低等效果。[406]瓶颈水平是指达到某一水平结果所需要的因素必需水平，即因素最大观测范围内需要满足的水平值。[407]NCA 分析工具能够有效处理连续数据或离散数据，采用上限回归（celling regression，CR）与上限包络（celling envelopment，CE）两种方法进行分析才能够得到上限包络线。CR 方法主要处理因素与结果变量均是连续或离散，且有 5 个及更多水平的情况；而 CE 方法主要处理二分变量或不到 5 级的离散变量。

6.3 QCA 运行与结果分析

6.3.1 变量校准

在运用模糊集定性比较分析方法之前，需要基于 fsQCA 方法的变量校准规则，将样本数据转化为定性比较分析原始值。变量校准主要基于理论与实际知识或标准，将变量转为集合，给案例赋予集合隶属度的过程，设置完全隶属（模糊评分 0.95）、交叉点（模糊评分 0.5）、完全不隶属（模糊评分 0.05）三个锚点，转化后的变量集合隶属度介于 0 ~ 1。本研究采用的是李克特 7 级记分法，各个驱动因素数据是通过对其各变量所涵盖的全部题项进行求平均值所得，且借鉴既有研究，结合样本数据的实际情况，以避免矛盾架构为标准，将最大值、均值与最小值作为校准锚点。[408]具体变量校准设置如表 6.1 所示。

表 6.1   **变量校准**

因素			校准锚点		
			完全隶属	交叉点	完全不隶属
前因	地区数字化水平	地区数字化水平	7.00	5.70	1.86
	高管团队认知	认知异质性	6.60	4.25	1.00
		认知能力	7.00	5.82	2.00
	战略导向	顾客导向	7.00	5.78	1.25
		数字导向	7.00	5.59	1.50

续表

因素			校准锚点		
			完全隶属	交叉点	完全不隶属
前因	数字化能力	数字资源协同能力	7.00	5.61	2.00
		数字运营能力	7.00	5.68	1.83
		数字创新能力	7.00	5.57	1.67
结果	商业模式创新	商业模式创新	7.00	5.60	2.43

6.3.2 必要条件分析

本书采用上限回归（CR）和上限包络（CE）两种估计方法计算效应量，NCA 方法必要条件分析见表 6.2。NCA 方法中必要条件需要满足效应量（d）高于 0.1，且蒙特卡洛仿真置换检验显示效应量（d）为显著[409]，基于此标准，对表 6.2 的 NCA 方法必要条件分析结果进行查验。结果显示，地区数字化水平、高管团队认知、战略导向和数字化能力的效应量都小于0.1，并且均不显著，不能认为它们是商业模式创新的必要条件；与此同时，有些变量的 CR 或 CE 检验结果显著，但是效应量均低于 0.1，再次证明上述因素不是商业模式创新的必要条件。

表 6.2 　　　　　　　　NCA 方法必要条件分析结果

因素	方法	精确度	上线区域	范围	效应量（d）	P 值
地区数字化水平	CR	99.0%	0.017	0.81	0.021	0.499
	CE	100.0%	0.014	0.81	0.018	0.612
认知异质性	CR	100.0%	0.000	0.81	0.000	0.964
	CE	100.0%	0.000	0.81	0.000	0.964
认知能力	CR	98.9%	0.045	0.81	0.056	0.068
	CE	100.0%	0.021	0.81	0.026	0.302
顾客导向	CR	99.2%	0.018	0.81	0.022	0.434
	CE	100.0%	0.019	0.81	0.023	0.316

因素	方法	精确度	上线区域	范围	效应量（d）	P 值
数字导向	CR	99.6%	0.027	0.81	0.033	0.202
	CE	100.0%	0.038	0.81	0.047	0.002
数字资源协同能力	CR	100.0%	0.000	0.81	0.000	0.963
	CE	100.0%	0.000	0.81	0.000	0.963
数字运营能力	CR	98.9%	0.050	0.81	0.062	0.043
	CE	100.0%	0.025	0.81	0.030	0.199
数字创新能力	CR	98.9%	0.053	0.81	0.065	0.030
	CE	100.0%	0.023	0.81	0.028	0.142

此外，进一步报告瓶颈水平分析，结果见表 6.3。瓶颈水平（％）是指达到商业模式创新最大观测范围的某一水平，8 个因素最大范围内需要满足的水平值（％）。根据表 6.3 可知，达到 80％ 的商业模式创新水平，需要3.9％ 水平的地区数字化水平，而其余 7 个因素都不存在瓶颈水平。

表 6.3　　　　　瓶颈水平（％）分析结果　　　　　单位:%

商业模式创新水平	地区数字化水平	认知异质性	认知能力	顾客导向	数字导向	数字资源协同能力	数字运营能力	数字创新能力
0	NN	NN	NN	NN	NN	NN	NN	NN
10%	NN	NN	NN	NN	NN	NN	NN	NN
20%	NN	NN	NN	NN	NN	NN	NN	NN
30%	NN	NN	NN	NN	NN	NN	NN	NN
40%	NN	NN	NN	NN	NN	NN	NN	NN
50%	NN	NN	NN	NN	NN	NN	NN	NN
60%	NN	NN	NN	NN	NN	NN	NN	NN
70%	NN	NN	NN	NN	NN	NN	NN	NN
80%	3.9	NN	NN	NN	NN	NN	NN	NN
90%	10.1	NN	19.4	NN	NN	NN	27.3	26.5
100%	16.4	2.2	86.1	89.6	99.0	1.1	84.1	92.8

注：NN 表示不必要。

此外，本书进一步采用 QCA 方法进行必要性检验。由表 6.4 可知，单个因素必要性检验的一致性结果都不高于 0.9，结果与 NCA 结果相一致，再次证实任意驱动因素均不是商业模式创新的必要条件。鉴于此，商业模式创新是多个因素协同匹配的结果，需要采用 fsQCA 方法展开进一步分析，以明确数字经济背景下技术创业企业商业模式创新的组态构型。

表 6.4　　　　QCA 方法单个因素的必要性检验

因素		结果变量			
		高商业模式创新		非高商业模式创新	
		一致性	覆盖度	一致性	覆盖度
地区数字化水平	地区数字化水平	0.855	0.836	0.814	0.565
	~地区数字化水平	0.555	0.808	0.764	0.789
高管团队认知	认知异质性	0.718	0.783	0.767	0.594
	~认知异质性	0.627	0.791	0.719	0.644
	认知能力	0.864	0.837	0.821	0.565
	~认知能力	0.551	0.813	0.763	0.799
战略导向	顾客导向	0.868	0.812	0.835	0.554
	~顾客导向	0.523	0.817	0.716	0.793
	数字导向	0.871	0.843	0.805	0.553
	~数字导向	0.538	0.796	0.772	0.809
数字化能力	数据资源协同能力	0.856	0.829	0.803	0.551
	~数据资源协同能力	0.537	0.793	0.751	0.787
	数字运营能力	0.870	0.864	0.814	0.573
	~数字运营能力	0.570	0.812	0.806	0.815
	数字创新能力	0.867	0.832	0.789	0.537
	~数字创新能力	0.517	0.775	0.753	0.801

注：~表示逻辑运算非集，变量处于较低水平。

6.3.3　组态分析

与必要性检验不同，组态分析试图揭示的是多个前因条件构成的不同组态引致结果产生的充分性分析。在分析过程中，通过设置一致性阈值和案例频数阈值以排除代表性和普遍性差的条件组合，并保留可以显著引致结果产生的条件组态。[410]其中，案例频数阈值是在组态分析过程中需要考虑的最小案例数量。随着案例频数的增加，组态一致性也会提高，这就说明科学地设定一个案例频数是十分重要的。案例频数应根据样本规模来设定，当样本规模较小时，一般案例频数阈值设定为 1；而当样本规模较大时，应提高案例频数阈值，至少保留样本总量的 75%[403]；一致性阈值是指条件组态与结果关联的最低可接受水平，理论上设定在 0.80 ~ 0.95 区间内[404]，但可根据实际情况进行灵活调整[411]；同时，PRI 一致性（proportional reduction in inconsistency）应大于 0.75。[404]由于本研究数据属于大样本数据，样本数量为 525，远超过 QCA 方法所要求的超过 2^K（K 为因素个数）的样本需求，本研究将案例频数阈值设为 4，一致性阈值设为 0.8，并结合 PRI 大于 0.80 的标准，将案例频数小于 4、一致性阈值低于 0.80、PRI 低于 0.80 的案例进行删除，形成最终的真值表。

组态分析过程中，通过因果条件反事实分析的布尔算法来简化真值表内容，从而形成不同类型条件组合解。通过分析可提取不同简化程度的方案类型——复杂方案、中间方案和简约方案。不同类型方案实际上是同等价值的，不同之处主要体现在复杂程度或者精简程度上。复杂方案是以最保守的方式来处理反事实，未进行简化假设，所得条件构型较多，不利于后续路径分析；简约方案和中间方案都经过简化，但简约方案同时涉及简单反事实分析和复杂反事实分析，可能存在过度简化现象，偏离实际情况；而中间方案仅关注简单反事实分析，更贴合现实情况，所产生的结果更为合理。[403]参考既有研究成果，复杂方案与中间方案的一致性与覆盖度基本相同，而中间方案能够较好地简化结果，更契合现实情况[412]，因此最终汇报中间方案，并展开进一步分析。

与此同时，所得方案中存在核心条件与辅助条件，前者是指出现在简约方案和中间方案中的条件，后者是指出现在中间方案但被简约方案剔除的条件。[302]在组态分析结果报告中，条件存在用"●"表示，条件不存在用"⊗"表示，条件可存在也可不存在的用空格表示，且主要基于圆形形状的大小来区分出核心条件与辅助条件。[404]

根据上文阐述可知，一致性和覆盖度是反映条件组态是否为结果变量充要条件的重要指标。一致性体现了条件（X）与结果（Y）的交集与条件（X）的比值，即类似于回归分析中的相关系数；覆盖度是条件（X）与结果（Y）的交集与结果（Y）的比值，即某一特定方案的覆盖结果所占的比例，如同数据结果的拟合程度[413]，具体公式见式（6.1）。与此同时，覆盖度涵盖了原始覆盖度与唯一覆盖度，前者是某一特定条件组态所解释结果的部分，唯一覆盖度是某一特定条件组态所独立解释结果的部分，即不和其他条件组态相重合。[404]

$$Consistency(X_i \leq Y_i) = \sum(\min(X_i, Y_i))/\sum X_i$$
$$Coverage(X_i \leq Y_i) = \sum(\min(X_i, Y_i))/\sum Y_i$$
（6.1）

本书采用 fsQCA3.0 软件对所构建真值表进行标准化分析，得到技术创业企业商业模式创新的条件组态结果，且对高商业模式创新与非高商业模式创新的组态构型进行分析。分析结果见表6.5。

表6.5　　　　　　　　　商业模式创新条件组态结果

因素		高商业模式创新				非高商业模式创新	
		H1	H2	H3	H4	NH1	NH2
地区数字化水平	地区数字化水平	●		●	●	⊗	⊗
高管团队认知	认知异质性	●	●	●			⊗
	认知能力		●	●	●	⊗	⊗
战略导向	顾客导向		●		●	⊗	
	数字导向	●	●		●	⊗	⊗
数字化能力	数字资源协同能力	●		●	●	⊗	⊗
	数字运营能力	●	●	●	●	⊗	⊗
	数字创新能力	●	●	●	●	⊗	⊗

因素	高商业模式创新				非高商业模式创新	
	H1	H2	H3	H4	NH1	NH2
原始覆盖度	0.500	0.514	0.494	0.587	0.469	0.413
唯一覆盖度	0.021	0.035	0.015	0.107	0.070	0.014
一致性	0.977	0.978	0.977	0.961	0.984	0.982
总体覆盖度	0.659				0.483	
总体一致性	0.957				0.981	

注：●表示核心条件存在，•表示辅助条件存在，⊗表示核心条件缺失，⊗表示辅助条件缺失，空白处表示条件可存在可不存在。

6.3.3.1　高商业模式创新的组态分析

根据表 6.5 中结果可知，对实现高商业模式创新的组态分析共有 4 种不同类型的组态构型，即组态 H1、组态 H2、组态 H3 与组态 H4，一致性分别为 0.977、0.978、0.977 与 0.961，总体解的一致性为 0.957，都明显跨越了阈值标准 0.8，说明所得组态是高商业模式创新产生的充分条件，这更证明了技术创业企业商业模式创新的实现是多个驱动因素共同作用的结果，单因素难以全面阐释技术创业企业商业模式创新实现的真实情况，即"殊途同归"。总体覆盖度为 0.659，说明有 65.9% 的高商业模式创新的实现可以由上述组态结果所解释。本书基于核心条件对上述组态进行归纳与总结，具体分析如下。

第一种：能力主导 – 均衡型。组态 H1 显示认知异质性、数字导向与数字资源协同能力为核心条件，地区数字化水平、数字运营能力及数字创新能力为辅助条件的组态可以形成高商业模式创新。这一结果说明在数字经济发展的浪潮中，技术创业企业高管团队凭借多元化的创业经验、知识积累等，清晰地认识到新型信息技术在数字经济新情境中的重要性，不断将自身研发或外部引进的新型数字技术应用到经营活动中，提升内外部数字资源整合与协同、数字化解决方案、产品和服务创新的能力，从而取得良好的商业模式创新结果。此外，这一结果为第 5 章的跨层次作用研究中假设 H2a 提供佐证；且包含数字化能力的三个子维度因素，间接证明了数字化能力在数字导向与商业模式创新之间具有中介作用的假设 H8b。

第二种：内部因素协同型。组态 H2 显示认知异质性、认知能力、数字导向与数字创新能力为核心条件，顾客导向、数字资源协同能力与数字运营能力为辅助条件的组态可形成高商业模式创新。这一结果表明，无论地区数字化水平如何，技术创业企业凭借自身内部的认知、战略以及能力等因素就可以获得良好的商业模式创新结果。这一结论说明，较好的商业模式创新结果需要高管团队的多元化知识以及认知能力。当管理者们意识到应对组织结构以及交易模式等进行相应的调整与变革，且预想到相应的组织调整行为能够在未来赢得超额利润、抢占市场先机以及获取竞争优势，这种情况下的技术创业企业会谋求长远发展，具有较强的前瞻性，从战略高度上进行商业模式创新。具体来说，高管团队认知体现组织高层管理者们通过协同合作将丰富的创业经验、知识积累等进行共享、加工，提高解决问题的能力，是一种强有力的组织内部力量，对组织创新发展具有直接影响。在经营活动中，管理者们通过合作方式提前预感到未来的市场需求、技术变迁等重大变化，认识到对自身现行的组织模式、交易模式等进行调整与变革能够带来企业价值提升、成本降低、抢占市场先机等好处时，将会制定出远超于当前市场发展的战略决策，先于同行企业乃至整个市场经营主体将新型信息技术应用于组织运营中，强化组织整体能力，最终就会形成良好的商业模式创新。此外，这一结果再次证明了数字化能力在数字导向与商业模式创新关系中发挥中介作用的假设 H8b。

第三种：认知 - 能力共同主导 - 均衡型。组态 H3 显示认知异质性、认知能力与数字创新能力为核心条件，地区数字化水平、顾客导向、数字资源协同能力与数字运营能力为辅助条件的组态可以形成高商业模式创新。这表明在数字化发展新情境的浪潮下，高层管理者熟悉业务流程、掌握多元化知识和资源、对环境变化与现有商业模式进行深层思考，制定适应环

境发展的顾客导向战略，且具备较强的数字化能力，就会实现良好的商业
模式创新。同时，技术创业企业可忽略数字导向战略的影响，基于强有力
的地区数字化发展新情境，凭借合理的战略导向以及较强的数字化能力，
乘上数字化发展列车实现商业模式创新，进而大幅度提升竞争优势，实现
健康成长。综上可知，身处于数字化发展新情境中，高管团队对复杂且动
态的市场竞争环境的认知状况对企业创新行为具有深刻影响，继而设定出
合理的战略谋划，且凭借自身较强的数字化能力可创造出满足顾客需求的
产品和服务，最终形成高商业模式创新。此外，这一结果为第 5 章的跨层次
作用研究中的部分结果提供佐证，包含战略导向在高管团队认知与技术创
业企业商业模式创新关系中发挥中介作用的假设 H5a₁ 和假设 H5b₁。

第四种：情境－战略－能力共同主导－均衡型。组态 H4 显示地区数字
化水平、认知能力、顾客导向、数字导向、数字资源协同能力、数字运营
能力与数字创新能力为核心条件的组态可以形成高商业模式创新。这说明，
在数字化发展的浪潮下，高层管理者凭借较强的认知能力对新情境以及现
有商业模式作出考虑与认知，制定了适应环境发展的战略导向，且具有较
强的数字化能力，就会形成高商业模式创新。具备上述条件的技术创业企
业在地区数字化发展的强有力驱动下，依靠所指定战略导向以及数字化能
力，顺应时势地进行商业模式调整与变革，反过来对地区数字化发展起到
优化与推动作用，从而产生滚雪球效应。具体而言，地区数字化发展对组
织来说是一种全新的发展情境，市场需求的复杂不确定、新型信息技术更
迭加快，这些都会对技术创业企业现有商业模式产生深刻影响；如果高层
管理者没有外部环境的清晰判断，没有符合发展情境的战略导向、没有较
强的数字化能力就不会实现良好的商业模式创新。这是因为在地区数字化
发展的驱动下，技术创业企业没有合理的环境认知、战略导向以及数字化
能力，往往难以对现有商业模式进行调整与变革，而只能选择传统创新方
式（新产品等）尽量适应新发展情境。此外，这一结果为第 5 章的跨层次
作用研究中的部分结果提供佐证，地区数字化水平、认知能力、战略导向

（顾客导向和数字导向）、数字化能力（数字资源协同能力、数字运营能力和数字创新能力）能够正向驱动技术创业企业商业模式创新的研究结论；且证实地区数字化水平分别在认知能力、数字化能力与商业模式创新关系中发挥正向跨层次调节作用，即假设 $H10a_2$、假设 H11 得证。

6.3.3.2 非高商业模式创新的组态分析

根据表 6.5 中结果可知，得到两种导致非高商业模式创新的组态，即组态 NH1 与 NH2，一致性分别为 0.984 与 0.982，明显跨越了阈值标准 0.8，说明所得组态是非高商业模式创新产生的充分条件，覆盖度为 0.483，这说明有 48.3% 的非高商业模式创新的实现可以由这一组态结果解释。

组态 NH1 显示数字资源协同能力缺失和数字创新能力缺失为核心条件，地区数字化水平缺失、认知能力缺失、顾客导向缺失、数字导向缺失及数字运营能力缺失为辅助条件的组态可形成非高商业模式创新。这说明，在地区数字化水平较低的情况下，技术创业企业没有能力认识到内外部环境变化，自身制定的战略决策不适合发展情境，伴随着数字化能力的缺失，便会产生非高商业模式创新。因此，在数字经济情境下，技术创业企业所处地区数字化水平对自身商业模式创新具有重要影响，但并非决定性因素，当高管团队环境感知、分析和解决问题能力等缺失，就无法将企业发展方向凝练成以顾客或技术为核心的战略导向，最终无法形成高商业模式创新。

组态 NH2 显示地区数字化水平缺失、认知异质性缺失与数字创新能力缺失为核心条件，认知能力缺失、数字导向缺失、数字资源协同能力缺失以及数字运营能力缺失为辅助条件的组态可以形成非高商业模式创新。这说明，在地区数字化水平较低的环境下，技术创业企业高管团队的经验积累同质性高、环境判断不正确，缺少符合技术变迁的战略决策，且没有较强的数字化能力来适应外部环境变化，便会产生非高商业模式创新。

对比上述 6 个组态可知，实现高商业模式创新与非高商业模式创新的组态构型具有非对称性，即非高商业模式创新不是高商业模式创新的对立面。

6.3.3.3　对比分析

根据高商业模式创新实现的组态构型以及背后的理论逻辑，通过对比引致非高商业模式创新的组态构型，提出以下研究命题。

针对因素出现频次的分析可发现，高数字资源协同能力、高数字运营能力、高数字创新能力引致高商业模式创新的样本占比100%（H1、H2、H3和H4），覆盖率分别为0.500、0.514、0.494和0.587；低数字化能力引致非高商业模式创新的样本占比100%（NH1和NH2）。这表明获得良好商业模式创新结果的技术创业企业往往是那些数字化能力较高的企业，而那些数字化能力较低的技术创业企业往往商业模式创新结果不佳。与此同时，那些数字化能力较强的技术创业企业，大多数都拥有较强的认知异质性以及较好的顾客导向（H2、H3与H4）。这说明，即便技术创业企业拥有较强的数字化能力，但其作用的发挥离不开组织发展方向与战略指引，如高层管理者多样的知识、丰富的运用经验及明确的组织发展方向。技术创业企业管理者应凭借既有创业经验以及知识积累对数字经济发展环境进行全方位评估，甄选出具有潜在价值的市场机会，进一步展开内外部数字资源整合、数字研发、产品和服务创新，从而应对外部环境变化及市场威胁。此外，顾客导向作为一种顾客满足为目标的战略定位，通过关注顾客信息来掌握市场需求变化，指引技术创业企业进行相应的数字资源整合、资源配置及产品定制，从而实现商业模式要素或架构的重设、价值传递与转化。非高商业模式创新的组态NH2从侧面证实了这一观点，对于那些数字化能力相对较低的技术创业企业而言，高管团队认知同质性强，且缺少合适的战略定位均会对商业模式创新带来不利影响。由此，提出以下命题：

命题1：在技术创业企业中，实现良好商业模式创新的企业往往具有较强的数字化能力、较强认知异质性以及合理的顾客导向战略定位。

此外，那些数字化能力较强的技术创业企业，大多数都拥有较好的地区数字化水平以及数字导向（H1、H3与H4），这对于商业模式创新的实现很有益。一方面，作为一种全新发展情境，地区数字化发展带来的人工智能、物联网等新型信息技术，能助力企业提升数字资源协同、数字运营以及数字创新能力，使企业快速和精准地感知到外部环境变化并积极作出响应[414]；另一方面，数字化能力作用的有效发挥离不开组织的经营理念与思想，而数字导向体现了组织研发及应用前沿技术的战略定位，指引组织进行内外数字资源整合、数字研发与营销、数字创投、产品和服务创新等活动，实现价值创新并构建新的运营体系。正如张璐等的研究表明，商业模式创新的实现需要依托技术导向战略定位与组织学习、资源整合、组织重构等动态能力的交互。[215]实现非高商业模式创新的组态NH1和NH2均从侧面证实了这一观点，对于那些数字化能力相对较低的技术创业企业而言，地区数字化水平相对缓慢，如果没有合适的数字导向作为指导也会对企业商业模式创新带来不利影响。综上所述，随着地区数字化水平的提高，新型信息技术的产生与更迭速度加快，技术创业企业将依托数字导向这一战略定位，充分发挥自身的数字化能力，调整或重新设计组织架构、运营模式来适应新环境变化。由此，提出以下命题：

命题2：在技术创业企业中，实现良好商业模式创新的企业往往具有较强数字化能力、良好的地区数字化水平以及合理的数字导向战略定位。

6.3.4 稳健性检验

为进一步验证上述组态分析结果的稳健性以及可靠性，遵循既有研究方式，本研究调整一致性阈值与案例频数阈值进行稳健性检验。[407,412]第一，将案例频数阈值由4降低至3；第二，将PRI一致性阈值由0.8提升至0.81。根据表6.6的检验结果可知，组态结果未发生明显变化，只是核心条件发生了改变。这些结果显示上述结论具有较强的稳健性。

表 6.6　　　　　　　　　　　　　稳健性检验结果

因素		高商业模式创新				非高商业模式创新	
		H1	H2	H3	H4	NH1	NH2
地区数字化水平	地区数字化水平	●		●	●	⊗	⊗
高管团队认知	认知异质性	●	●	●			⊗
	认知能力		●	●	●	⊗	⊗
战略导向	顾客导向		•	•	●	⊗	
	数字导向	●	●	●	●		⊗
数字化能力	数字资源协同能力	●	●	●	●	⊗	⊗
	数字运营能力	•	•	•	●	⊗	⊗
	数字创新能力	•	●	●	●	⊗	⊗
原始覆盖度		0.500	0.514	0.494	0.587	0.469	0.413
唯一覆盖度		0.021	0.035	0.015	0.107	0.070	0.014
一致性		0.977	0.978	0.977	0.961	0.984	0.982
总体覆盖度		0.659				0.483	
总体一致性		0.957				0.981	

注：●表示核心条件存在，•表示辅助条件存在，⊗表示核心条件缺失，⊗表示辅助条件缺失，空白处表示条件可存在可不存在。

6.4　结果分析与讨论

本章基于组态视角，探究了关键驱动因素对技术创业企业商业模式创新的复杂联动效应。研究结果表明，无论地区数字化水平还是内部数字化能力等因素，通过恰当的因素组合所形成的组态构型，有利于触发技术创业企业高水平商业模式创新。基于组态效应分析结果，得到以下结论：

第一，高商业模式创新的组态构型有 4 种。其中，第一种组态构型（H1）概括为能力主导 – 均衡型，认知异质性、数字导向与数字资源协同能力发挥核心作用，地区数字化水平、数字运营能力及数字创新能力发挥辅助作用的组态匹配。说明数字经济背景下，商业模式创新的形成核心是能力，体现在企业内外部资源协同、数字化问题解决能力以及产品数字创新能力。第二种组态构型（H2）概括为内部因素协同型，认知异质性、认知能力、数字导向与数字创新能力发挥核心作用，顾客导向、数字资源协同能力与数字运营能力发挥辅助作用的组态匹配。这意味着数字经济背景下，商业模式创新的产生依赖于企业内部因素的有效协同，这种结果来自资源管理者对市场机会的识别和组织决策的制定，也源自企业应用数字技术和数据资源进行产品和服务创新。第三种组态构型（H3）概括为认知－能力共同主导－均衡型，认知异质性、认知能力与数字创新能力发挥核心作用，地区数字化水平、顾客导向、数字资源协同能力与数字运营能力发挥辅助作用的组态匹配。这说明商业模式创新的形成急需高层管理者具有较强的认知能力，能够清楚判断市场环境和潜在机会，体现管理者对当前市场形势以及未来市场趋势的评估和信心，又需要企业具有较强的数字化能力，以此快速应对并适应新环境变化。第四种组态构型（H4）概括为情境－战略－能力共同主导－均衡型，地区数字化水平、认知能力、顾客导向、数字导向、数字资源协同能力、数字运营能力与数字创新能力发挥核心作用的组态匹配。这说明商业模式创新是由外部环境、内部战略和能力协同产生的，既包括借助所在地区数字基础设施建设，又要制定合理的战略导向以及提高自身数字化能力，为商业模式创新的成功实施提供强有力支持。

第二，非高商业模式创新的组态构型有两种。第一种组态构型（NH1）中，数字资源协同能力缺失和数字创新能力缺失为核心条件，地区数字化水平缺失、认知能力缺失、顾客导向缺失、数字导向缺失以及数字运营能力缺失为辅助条件的组态可形成非高商业模式创新。表明企业数字化能力欠佳，地区数字化水平不高，且企业战略导向不明时，认知异质性存在与否与非高商业模式创新无关。第二种组态构型（NH2）中，地区数字化水平缺失、认知异质性缺失与数字创新能力缺失为核心条件，认知能力缺失、数字导向缺失、数字资源协同能力缺失以及数字运营能力缺失为辅助条件的组态可以形成非高商业模式创新。表明当企业所在地区的数字化建设状况不佳，管理者的知识积累和创业经验欠佳，且企业数字化能力较差时，顾客导向存在与否与非高商业模式创新无关。因此，避免企业商业模式创新低迷的有效做法是加快地区数字化建设进程，提高管理者的知识积累和认知能力，提高组织的数字化能力，进而帮助企业满足市场需求，驱动企业商业模式创新的实现。另外，高商业模式创新与非高商业模式创新的组态构型具有非对称性，即非高商业模式创新并不是高商业模式创新的对立面，为此不能简单地从阻碍商业模式创新实现的角度提出对策建议。

6.5　本章小结

本章基于组态视角，运用 NCA 和 fsQCA 方法进行技术创业企业商业模式创新的组态效应研究。结果显示。第一，高管团队认知、战略导向、数字化能力、地区数字化水平等驱动因素均不能单独成为技术创业企业高（非高）商业模式创新的必要条件。第二，高商业模式创新的组态构型有 4 种，即能力主导 – 均衡型、内部因素协同型、认知 – 能力共同主导 – 均衡型、情境 – 战略 – 能力共同主导 – 均衡型；非高商业模式创新的组态构型有两种。第三，高商业模式创新与非高商业模式创新的组态构型具有非对称性，即非高商业模式创新并不是高商业模式创新的对立面。第四，通过对比分析可知，在技术创业企业中，实现良好商业模式创新的企业往往具有较强数字化能力、较强认知异质性与顾客导向或者良好的地区数字化水平与数字导向。

第7章 关键驱动因素对技术创业企业商业模式创新动态作用的仿真分析

第5章和第6章基于静态视角探究关键驱动因素对技术创业企业商业模式创新的跨层次作用和组态效应。然而，要全面系统地考察关键驱动因素对技术创业企业商业模式创新的作用，就不能忽视关键驱动因素的动态作用。因此，本章基于动态视角，结合理论分析、跨层次作用与组态效应研究结果，识别系统要素，构建关键驱动因素对技术创业企业商业模式创新动态作用的系统动力学模型，通过仿真分析和灵敏度分析，明确关键驱动因素变化下技术创业企业商业模式创新的动态变化，不仅补充与拓展了跨层次作用与组态效应研究，而且为后续对策研究提供了基础。

7.1 系统动力学建模方法

7.1.1 系统动力学模型

系统动力学（system dynamic，SD）由福里斯特（J. W Forrester）于1956年首次提出，基于决策过程、反馈控制、计算机仿真技术等理论，运用系统思考方式，为分析和模拟具有复杂动态性的系统问题提供支撑。[415]

系统动力学的前提是现实世界的存在，而动态仿真模型的建立是基于系统的实际观测信息，利用计算机试验来描述系统未来变化，不追求"最佳解"，探寻改善系统行为的机会和途径。该方法的产生及发展符合并满足社会经济的系统管理需求，该方法最开始被利用在生产、库存等工业管理问题上。伴随理论发展和研究深化，系统动力学的应用范畴被拓展，该方法已被广泛应用于组织管理、资源管理、知识管理、战略管理和产业政策等领域[416-418]，用来处理非线性、高阶次、多维度以及时变性的复杂系统问题，以准确地描述和揭示复杂系统内部各要素之间的因果关系，以及各要素与系统行为的互动关系。

系统动力学分析方法具有三个特征：其一，作为一种典型的仿真分析工具，系统动力学是定性和定量分析相结合的方法。一方面，系统构建主要基于定性分析，明确系统内要素之间的因果关系进而确定反馈回路，具有较强的系统结构性。另一方面，系统动力学模型结合定量研究方法建立数学模型，例如，通过建立数学方程式描述和表征系统内各要素的数值以及要素之间的关系，并运用计算机进行仿真分析，以观测和把握系统行为的动态变化以及反馈状况，为制定管理决策提供借鉴与依据。其二，与以往研究方法不同，系统动力学对参数精准度、客观数据量化处理等内容不作过高要求，即可获得有效性检验结果。大多数要素的客观测量数据难以获取，无法实现高质量量化处理，对数据量化和精确度不做过高要求的系统动力学确保了相关参数居于可接受范围内，系统行为表现与结果不会出现严重偏差，所得结论也不会产生分歧。其三，系统动力学具有较强的系统综合推理能力，不仅能容纳大量的要素并进行仿真分析，而且能对高阶次、多层次、时变性、非线性、长期性的复杂系统问题进行定量分析与研究。

数字经济背景下技术创业企业商业模式创新是一个复杂系统，由驱动其动态变化的多个因素组成，是一个多反馈、多回路及非线性的动态过程。在这一过程中，各要素相互关联，共同推动整体系统的运行。系统动力学为关键驱动因素对技术创业企业商业模式创新动态作用的仿真研究提供了一个"政策实验室",通过调整系统内参数数值来模拟和观测不同关键驱动因素变化下技术创业企业商业模式创新的动态变化趋势,从而为数字经济背景下技术创业企业商业模式创新研究提供参考和依据。

7.1.2 建模思路

7.1.2.1 系统动力学建模步骤

系统动力学建模具有较为规范的步骤,包括:明确研究问题、建模目的和系统边界;确定系统结构与绘制系统流图;构建仿真方程;系统模型检验;仿真模拟与灵敏度分析。

其一,明确研究问题、建模目的和系统边界。系统动力学建模第一个环节为明确研究问题,即具体研究的问题是什么。由于系统动力学建模过程是对研究问题的细化和学习过程,意味着研究问题越清晰,建模才能越准确;并且基于具体研究问题,才可明确建模目的和系统边界。以本研究为例,研究问题为关键驱动因素对技术创业企业商业模式创新的动态效应,研究问题非常明确,后续的建模过程才能够准确,并且建模目的呼之欲出,就是确定关键驱动因素对技术创业企业商业模式创新的动态效应。

其二,确定系统结构与绘制系统流图。在确定研究问题、建模目的和系统边界的基础上,结合既有文献资料和研究猜想,确定因果关系图和系统流图,进而阐释研究问题的动态特性。因此,确定系统结构和绘制系统流图能够直接阐述和表达出研究问题。以本章研究为例,通过确定关键驱动因素对技术创业企业商业模式创新作用的系统,明确各系统要素间的反馈关系,形成整体系统的因果关系图。在因果关系图的基础上,通过确定模型中的存量和流量形成系统流图。

其三,构建仿真方程。基于因果关系图和系统流图,运用数学公式定量表征要素之间的关系,通过设定模型的初始条件、公式和参数,更加清晰地刻画要素之间的关系。仿真方程和参数设定应依据科学、合理且成熟的变量数学公式，不断更正和完善原始模型、因果关系以及系统流图，最终构建合理且可量化系统动力学模型。以本章研究为例，基于成熟的研究成果，结合研究目的，设定变量方程式和参数，最终确定各系统内相关变量的方程式和参数。

其四，系统模型检验。基于设定的仿真方程进行模型检验，将现实情况与模型模拟行为进行对比，检验系统模型能否真实地反映现实系统的运行情况、方程式的量纲是否统一、系统模型行为是否稳定，以明确系统模型的有效性和可靠性，以不断改进和完善系统模型。以本章研究为例，通过量纲一致性、系统边界和极端情况等检验，确定所建立系统模型的有效性和可靠性。

其五，仿真模拟与灵敏度分析。在系统模型有效性和可靠性检验的基础上，运用系统软件进行仿真模拟与灵敏度分析。通过改变参数值设定，观察整个系统行为的动态变化。以本章研究为例，通过改变某个或某些关键驱动因素的参数设定，来观察技术创业企业商业模式创新的动态变化趋势，以揭示这些关键驱动因素对技术创业企业商业模式创新的动态作用。

7.1.2.2　本研究使用系统动力学建模的原因

系统动力学非常适用于关键驱动因素对技术创业企业商业模式创新动态作用的仿真分析，主要表现如下：

其一，技术创业企业商业模式创新的驱动因素较多且驱动因素间的关系较为复杂，并且技术创业企业商业模式创新是一个复杂且动态反馈系统，而地区数字化水平、战略导向等是驱动技术创业企业在数字经济背景下开展商业模式创新的关键因素，关键驱动因素通过相互影响、相互交织对技术创业企业商业模式创新产生非线性影响效果。因此，运用具有多反馈、非线性等特征的系统动力学方法能够清晰刻画出关键驱动因素与技术创业企业商业模式创新之间的相互关系，使关键驱动因素对技术创业企业商业模式创新动态作用的问题得到全面的解析。

其二，系统动力学通过建模和仿真分析来解决复杂的社会经济系统问题，该方法可为关键驱动因素对技术创业企业商业模式创新的动态仿真研究提供良好的实验手段。由于技术创业企业商业模式创新系统是一个涵盖多个要素以及要素之间相互关联的复杂的社会经济系统，基于系统动力学理论和方法，通过因果关系图、系统流图和仿真分析等步骤，探究关键驱动因素与技术创业企业商业模式创新效应的复杂动态关系，能够较为全面准确地刻画出关键驱动因素变化下技术创业企业商业模式创新的动态变化趋势，满足研究需求。

7.2 系统动力学模型构建

7.2.1 建模目的、系统边界与模型假设

数字经济背景下，地区数字化水平、战略导向、数字化能力等是技术创业企业商业模式创新的关键驱动因素。本节基于研究目的，探究不同关键驱动因素对技术创业企业商业模式创新的动态作用，为后续的模型构建和仿真分析奠定基础，进而建立关键驱动因素对技术创业企业商业模式创新动态作用的系统动力学模型。系统动力学分析是以系统内部因素为具体单元，系统外部因素无法对整个系统的运行产生影响。依据系统动力学建模思路可知，应确定研究问题和建模目的，以展开后续研究。本章通过关键驱动因素对技术创业企业商业模式创新动态作用的系统动力学模型，旨在解决以下问题：其一，更为直观地展示关键驱动因素和技术创业企业商业模式创新系统各要素之间的因果关系，从动态视角进一步分析关键驱动因素作用于技术创业企业商业模式创新的效果和具体路径。其二，通过调整不同关键驱动因素系统内部要素的参数设定，模拟不同参数变化下技术创业企业商业模式创新的动态变化趋势。

本章主要探究关键驱动因素对技术创业企业商业模式创新的动态作用，基于系统动力学理论的建模思路，在构建系统动力学模型前应确定系统边界，以保证外部因素不会干扰系统行为的运行。基于研究目的和研究背景，本研究建立的系统动力学模型包括地区数字化水平、认知异质性、认知能力、顾客导向、数字导向、数字资源协同能力、数字运营能力、数字创新能力和商业模式创新，探索与总结关键驱动因素对技术创业企业商业模式创新的动态作用。

数字经济背景下技术创业企业商业模式创新是一个复杂的动态系统模型，运用系统动力学模型可以分析出商业模式创新系统内部各关键驱动因素的动态作用。为确保所构建系统动力学模型的合理性，本章作出如下基本假设：（1）本研究所构建的关键驱动因素与技术创业企业商业模式创新的系统动力学模型是连续、渐进的行为过程，是不断循环且封闭的系统；（2）本研究将数字经济环境作为技术创业企业商业模式创新的大环境，环境外其他行为主体对系统的影响不予考虑；（3）本研究仅考虑关键驱动因素和技术创业企业商业模式创新，不予考虑其他因素；（4）本研究仅考虑商业模式创新，不对商业模式创新进行具体类型划分；（5）不考虑因非正常因素如环境非正态变化、产业结构快速调整、技术创业企业创业失败等导致的系统状态突变；（6）商业模式创新通过价值主张、价值传递与价值实现来表征。其中，价值主张采用创新产品价值衡量，价值传递采用销售量衡量，价值实现采用销售收入和企业成本衡量。

7.2.2　因果关系图

基于关键驱动因素识别、关键驱动因素与技术创业企业商业模式创新的关系分析，结合相关理论，本章建立的因果关系如图 7.1 所示。

基于前文跨层次作用和组态效应的研究结果，设定各关键驱动因素与技术创业企业商业模式创新之间的相互作用关系。因果关系图中涵盖的反

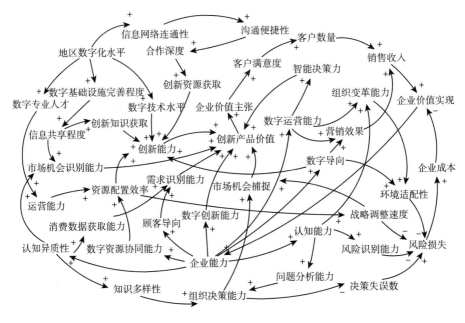

图 7.1 本研究的因果关系

馈回路主要如下：

（1）地区数字化水平→信息网络连通性→沟通便捷性→合作深度→创新资源获取→创新能力→创新产品价值→企业价值主张→消费者满意度→消费者数量→销售收入→企业价值实现。

（2）地区数字化水平→数字基础设施完善程度→信息共享程度→创新知识获取→创新能力→创新产品价值→企业价值主张→消费者满意度→消费者数量→销售收入→企业价值实现。

（3）认知能力→问题分析能力→组织决策能力→市场机会捕捉→创新产品价值→企业价值主张→消费者满意度→消费者数量→销售收入→企业价值实现→企业能力→认知能力。

（4）顾客导向→需求识别能力→创新产品价值→企业价值主张→消费者满意度→消费者数量→销售收入→企业价值实现→企业能力→顾客导向。

（5）数字导向→环境适配性→风险损失→企业成本→企业价值实现→

企业能力→数字导向。

（6）数字导向→创新能力→创新产品价值→企业价值主张→消费者满意度→消费者数量→销售收入→企业价值实现→企业能力→数字导向。

（7）数字资源协同能力→资源配置效率→战略调整速度→市场机会捕捉→创新产品价值→企业价值主张→消费者满意度→消费者数量→销售收入→企业价值实现→企业能力→数字资源协同能力。

（8）数字资源协同能力→资源配置效率→创新能力→创新产品价值→企业价值主张→消费者满意度→消费者数量→销售收入→企业价值实现→企业能力→数字资源协同能力。

（9）数字资源协同能力→资源配置效率→战略调整速度→风险损失→企业成本→企业价值实现→企业能力→数字资源协同能力。

（10）数字运营能力→智能决策力→创新产品价值→企业价值主张→消费者满意度→消费者数量→销售收入→企业价值实现→企业能力→数字运营能力。

（11）数字运营能力→组织变革能力→环境适配性→风险损失→企业成本→企业价值实现→企业能力→数字运营能力。

（12）数字创新能力→创新产品价值→消费者满意度→消费者数量→销售收入→企业价值实现→企业能力→数字创新能力。

7.2.3　系统流图与方程说明

为清晰地表示系统各因素之间的逻辑关系以及系统内反馈形式，基于因果关系图，遵循重点性、代表性以及精简性等原则，建立关键驱动因素对技术创业企业商业模式创新动态作用的系统流图，见图 7.2。

在构建关键驱动因素对技术创业企业商业模式创新动态作用的仿真模型时，基于既有成熟研究成果[133]，结合研究情境、研究目标及研究内容，对既有学者建立的系统动力学模型展开修正与完善，形成了本研究的系统动

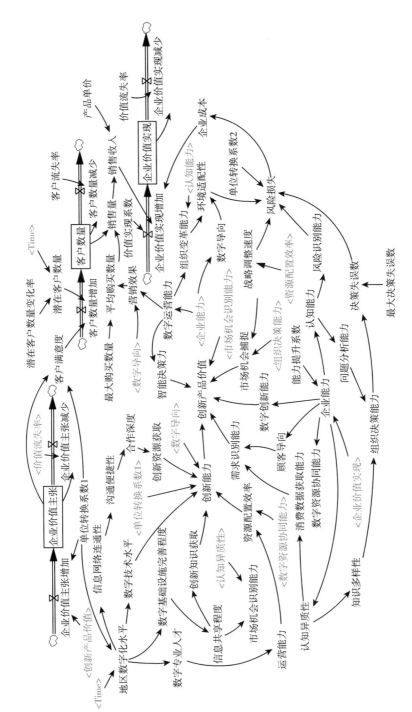

图 7.2　本研究的系统流图

力学模型。与此同时，充分借鉴既有成熟的变量方程式，并根据研究需求进行调整与修正。主要方程式如下：

创新能力＝（数字技术水平＋创新知识获取×2＋创新资源获取＋数字导向^2÷

单位转换系数1＋资源配置效率×15）÷15

创新产品价值＝（创新能力×30＋市场机会捕捉＋市场机会识别能力＋数字

创新能力×10＋智能决策力×6＋需求识别能力×20）×5

价值主张增加＝（创新产品价值÷单位转换系数₁）^1.1×单位转换系数1÷30

价值主张减少＝企业价值主张×价值流失率

价值主张＝INTEG（企业价值主张变化,10）

客户数量增加＝客户满意度×潜在客户数量×1.54×10⁻⁶

客户数量减少＝客户数量×客户流失率

客户数量＝INTEG（客户数量变化,100000）

销售量＝客户数量×平均购买数量

风险损失＝决策失误数×（1−战略调整速度×0.6＋环境适配性×2＋

风险识别能力×0.6）×单位转换系数2×3÷200

价值实现增加＝（销售收入−企业成本）×价值实现系数÷500000

价值实现减少＝企业价值实现×价值流失率÷100

价值实现＝INTEG（企业价值实现变化,10）

7.3　模型仿真与灵敏度分析

7.3.1　案例选取

本书的主体为技术创业企业，因此所选取的案例企业必须为技术创业企业。综合考量案例代表性、数据可获性、时间成本等内容，实例仿真中的案例企业以 4.2.4 节理论模型饱和度检验中的 HJ 有限公司为例；并进一步基于仿真目的以及研究需求，对案例企业开展实地调研与半结构化访谈，并通过企业官网、公开报道等方式获取不同类型数据，形成资料三角验证，最终获取仿真研究所需的经营情况、服务模式和盈利收入等素材。

企业概况如下：位于黑龙江省的 HJ 有限公司成立于 2018 年，注册资本为 100 万元。公司主要业务为智能机器人与自动化装备、智能检测设备、焊接切割机器人与自动化装备、计算机和通信设备及相关软件的研制、销售和技术咨询与服务。企业创始人为某高校博士生导师，把握企业经营方向，并始终亲自主导公司的产品创新和业务拓展，组建一支专业研发团队，并作出了工程技术上的新突破（视觉跟踪及三维测量等），公司拥有多项发明专利和软件著作权。HJ 有限公司的客户主要有一重集团、上海电气集团、中联重科、中国石油等，且相关产品已出口海外。自公司成立以来，产品销售量不断提升，近两年呈现平稳状态。面对新冠疫情、数字技术更迭加速、行业市场格局调整、个性化顾客需求等变化，HJ 有限公司不断加大研发投入，利用新型信息技术对原有产品和服务进行调整与完善，以快速更新速度来适应外部环境变化。HJ 有限公司研发的视觉跟踪功能和测量监控功能的智能化焊接切割设备突破传统产品工艺，在确保工作质量、提高工作效率的同时，缩减人员成本，能够满足顾客个性化需求，并持续改进自身的价值创造模式。然而，由于所在地区大环境，HJ 有限公司面临人力招聘、研发资金、拓展合作伙伴等困境，需要其调整与完善经营模式和盈利方式。

本书基于调研素材，结合企业实际情况，设定系统模型内的相关变量的初始值，如销售量、销售收入、最大购买量、产品单价等。另外，通过与企业高层管理者讨论、专家咨询、结合定性和定量分析等手段，对无法量化、客观数据不存在的相关变量进行赋值，如市场机会捕捉、风险识别能力、组织变革能力、问题分析能力、智能决策等。然后运用 Vensim PLE 对系统模型进行仿真测试，设置 INITIAL TIME = 0，FINAL TIME = 100，TIME STEP = 10，Units for Time = Month。

7.3.2　模型检验

7.3.2.1　系统边界检验

建立系统动力学模型前应清晰确定研究问题和模型边界，为此需要检验模型中涉及的变量及变量间的反馈回路能否清晰地阐述和表征研究问题。本章构建关键驱动因素对技术创业企业商业模式创新动态作用的系统动力学模型，主要探究不同关键驱动因素对技术创业企业商业模式创新的动态作用，该模型只涉及与研究问题密切相关的重要变量，无其他外生变量，且系统动力学模型中所有变量均源于相关文献、现实经验和专家建议，基本接近并能反映客观事实，最终形成本研究的系统动力学模型。综上所述，本章构建的系统动力学模型的系统边界设定合理。

7.3.2.2　量纲一致性检验

为保证系统动力学模型中的方程式与现实世界事物的物理量保持一致，即模型内的参数在现实系统中有现实意义，需要通过保证变量的量纲一致性来确保变量方程式的有效性，为此运用量纲一致性来检验模型的合理性和有效性[419]，确保模型中变量量纲的正确性以及各变量方程式的左右侧量纲是一致的。在既有文献基础上，基于现实世界的实际量纲并咨询专家意见，对模型中设置的量纲进行核对，运用系统动力学软件开展变量量纲一致性检验，证实所构建模型具有合理性，可展开进一步分析。

7.3.2.3　极端条件检验

参照既有研究[368]，通过将系统动力学模型中的某个或某几个变量的参数值设定为极端值，观测系统模型在极端条件下作出的反应，来断定所构建的系统模型是否符合现实情况。本章将销售收入设定为极端值，观测创新能力变化是否会真实的发生在企业中，测试结果见图 7.3。当销售收入的参数值设定为0时，创新能力只有降低没有提升，但因为既有销售收入的存在，创新能力没有立刻降为0；随着时间的推移，企业销售收入不断降低，创新投入量也不断减少，导致创新能力不断降低。结果表明，本章构建的系统动力学模型能够反映技术创业企业满足销售收入与创新能力的内在动态关系，契合实际情况，后续仿真分析可顺利开展。

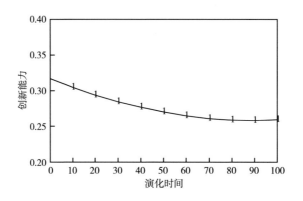

图7.3　极端条件（销售收入为0）检验结果

7.3.2.4　模型结构稳定性检验

为确保所构建模型具有较强的稳定性，借鉴既有研究成果[210]，利用积分误差测试方法，设置不同的仿真步长：5、15（分别视为情况1、情况2）来检验模型稳定性。以价值主张、价值传递和价值实现为例，结果见图7.4。根据结果可知，不同仿真步长下，价值主张、价值传递和价值实现的变化趋势具有一致性，未发生异常变化，即所构建模型具有稳定性，可进行后续分析。

7.3.3　仿真模拟

在量纲一致性、极端条件、模型稳定性等检验通过的基础上，运用Vensim PLE软件对关键驱动因素对技术创业企业商业模式创新动态作用的

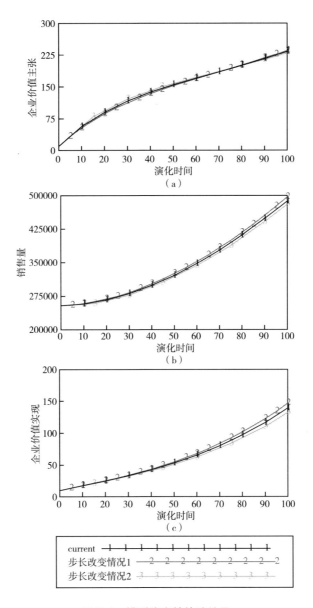

图 7.4　模型稳定性检验结果

系统动力学模型进行仿真模拟。通过对总系统的仿真结果可知，随着时间推移，技术创业企业的价值主张、价值传递和价值实现均有不同程度的提升。与初始时间相比，价值主张、价值传递和价值实现分别提升 23.293 倍、

0.924 倍和 0.390 倍，结果见表 7.1 和图 7.5。

表 7.1　　　　　　　　　　　　　　定量仿真结果

时间	价值主张	价值传递	价值实现	地区数字化水平	认知异质性	认知能力
初始时间	10.000	2.537×10^5	10.000	0.350	0.268	0.403
结束时间	232.930	4.880×10^5	138.988	0.506	0.476	0.714

时间	顾客导向	数字导向	数字资源协同能力	数字运营能力	数字创新能力	
初始时间	0.201	0.336	0.201	0.336	0.268	
结束时间	0.357	0.595	0.357	0.595	0.476	

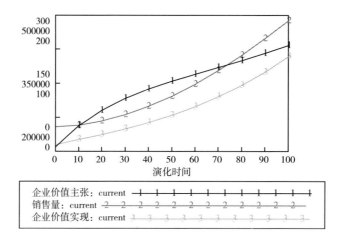

图 7.5　总系统初始仿真结果

注：图中纵坐标 0/150/300 为价值主张，200000/350000/500000 为销售量，0/100/200 为价值实现。

　　地区数字化水平的仿真结果见图 7.6 和表 7.1。随着时间的推移，地区数字化水平在一定程度上呈现提升，提升幅度为 44.571%，呈现出稳定的增长趋势。基于国家振兴东北战略部署、数字中国战略，黑龙江省政府积极响应国家战略规划，政治、经济、产业、文化等领域进行数字化建设，但其数字化主要体现在数字化治理上，数字产业化和产业数字化的增速较慢，使得地区数字化水平呈现稳定增长状态。

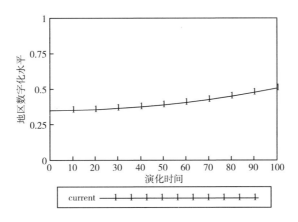

图 7.6　地区数字化水平仿真结果

高管团队认知的仿真结果见图 7.7 和表 7.1。随着时间的推移，认知异质性和认知能力在一定程度上呈现提升，提升幅度分别为 77.612%、77.171%，呈现出快速增长的趋势。HJ 有限公司在发展过程中，不断培育和引进新的高层管理者，高层管理者具有不同的教育背景、任职经历、创业经验，不断识别新情境下市场需求变化，制定合理的战略决策，为产品和服务的调整与完善提供智力支持。

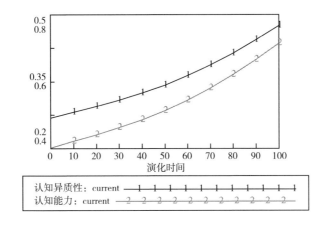

图 7.7　高管团队认知仿真结果

注：图中纵坐标 0.2/0.35/0.5 为认知异质性，0.4/0.6/0.8 为认知能力。

战略导向的仿真结果见图 7.8 和表 7.1。随着时间的推移，顾客导向和数字导向在一定程度上实现提升，提升幅度分别为 77.612%、77.083%，呈现出快速增长的趋势。HJ 有限公司一直坚持以满足客户需求为服务宗旨，利用不同类型数字技术来持续调整与优化智能机器人相关产品的研发、生产和销售。同时，HJ 有限公司基于原有价值供应链系统，采用物联网、大数据等新型数字技术来升级与优化供应链系统，不断拉近自身与客户的距离，建立良好的合作伙伴关系。

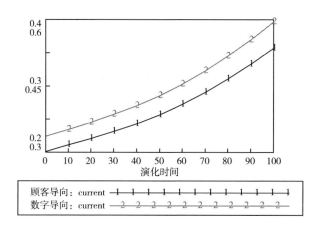

图 7.8　战略导向仿真结果

注：图中纵坐标 0.2/0.3/0.4 顾客导向，0.3/0.45/0.6 为数字导向。

数字化能力的仿真结果见图 7.9 和表 7.1。随着时间的推移，数字资源协同能力、数字运营能力和数字创新能力在一定程度上实现提升，提升幅度分别为 77.612%、77.083% 和 77.612%，呈现出快速增长的趋势。HJ 有限公司借助相应的数字平台，收集与整合消费者分享的经验、知识、专长和行为信息，凭借大数据技术分析消费者的行为习惯和需求偏好，结合新型数字技术推出优势型产品、制定数字研发、生产和销售等数字化解决方案，使得企业产品形成较强的市场优势和竞争力。

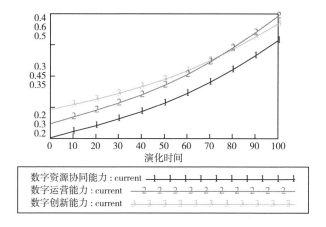

图 7.9　数字化能力仿真结果

注：图中纵坐标 0.2/0.3/0.4 为数字资源协同能力，0.3/0.45/0.6 为数字运营能力，0.2/0.35/0.5 为数字创新能力。

7.3.4　灵敏度分析

灵敏度分析是指通过调整相关变量的参数设置，来观测相关变量参数调整对系统行为的作用，主要明确相关变量参数调整下，其他变量的动态变化情况，是对仿真模拟结果的深化。通过调整地区数字化水平、数字导向、数字资源协同能力等因素的参数值来观察技术创业企业的价值主张、价值传递与价值实现的动态趋势，可揭示关键驱动因素对技术创业企业商业模式创新的动态作用。

7.3.4.1　单一因素的灵敏度分析

其一，通过逐一调整地区数字化水平、数字导向、数字资源协同能力等驱动因素的参数值，观察技术创业企业的价值主张的动态变化，结果见表 7.2 和图 7.10。

表7.2 价值主张的灵敏度分析结果

项目	地区数字化水平	认知异质性	认知能力	顾客导向
初始状态	232.930	232.930	232.930	232.930
提升60%	268.848	277.273	246.922	258.609
差值	35.918	44.343	13.992	25.679
项目	数字导向	数字资源协同能力	数字运营能力	数字创新能力
初始状态	232.930	232.930	232.930	232.930
提升60%	244.587	280.660	241.744	257.373
差值	11.657	47.730	8.814	24.443

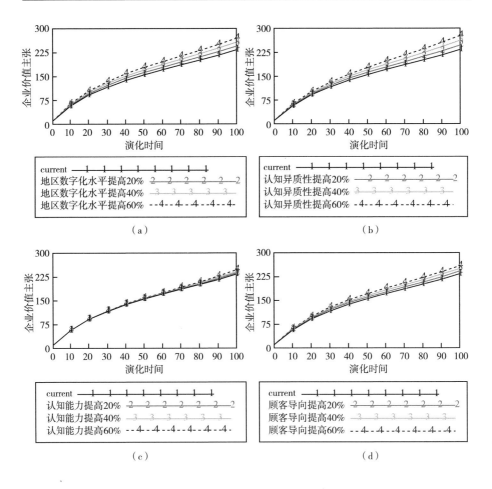

（a）　　　　　　　　　　　　　　（b）

（c）　　　　　　　　　　　　　　（d）

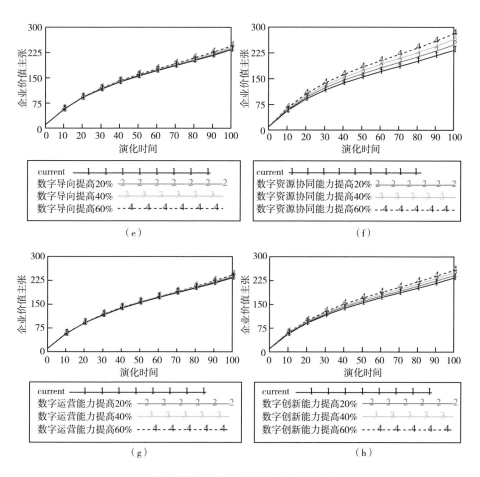

图 7.10 单一关键驱动因素对价值主张的灵敏度分析

将关键驱动因素分别提升 20%、40% 和 60%，检测关键驱动因素参数调整下企业价值主张的变化结果如图 7.10 所示。根据图 7.10 结果可知，伴随关键驱动因素参数值的提升，企业价值主张随之提升。

借鉴既有研究方式[171]，对比八个关键驱动因素对技术创业企业价值主张的作用效果。根据表 7.2 可知，与初始状态相比，不同关键驱动因素条件下企业价值主张提升 60% 的纵坐标刻度分别提高 35.918、44.343、13.992、25.679、11.657、47.730、8.814、24.443，这代表不同关键驱动因素对企业价值主张的作用程度不同，由高到低排序为数字资源协同能力、认知异质性、地区数字化水平、顾客导向、数字创新能力、认知能力、数字导向和数字运营能力。其中，数字资源协同能力、认知异质性、地区数字化水平对技术创业企业价值主张的提升作用明显优于其他驱动因素。由于该企业的业务领域较为特殊，其产品具有高技术含量、高时效性等特性，在数字化环境下，HJ有限公司重视对海量数据的收集与分析，并协同整合内外部数据资源来提出新的价值主张，并实现产品落地，以此满足市场需求；作为一家技术创业企业，高层管理凭借丰富的管理和创业经验，对外部复杂且动态变化的市场环境进行有效的解读和判断，进而制定了合理的战略决策；所在地区的数字化建设以及新型基础设施建设，加深了创新主体间的沟通便捷性与合作深度，使企业获取新知识的数量和质量提高，为新价值主张提出提供支撑。

其二，通过逐一调整地区数字化水平、顾客导向、数字导向、数字资源协同能力等驱动因素的参数值，观察技术创业企业的价值传递的变化情况，结果见表7.3和图7.11。

表7.3　　　　　　　　**价值传递的灵敏度分析结果**

项目	地区数字化水平	认知异质性	认知能力	顾客导向
初始状态	4.880×10^5	4.880×10^5	4.880×10^5	4.880×10^5
提升60%	5.222×10^5	5.322×10^5	5.079×10^5	5.103×10^5
差值	0.342×10^5	0.442×10^5	0.199×10^5	0.223×10^5
项目	数字导向	数字资源协同能力	数字运营能力	数字创新能力
初始状态	4.880×10^5	4.880×10^5	4.880×10^5	4.880×10^5
提升60%	5.484×10^5	5.306×10^5	5.494×10^5	5.092×10^5
差值	0.604×10^5	0.426×10^5	0.614×10^5	0.212×10^5

将关键驱动因素分别提升20%、40%和60%，检测关键驱动因素参数调整下企业价值传递的变化结果如图7.11所示。根据图7.11结果可知，伴

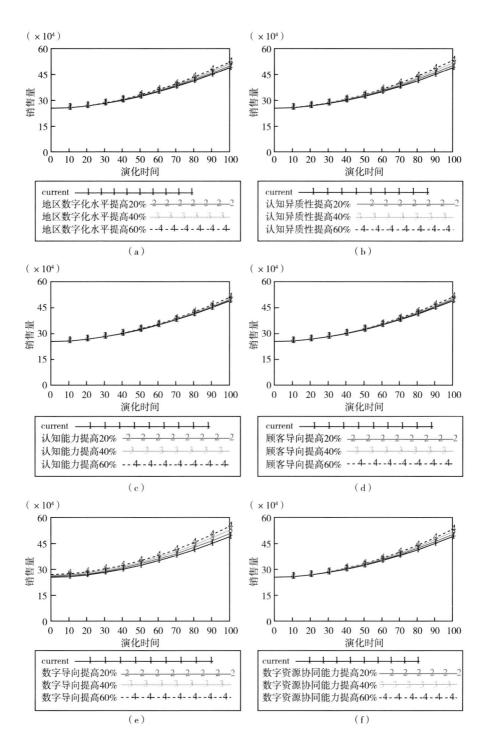

（a）

（b）

（c）

（d）

（e）

（f）

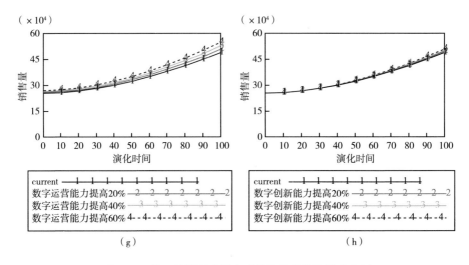

图 7.11　单一关键驱动因素对价值传递的灵敏度分析

随关键驱动因素参数值的提升，企业价值传递随之提升。

　　对比分析八个关键驱动因素对技术创业企业价值传递的作用效果。根据表 7.3 的结果可知，与初始时间比，不同关键驱动因素条件下企业价值传递提升 60% 的纵坐标刻度分别提高 0.342×10^5、0.442×10^5、0.199×10^5、0.223×10^5、0.604×10^5、0.426×10^5、0.614×10^5、0.212×10^5，这代表不同关键驱动因素对企业价值传递的作用程度不同，由高到低排序为数字运营能力、数字导向、认知异质性、数字资源协同能力、地区数字化水平、顾客导向、数字创新能力和认知能力。其中，数字运营能力、数字导向、认知异质性对技术创业企业价值传递的提升作用明显优于其他驱动因素。因为企业产品特殊性，即具有较强的精准性、灵活性、时效性等特征，为此，拥有数字研发、生产、销售等数字化解决问题的能力，可助力自身及时应对市场需求变化；在数字经济新情境下，物联网、人工智能等数字技术不断发展与更迭，而技术创业企业是以技术突破为基础，其制定数字导向战略定位，将各类数字技术纳入产品研制、服务模式等环节中，将产品价值传递到客户手中；同时若企业产品存在系统不稳定、无法贴合客户需求等问题，就会导致客户流失、收益缩减、市场竞争力降低等，高层管理者们凭借丰富且多样的创业经验、知识积累等可助力企业精准把握顾客需求变化及市场发展动向，并制定科学合理的战略决策，以避免相关问题的产生。

其三，通过逐一调整地区数字化水平、顾客导向、数字导向、数字资源协同能力等驱动因素的参数值，观察技术创业企业的价值实现的变化情况，结果见表7.4和图7.12。

表7.4 价值实现的灵敏度分析结果

项目	地区数字化水平	认知异质性	认知能力	顾客导向
初始状态	138.988	138.988	138.988	138.988
提升60%	148.551	169.609	172.329	143.525
差值	9.563	30.621	33.341	4.537
项目	数字导向	数字资源协同能力	数字运营能力	数字创新能力
初始状态	138.988	138.988	138.988	138.988
提升60%	149.816	152.075	155.609	143.307
差值	10.828	13.087	16.621	4.319

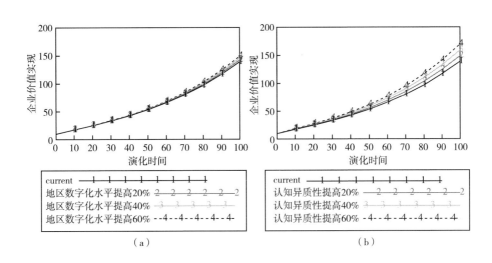

（a）　　　　　　　　　　　（b）

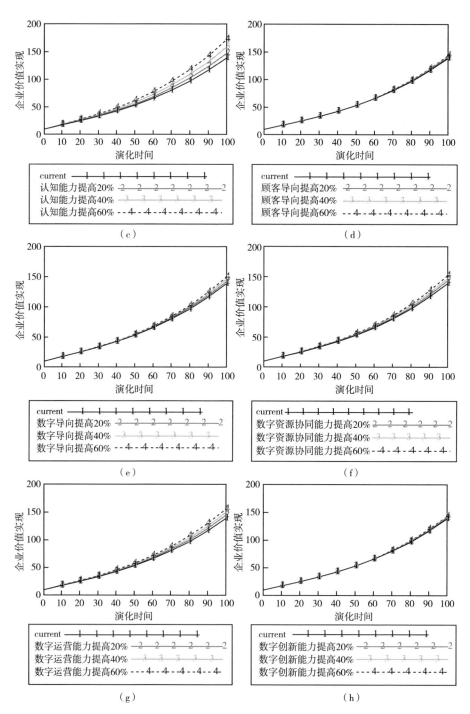

图 7.12　单一关键驱动因素对价值实现的灵敏度分析

通过将关键驱动因素分别提升 20%、40% 和 60%，得到关键驱动因素参数调整下企业价值实现的变化结果如图 7.12 所示。根据图 7.12 结果可知，伴随关键驱动因素参数值的提升，企业价值实现随之提升。

对比分析八个关键驱动因素对技术创业企业价值实现的作用效果。根据表 7.4 结果可知，与初始状态相比，不同关键驱动因素条件下企业价值实现提升 60% 的纵坐标刻度相比的分别提升 9.563、30.621、33.341、4.537、10.828、13.087、16.621、4.319，这代表了不同关键驱动因素对企业价值实现的作用程度不同，由高到低排序为认知能力、认知异质性、数字运营能力、数字资源协同能力、数字导向、地区数字化水平、顾客导向和数字创新能力。其中，认知能力、认知异质性和数字运营能力对技术创业企业价值实现的提升作用明显优于其他驱动因素。企业产品和服务具有一定特殊性，若想市场认可并接受企业创新的新价值，有效实现要素投入到要素产出的转化，就需要企业与合作伙伴建立良好的价值链系统，保证顾客能够从企业提供的产品和服务中获取超预期的体验和效用，而认知能力和认知异质性能够帮助企业选择合适的合作伙伴，建立高质量的产品和服务的价值链系统，实现供需智能匹配、精准对接以及精准服务，实现产品成功营销；较高的数字运营能力能够帮助实现产品和服务的数字营销，减少销售投入，提高运作效率，进而增加企业收益。

7.3.4.2　多因素组合的灵敏度分析

前一小节验证了单一驱动因素参数变化下，技术创业企业商业模式创新的动态趋势。由于 8 个关键驱动因素存在众多组合情况，为进行针对性研究及提高研究有效性，本部分基于组态效应研究结论，将四个组态构型中的核心条件分别组合在一起，通过同时调整多个因素的参数值来观察技术创业企业商业模式创新的动态变化。共有四种组合形式，组合 1 为认知异质性、数字导向和数字资源协同能力的多因素组合，组合 2 为认知异质性、认知能力、数字导向和数字创新能力的多因素组合，组合 3 为认知异质性、认知能力和数字创新能力的多因素组合,组合4为地区数字化水平、认知能力、顾客导向、数字导向、数字资源协同能力和数字运营能力的多因素组合。

其一,调整组合1、组合2、组合3和组合4的参数值,观察技术创业企业价值主张的变化情况。将各组合分别提升10%、20%和30%,观察到的因素组合的参数调整下企业价值主张的变化结果如表7.5和图7.13所示。

表7.5 价值主张的灵敏度分析结果

项目	组合1	组合2	组合3	组合4
初始状态	232.930	232.930	232.930	232.930
提升30%	282.055	285.437	274.656	321.099
差值	49.125	52.507	41.726	88.169

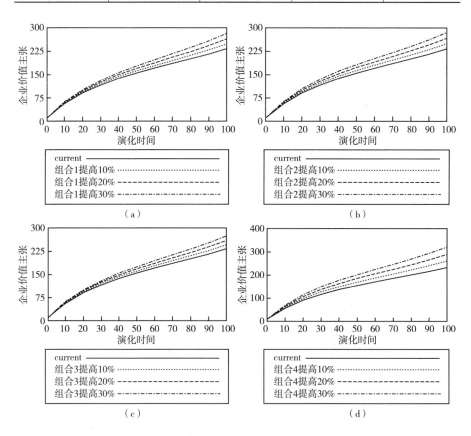

图7.13 因素组合对价值主张的灵敏度分析

根据图 7.13 可知，伴随组合参数值的提升，企业价值主张随之提升。此外，根据表 7.5 结果可知，与初始状态相比，四种组合下企业价值主张提升 30% 的纵坐标刻度分别提升 49.125、52.507、41.726、88.169，这代表了不同组合对企业价值主张的影响程度不同，由高到低排序为组合 4、组合 2、组合 1 和组合 3。

其二，通过调整组合 1、组合 2、组合 3 和组合 4 的参数值来观察技术创业企业的价值传递的变化情况。将各组合分别提升 10%、20% 和 30%，观察到的因素组合的参数调整下企业价值传递的变化结果如表 7.6 和图 7.14 所示。

表 7.6   价值传递的灵敏度分析结果

项目	组合 1	组合 2	组合 3	组合 4
初始状态	4.880×10^5	4.880×10^5	4.880×10^5	4.880×10^5
提升 30%	5.649×10^5	5.658×10^5	5.456×10^5	6.326×10^5
差值	0.769×10^5	0.778×10^5	0.576×10^5	1.446×10^5

根据图 7.14 可知，伴随组合参数值的提升，企业价值传递随之提升。此外，根据表 7.6 结果可知，与初始状态相比，四种组合下企业价值主张提升 30% 的纵坐标刻度分别提升 0.769×10^5、0.778×10^5、0.576×10^5、1.446×10^5，这代表不同组合对企业价值传递的作用程度不同，由高到低排序为组合 4、组合 2、组合 1 和组合 3。

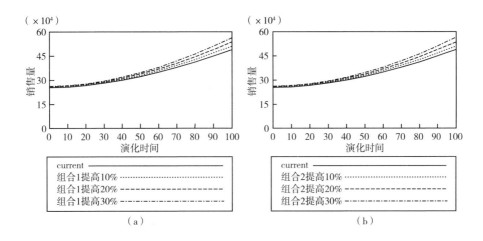

（a）   （b）

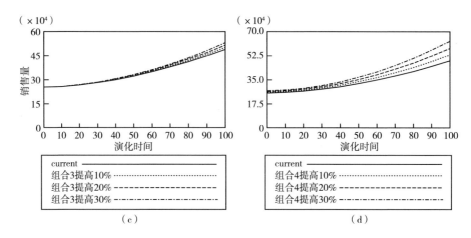

图7.14   因素组合对价值传递的灵敏度分析

其三，调整组合1、组合2、组合3和组合4的参数值，观察技术创业企业的价值实现的变化情况。将组合分别提升10%、20%和30%，观察到的因素组合的参数调整下企业价值实现的变化结果如表7.7和图7.15所示。

表7.7   价值实现的灵敏度分析结果

项目	组合1	组合2	组合3	组合4
初始状态	138.988	138.988	138.988	138.988
提升30%	167.089	180.798	172.216	186.996
差值	28.101	41.810	33.228	48.008

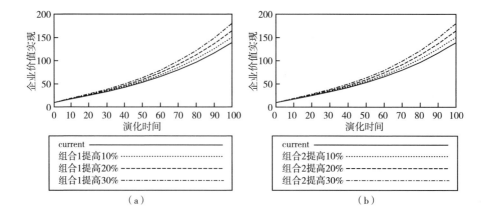

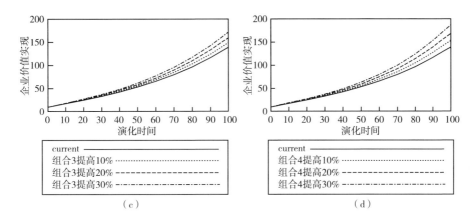

图 7.15　因素组合对价值实现的灵敏度分析

根据图 7.15 可知，伴随组合参数值的提升，企业价值实现随之提升。此外，根据表 7.7 结果可知，与初始状态相比，四种组合下企业价值主张提升 30% 的纵坐标刻度分别提升 28.101、41.810、33.228、48.008，这代表不同组合对企业价值实现的作用程度不同，由高到低排序为组合 4、组合 2、组合 3 和组合 1。

综上可见，对比分析四个组合对技术创业企业商业模式创新的作用程度可知，组合 4 和组合 2 的影响作用明显优于其他组合。组合 4 中共同调整了情境、认知、战略和能力因素的参数值，这说明在数字经济情境下，协同内外部因素对技术创业企业商业模式创新至关重要；组合 2 中共同调整了认知、战略和能力因素的参数值，这说明数字经济情境下，协同内部因素对技术创业企业商业模式创新具有重要作用，这是因为高层管理对外部环境的认知决定了创业企业的发展方向，通过制定科学的战略导向以及提升自身数字化能力能够在抢占市场先机以及建立竞争优势。与此同时，上述两种结果均再次佐证了组态效应研究结论，组态 4 的原始覆盖度和唯一覆盖度最高，分别为 0.587 和 0.107，而组合 2 的原始覆盖度和唯一覆盖度次之，位居第二，分别为 0.514 和 0.035。

7.4　仿真结果分析

与第 5 章和第 6 章的研究范式不同，本章基于跨层次作用和组态效应的研究成果，从动态系统视角出发，纳入时间维度，构建关键驱动因素对技术创业企业商业模式创新动态作用的因果关系图和系统流图，利用系统动力学分析方法对关键驱动因素与技术创业企业商业模式创新之间的动态关系进行仿真模拟。其一，对关键驱动因素与技术创业企业商业模式创新随时间变化的趋势进行仿真分析，明确关键驱动因素与技术创业企业商业模式创新之间的相互关系；其二，调整关键驱动因素的参数值，进行灵敏度分析，考察随着关键驱动因素参数值变化，技术创业企业商业模式创新各个要素的动态趋势。具体的仿真结果如下：

（1）伴随时间的推进，认知能力、数字导向、数字资源协同能等关键驱动因素和技术创新企业商业模式创新都是不断提升的，关键驱动因素与商业模式创新之间相互促进，相互影响，形成正向反馈循环关系。

（2）关键驱动因素通过单独和组合的方式来正向驱动技术创业企业商业模式创新，但作用效果并不相同。其一，随时间推移，单个驱动因素参数值的增加，技术创业企业商业模式创新会随之提升，且变化幅度各不相同。具体而言：数字资源协同能力、认知异质性、地区数字化水平对企业价值主张的提升作用优于其他因素；数字运营能力、数字导向、认知异质性对企业价值传递的提升作用优于其他因素；认知能力、认知异质性和数字运营能力对企业价值实现的提升作用优于其他因素。这一结果是对跨层次效应研究结论的有效佐证，各关键驱动因素均能正向驱动技术创业企业商业模式创新，但回归系数存在差异，同时也从动态视角对跨层次效应研究进行拓展与丰富。其二，随着时间推移，多因素组合参数值的增加，技术创业企业商业模式创新会随之提升，且作用效果存在差异；地区数字化水平、认知能力、顾客导向、数字导向、数字资源协同能力和数字运营能力的组合、认知异质性、认知能力、数字导向和数字创新能力的组合对企业商业模式创新的提升作用优于其他组合；这一结果是对组态效应研究结论的有效佐证，组态效应分析结果中组合 4 和组合 2 的作用更大，同时也从动态视角对组态效应研究结果进行了拓展与丰富。

7.5　本章小结

以关键驱动因素识别、跨层次作用和组态效应研究为基础，本章从动态视角出发，构建关键驱动因素对技术创业企业商业模式创新动态作用的系统动力学模型，考察数字经济背景下关键驱动因素对技术创业企业商业模式创新的动态作用。首先，基于跨层次作用和组态效应结果，并结合相关理论分析，建立关键驱动因素对技术创业企业商业模式创新动态作用的系统动力学模型，确定相关变量，分析系统内要素间的动态反馈回路，进而绘制系统流图；其次，对系统模型开展量纲一致性、极端条件、模型稳定性等检验，确保系统模型的有效性和可靠性；最后，通过仿真模拟和灵敏度分析，明确了关键驱动因素单独以及组合对技术创业企业商业模式创新的动态作用。

第8章 数字经济背景下技术创业企业商业模式创新的对策

8.1 地区数字化建设层面促进技术创业企业商业模式创新的对策

前文理论分析与实证检验结果已证实地区数字化水平是驱动技术创业企业商业模式创新的关键因素之一。作为一种全新发展情境，地区数字化涉及生产、交换、分配和消费的各个环节，数字技术、数据资源、网络平台等对企业商业模式创新十分重要。综上所述，为保障技术创业企业健康可持续成长，取得良好的商业模式创新结果，地区政府等职能部门应从顶层设计、治理体系、市场化改革以及新型基础设施建设等方面提升地区数字化水平，为企业商业模式创新营造理想的发展环境。

8.1.1 加强地区数字化建设的顶层设计

随着数字中国建设快车的提速，我国各地区加速推进数字化发展。任意事物的转型与迭代变革都是围绕愿景展开的，我国各地区数字化发展也必须树立起数字化发展远景目标，为数字化发展提供前进方向。我国各地区的资源禀赋和社会发展水平存在明显差异，数字化发展也非一蹴而就，而是一个动态变化、不断迭代的长期过程。各地区政府应立足自身情况，如基础设施建设等，展开全方位的分析与探索，并结合自身未来发展趋势，最终明确远景目标。在确定远景目标后，地区政府需要对自身的数字化基础进行缜密、全方位的估计，明确自身数字技术在社会经济各个领域中应用的基本状况与不足之处，进而确定不同发展阶段的具体工作目标和工作内容，为数字化发展顶层设计奠定基础。

地区数字化发展是系统性的变革创新，关键点之一在于顶层设计，即战略愿景与具体项目落地之间的"蓝图"。地区数字化发展涉及生产、交换、分配和消费等社会经济各个环节，在数字化发展顶层设计中应具有全方位的战略部署，如数据、技术、文化、服务等方面，明确社会经济各个领域的发展规划，即从全景式视角制定发展框架规划，实现整体发展规划与局部贯彻实施的有效匹配，从而更有效地指导局部实施，将数字技术应用到社会经济各个领域中，实现具体运营与数字化的深度融合，保障运营方案的落地实施，进而取得良好的数字化发展结果，推动区域经济融合发展。

8.1.2　建立完善数字化治理体系

我国数字经济发展仍处于初期阶段，为推动数字化发展，我国各地区政府需要建立健全数字化治理体系。数字化治理涉及体制、机制法规、制度、监督、实施等一系列综合性问题。因此，数字化治理体系的构建与完善需要考虑法律法规完善、体制机制优化、制度建设、数据开放等内容。

第一，应完善知识产权保护。地区政府应基于既有法律法规建设，逐步完善知识产权保护，主要通过制定管理制度、完善专利动态、积极保护申请等措施，不断强化对数字化相关的前沿技术基础性与应用性研究、技术标准制定、项目管理等内容的知识保护力度，对数字化相关知识活动进行全过程管理，且给予一定的资金支持。第二，政府应建立起公平竞争审查制度，保障数字化发展的快速推进，将有悖市场公平竞争的做法和规定逐步清理废除，塑造出公平、竞争和有序的数字化发展环境。第三，应建立健全风险预警机制，通过形成一套行之有效的风险防范流程和措施，对数字化推进过程中可能产生的风险进行及时高效的预警；同时，应明确各个业务部门的职能与责任范围，推动区域数字化治理体系的现代化。第四，应建立包容审慎的监督制度，基于包容审慎原则，对所辖市场主体进行全方位、多层次、立体化的监管，守住数字经济新业态新模式的发展底线，对市场主体行为进行事前、事中和事后的全过程监督，最终营造新业态宽松的创新环境。

此外，数字安全与个人隐私保护一直是建立数字化治理体系不可回避的问题，需要对其进行有效的治理。第一，应健全数据共治机制，通过借鉴欧美国家、国内发达省份等先进数据治理经验，并结合地区发展实际情况，逐步建立起多方联动、共同监督与合理负责的数据治理体系。第二，应强化数据保护利用顶层设计，明确数据资源产权所属以及数据主体权益，并借助立法手段来具体细化数据安全保护要求，保障市场主体的数据交易与应用等有序开展。第三，基于数据分级设定分类保护制度。针对敏感性、重要性的数据制定专门的管理体系，通过有理可循的防范措施、运行标准以及应用规则，不断提高数据治理规范性以及数据质量，保障数据更安全、更可靠地在市场中运行。此外，对于损害国家安全、公共利益以及公民权益的境外组织及个人行为，政府部门应采取有效适当措施进行治理与防范。

8.1.3 适应数字经济发展，推动生产要素市场化改革

数字经济时代，生产要素及其配置方式将发生重要变化。一方面，数据作为要素介入经济体系，成为数字经济发展的核心要素；另一方面，数据赋能下的劳动、土地、技术等传统要素也将更为高效和精准。因此，数

字经济背景下区域层面的生产要素市场化改革尤为重要。

第一，大力推动数据要素市场化改革。地方政府相关部门应通过完善数据开放机制，对数据进行科学有效的分类管理和保护，并对相关违法行为进行惩罚。采用数据交换、有偿使用以及合作开发等方式打通不同主体之间的"数据孤岛"（如政府部门、企业、高校、科研院所等主体），实现不同类型数据要素的流通与融合，实现数据的开放共享以及有限数据的重复使用，从而提高数据资源价值。同时，大力提高数据资源监控力度，通过借鉴国内外先进数据资源监控经验，强化对数据交易机构的监控，实现数据要素安全流动及应用。

第二，大力推动适应数字经济发展的技术要素市场化改革。数字化发展进程中，新型信息技术的重要性愈发凸显，因此需要对新型信息技术展开市场化改革。地方政府相关部门应强化新型技术成果产权保护与运用，增强对人工智能、物联网等新兴技术领域的知识产权保护，激发知识产权拥有者的创新活力，增强创新成果市场转化的意愿，实现创新成果效益的最大化；通过制定合理的利益分配标准，按照技术产权贡献比例将创新成果收益分配给创造人员，为技术创新提供人才资本，并激活科技创新人才的创新活力。

第三，推动适应数字经济发展的劳动要素市场化改革。地方政府相关部门应进一步优化高层次数字人才培育与引进机制，通过加大数字人才培养力度（如产学研相结合的人才培育机制、数字人才培育计划、战略性新兴产业人才培育等措施）、激发数字人才创新创业（如鼓励数字人才创办或参与创办科技型企业、创新创业项目申报、科研成果市场转化等措施）、完善数字人才激励机制（如数字人才发展基金、薪酬分配制度、科研项目经费管理变革等措施）、高质量数字人才服务工作（如就医、解决配偶工作、子女入学、住房保障等措施）等，创造出良好的育才、引才、用才、留才环境，激活数字人才的内在动力，进而为地区数字化发展提供智力支撑。

8.1.4 全面加快数字基础设施建设

数字基础设施是数字经济快速发展的基础。加快数字经济设施建设，短期内可拉动经济发展、缓解经济下行的压力，长期来看可为数字经济持续发展奠定坚实基础，为社会经济发展提供强大支撑。

第一，做好区域新型数字基础设施建设的顶层设计工作。一方面，区域数字新基建是一项系统性工程，需要从顶层设计上明确整体战略规划，按照统一的标准规范指导区域数字新基建的实施、维护管理、数据融合、技术研发，有效地实现本地区内不同类型新型基础设施的连接、互通与深度融合，进而助力于地区社会经济发展；另一方面，在区域数字新基建的顶层设计中，应充分考虑到数字新基建跨地区合作，实现不同地区新型基础设施的连接与融合，降低新基建应用的门槛与成本，拓宽新基建应用场景，激发其潜在价值，逐步缩小区域间数字化发展差距，实现均衡和可持续发展。

第二，推进数字基础设施建设的软硬件一体化协同发展。数字基础设施建设中，通信网络基础设施（如5G、物联网、工业互联网等）、新技术基础设施（如人工智能、区块链、人工智能等）、算力基础设施（如数据中心、智能计算中心等）等"硬"性基础设施建设非常重要，但数字化平台、算法、服务等"软"性基础设施建设也不能被忽视。应通过全力推进软硬性基础设施建设的协同发展，建立起完善的数字基础设施体系，为区域经济发展、企业创新活动提供基础保障。

第三，完善数字基础设施建设的投融资机制和财税政策。首先，地方政府管理部门应加大对新基建建设项目的信贷优惠支持力度，发挥财政资金与基金的引导作用，据此为地区数字基础设施建设给予强有力的物质支持；其次，鼓励支持多方市场主体广泛参与到新基建建设项目中，加速推进政府与各类市场主体的合作（担保企业、担保机构），更好地与市场需求衔接，进而为数字基础设施建设提供有效支持，推动地区数字化快速发展；最后，制定和完善财税政策，通过财政专项资金和税收减免等降低数字基础设施建设成本，推动数字基础设施建设项目的快速落地，为数字基础设施建设提供强有力支撑。

8.2　认知层面促进技术创业企业商业模式创新的对策

8.2.1　正视高管团队认知异质性效用

根据第 5 章分析结果可知，认知高管团队异质性对技术创业企业商业模式创新具有显著促进作用；根据第 6 章组态效应结果可知，高管团队认知异质性、数字化能力与顾客导向的匹配会帮助技术创业企业实现商业模式创新；第 7 章动态作用仿真结果也再次证实了认知异质性的重要性。但第 5 章中与认知异质性相关的中介效应以及调节效应的检验结果并未通过，这说明企业需要正视认知异质性的作用，充分发挥高管团队认知异质性的积极作用。在数字经济新情境下，商业生态环境动态性更为显著、市场竞争也愈发激烈，这需要高管团队从不同视角、多个角度制定出合理战略方案来应对复杂多变的环境。年龄、任期、教育背景、创业经验、职场经历等方面有较大差异的高管团队，可帮助创业企业提高战略决策的准确性。因此，在数字经济背景下，企业应该正视认知异质性的作用，构建异质性程度较高的高管团队。

第一，企业应重视对新型高管人才和具有丰富管理经验人员的聘任，即充分重视应聘者背景特征。随着数字经济的深入发展，信息技术迭代速度加快，面对复杂动态的技术环境和市场环境，企业往往需要不断规范和及时改进自身管理，这就需要企业积极引进丰富管理经验的高层管理者，通过多方面考核指标来掌握应聘者的背景特征，如创业经历、管理经验等，评估聘任人员与现有管理层成员的不同之处，使新引入的高层管理者能够带来新的经营理念与新的知识技能，从而推动商业模式创新。

第二，企业应注重高管团队成员教育背景与职能背景的多元化。除专业性管理人员的引进外，应充分重视跨行业与跨领域、高学历与跨专业等人才的引进，以拓宽思考与解决问题的视角，为组织战略变革提供具备新颖性与创造性的思想。此外，企业应重视高管团队成员性别差异，引进女性高层管理者，优化高管团队性别结构，提高组织战略决策质量，形成开放和谐的工作氛围，有效规避和成功化解决策冲突，保障组织业务活动的快速实现。

第三，企业应重视管理团队成员社会网络的多样化。在管理实践中，企业应凭借完善的激励约束机制，鼓励和支持高层管理者积极与客户、供应商等外部利益相关者构筑起广泛且深入的网络关系，更好地获取企业商业模式创新与成长发展所需的资金、技术等资源。此外，企业应高度重视高管团队内部社会网络，通过高管团队内部因社会认同而形成的行为整合提升群体决策、合作行为与信息交流的效率，进而促进企业商业模式创新的顺利开展。

第四，企业应建立有效的沟通交流机制和营造民主的组织氛围，提高组织战略决策质量。一方面，企业应注重管理团队成员既有的管理经验、职能经历、专业技能以及关系网络等的总结、交流与应用，真正发挥多样化知识和信息的潜在价值，为组织战略决策与长远发展带来事半功倍的效果；另一方面，企业应积极营造出民主、公平的组织氛围，让不同年龄、新老高管成员能够各抒己见、畅所欲言，避免认知惯例陷阱，从而制定出能够推动组织长远发展的战略决策。

8.2.2　多方位提升高管团队成员的认知能力

根据第 5 章分析结果可知，高管团队的认知能力对技术创业企业商业模式创新具有显著驱动作用，且与认知能力相关的中介效应以及调节效应的检验结果均通过。此外，第 6 章的组态效应研究及第 7 章的动态作用仿真分析，都进一步证实了高管团队的认知能力对商业模式创新的重要性。随着数字经济的不断深入，组织边界愈发模糊、市场环境愈发不确定、主体互通愈发透明，这需要企业高层管理者对这些变化作出及时准确的识别与判断，进而制定出契合环境变化的决策方案。因此，在全新的发展情景下，企业应全方位提升高管团队认知能力，精准选择市场发展方向并准确认知现有商业模式的不足，从而驱动组织对当前商业模式进行变革与创新。

第一，通过全方位交流与通力合作，提升组织高管团队认知能力。首先，为有效应对变幻莫测的市场环境，企业应重视内部团队的互通与互动，推动知识与信息的流通与共享，鼓励高管团队成员积极参与战略决策，制定出高质量决策来应对环境变化。其次，企业应重视与外部利益相关者的通力合作，依托良好的互动关系，获取创新所需资源，为战略决策提供支持，从而为组织发展提供切实可行的指导；需要与科研院所、供应商及其他行业企业建立起关系网络，为制定企业方案提供支持。最后，企业应全面提升自身对外部环境的认知、判断能力，从而适应动荡环境变化。

第二，应通过回顾与反思等方式，不断优化团队成员个人认知能力，继而全面提升高管团队认知能力。在高管团队内部营造出回顾和反思的氛围，对于提升高管团队认知能力具有重要意义。一方面，可引导成员对既有创业经验和教训进行整理、反思与总结，及时发现不恰当或不正确的认知结果或错误决策，对其进行恰当的调整；另一方面，可提高团队成员看待问题的高度和深度，继而识别与掌握潜在市场机会，制定适合的战略决策，提高商业模式创新的成功率。

第三，应构建起有效的沟通渠道与信任机制。成员之间的有效沟通可以使高管团队成员间相互学习、相互促进，对现行战略决策进行适当的调整，并凭借成员之间的信任，确保成员能够对所调整战略表示高度认同和充分理解，提升高管团队认知能力，继而有序推进商业模式创新活动的顺利开展与商业模式创新目标的实现。

8.3　战略层面促进技术创业企业商业模式创新的对策

8.3.1　秉持顾客导向理念

根据第 5 章分析结果可知，顾客导向对技术创业企业商业模式创新具有显著驱动作用，且与顾客导向在认知能力与商业模式创新关系中发挥中介效应。同时，第 6 章的组态分析结果和第 7 章的动态作用仿真分析结果也证实了顾客导向对技术创业企业商业模式创新的重要性。与传统经济形态相比，数字经济时代下顾客体验越来越重要，需求也愈发个性化与多样化。企业必须真正了解顾客需求并为其提供真正需要的产品与服务，因此需要强化顾客导向理念，对现有和潜在顾客需求展开持续性挖掘，为顾客提供新的价值主张并创造新价值，最终实现商业模式的变革与创新。

第一，以客户为中心，提升客户满意度。首先，企业应将客户需求视为首要理念，通过倾听客户的现实需求，并从所获取信息中识别出潜在客户的隐性需求，迅速优化服务逻辑，创新消费体验，精准提供客户所需产品与服务，以满足客户多元化和个性化的需求，确保商业模式创新的顾客导向。其次，企业应建立客户偏好数据库，利用大数据等数字技术对客户数据进行属性分析与准确定位，精准明确客户需求发展趋势，实现市场领域细分，并针对细分市场研发对应需求产品或服务。此外，企业应拓展新颖型消费模式（先体验后消费、免费体验等）、充分发挥客户口碑效应、增强客户体验感等方式，满足客户个性化需求，实现组织业务模式的调整与变革。最后，企业应搭建起交流平台，让客户参与到具体项目中，与客户进行实时沟通，及时掌握客户关于产品或服务的反馈信息，增强客户体验感以及信任感；企业应探索全新合作创新模式，通过组织内部多部门联合作业、积极运用跨领域与跨行业等合作创新模式，逐步拓宽与丰富企业服务模式，以实现供需双方精准匹配，为客户提供量身定制的高质量服务，从而实现价值创造以及价值捕获。

第二，企业应形成共同认可的价值观，使顾客导向战略外化为员工自觉行动。随着数字化的深入推进，消费不断升级且呈现个性化、多元化趋势，企业应建立柔性服务体系，提高市场反应速度，快速捕捉市场痛点，实施聚焦战略，从而快速研发并生产出具有特有价值的新产品，快速占据市场份额并获取竞争优势。为了顺利实施顾客导向战略，企业应将该战略上升为组织信仰，并建立起与顾客需求导向相匹配的员工招聘、培训及绩效考核，使其成为工作人员共同认可的价值观，强化全部员工的顾客导向理念，并将这一理念贯彻于日常工作环节中，从而满足顾客需求。

8.3.2　加强数字导向战略

根据第 5 章跨层次分析结果可知，数字导向对技术创业企业商业模式创新具有显著驱动作用，且与数字导向在认知能力与商业模式创新关系中发挥中介效应。根据第 6 章的组态分析可知，数字导向、地区数字化水平与数字化能力的匹配对技术创业企业商业模式创新实现至关重要。此外，第 7 章的动态作用仿真分析结果也证实了数字导向对技术创业企业商业模式创新的重要性。数字经济背景下，新型信息技术的更迭速度不断加快，并迅速蔓延到社会经济活动的每一个方面，新型信息技术对企业日常运营及创新发展等至关重要。高层管理者应意识到新技术对数字经济新情境中企业全面发展的重要性，需要通过多种手段全方位提升自身的数字技术水平，进而推动企业商业模式创新。

其一，融入数字生态系统，适应数字经济时代的价值逻辑转变，进而加强企业数字导向战略。数字生态系统是由数字技术支持的生态系统，其价值创造具有多样性和复杂性。一方面，技术创业企业应与利益相关者建立全新的竞合模式，通过数字技术与业务需求间的持续互联与反馈，寻求更大范围的价值共生；另一方面，技术创业企业需要在现有战略基础上获取、设计、拓展数字要素，应用数据分析技术为积极并快速响应客户需求提供新的可能，进一步提高客户个性化的消费体验。此外，随着数字社媒的发展，技术创业企业需要建立并完善数字渠道，促进企业与利益相关者的良性互动，发挥不同群体的相对优势，最大限度地发挥数字导向战略的实践价值。

其二，增加数字要素投入，拓展数字要素与其他生产要素融合的广度和深度，推动数字导向战略实施。面对数字要素带来的多重挑战与机会红利，具有新生弱性的技术创业企业更需要不断迭代升级，增加数字要素投入，利用数字要素创造差异化价值为目标而制定并执行组织战略。同时，技术创业企业需要明确数据信息在企业经营中的关键地位，拓展数字要素与其他生产要素融合的广度和深度，保证企业高效地获取竞争优势以实现稳定成长。另外，技术创业企业还应通过有效的技术治理以匹配数字导向战略的发展需求。在数字要素纳入企业发展过程的基础上，有效的治理机制更有助于管理既有要素与新兴要素，为获取数字创新绩效提供更明确的数字导向战略。

其三，建设数字化时代的企业文化，构建集体性的数字思维与行动指南，为数字导向战略的形成创造条件。数字经济时代，企业内外部环境愈发复杂多变，逐步嵌入数字要素的企业文化成为战略转变的一个关键软约束。技术创业企业需要紧跟数字时代的跃升逻辑，以信息爆炸下企业内不同主体的数据信息为载体，建设符合数字时代发展趋势的企业文化，为数字导向战略的形成创造条件。技术创业企业需要引导内部员工与组织发展方向的价值理念相统一，扩展数字创新的决策主体范围，促进数字环境与企业文化的深度融合，不断提升企业文化包容性以激励员工的数字创新意识，设定更贴近的数字导向战略。

8.4 能力层面促进技术创业企业商业模式创新的对策

8.4.1 提升数字资源协同能力

根据第 5 章分析结果可知，数字资源协同能力对技术创业企业商业模式创新具有显著驱动作用；数字资源协同能力在战略导向与商业模式创新关系中发挥中介作用。根据第 6 章组态效应结果可知，数字资源协同能力出现在每一种组态中，再次证明数字资源协同能力的重要性。同时，第 7 章的动态作用仿真分析也证实了数字资源协同能力的重要性。在数字化转型与创新创业融合发展的时代下，存在资源匮乏危机的创业企业面临如何利用市场机会创造出新颖产品与服务，以便在新发展情境和市场竞争中获取消费者与投资方青睐的问题，此问题的解决离不开创业企业自身的数字资源型协同能力，这一能力是创业企业开展商业模式创新的重要手段。身处动态且快速变化的市场环境下，创业企业在推进具体业务创新活动时离不开各类资源的支撑，并且面临自身资源匮乏问题，这就需要管理者对组织内部各类资产留存状况、外部资源获取情况等有充分的了解，熟知内外部资源间的联系，通过相应措施将有限的资源合理分配到组织运营的各个环节中，发挥资源的协同效应，提高资源利用率，从而保障业务创新活动的顺利实施，因而数字资源协同能力显得极其重要。因此，企业应从多方面提升数字资源协同能力，具体措施如下：

其一，树立数字资源管理理念，构建数字资源管理体系，探索数字资源管理新模式。由于数字资源协同是组织对内外部的数字资源进行系统整合匹配并加以比较作出合理应用的过程，它是管理者资源管理水平的重要体现，需要管理者对各类资源的存量、价值等有充分认知。因此，管理者必须具备现代化的数字资源管理理念，构建现代化的数字资源管理体系，

227

对数字资源进行统筹规划与调度，制定全局化的资源利用策略，提高组织的组织资源协同能力。此外，企业管理者应积极探索现代化的数字资源管理模式，开拓自身视野，高效地将自身业务与闲置或冗余资源进行联系，从中寻求资源的新用途，盘活闲置资源，实现新业务拓展和绩效提升。

其二，构建企业内部良好的资源整合机制，采取前瞻性措施调整数字资源要素与原有资源要素的配置，大力提升数字资源协同能力。数字经济背景下资源配置与组合的过程更为模糊与复杂，技术创业企业管理者需要及时采取前瞻性的措施来调整新兴资源与原有资源的配置，避免资源无效组合带来的浪费与损失。技术创业企业应通过企业内部各部门之间的良好沟通，确保资源整合与业务活动的高度匹配，积极协调组织内外部的数字资源，有意识地培养数字资源协同能力以积极推动内外数字资源的连接，从而更为迅速地适应数字经济环境的快速转变，破解资源受限困局，为技术创业企业商业模式创新提供有力支撑。

其三，通过数字网络关系与潜在利益相关者的互动迭代，探索数字资源的交流与搜寻方向，引导企业提升数字资源协同能力。首先，技术创业企业的数字基础建设往往相对薄弱，全方位把控数字资源的难度相对较大，因此应更为重视通过数字网络关系搭建合作交流的渠道与模式，探寻数字资源的部署与协同方向。其次，企业需要嵌入完善的大数据技术，事先明确组织经营活动所需的具体资源，并促进整个价值网络资源的流动与连接，利用人工智能等技术手段管理数字资源并从中获取更加有价值的信息。最后，企业不仅需要协同内部各层级、已有的外部合作伙伴，还需要积极探索符合企业战略目标的潜在合作伙伴，不断拓展数字网络的边界并形成新的资源能力优势，提升数字资源协同能力。

8.4.2 提升数字运营能力

根据第 5 章分析结果可知，数字运营能力在构念层面对技术创业企业商业模式创新具有显著驱动作用；数字运营能力在战略导向与商业模式创新的关系中发挥部分中介作用；根据第 6 章组态效应研究结果可知，数字运营能力出现在每一种组态中，再次证明了数字运营能力的重要性；第 7 章的动态作用仿真分析也证实了数字运营能力的重要性。数字经济时代下，数字技术已成为重要的生产要素，企业需要从战略高度审视数字技术的作用，将其纳入研发、生产、营销等环节中，以有效利用数字技术来占据市场先机，进而获取竞争优势。身处数字化新发展环境下，创业企业需要充分利用先进数字技术，洞察市场发展趋势，进而占据市场先机，提前进入新市场，生产相关产品与制定新运营模式等；通过清晰掌握不同地区市场的需求及偏好，形成精准化的生产及销售模式；通过个性化和定制化的服务，增强消费者黏性及满意度，助力商业模式的调整与变革。综上可见，数字运营能力是创业企业推进商业模式创新以适应新发展情境的重要手段，技术创业企业可从以下几个方面提升数字运营能力，保障商业模式创新的顺利实施。

其一，数字经济背景下，数字运营能力的有效发挥离不开相应的基础设施，如数字平台等。数字经济时代所带来的人工智能、云计算等新型信息技术对数字运营能力的提升愈发重要，企业在建立与完善 IT 基础设施的基础上，应加强对各类分布式处理软件的应用，加大对企业数据系统资源的投资，从而增强不同数字平台的连通性与兼容性，并大力推动对新型数字技术进行学习与引进，继而整合出新型现代化技术体系。同时，应重视跨界合作的重要性，借助原有的数据平台，或者与同行、其他行业联合建立起大数据服务系统，快速、广泛地获取数据资源以及市场信息，从而作出合理规划与战略决策，充分发挥自身优势，保障企业商业模式创新的稳定实现。

其二，数字技术应用离不开相关技术人员，企业要重视对原有工作人员进行数字技术应用方面的技能培训，还要重视对数字专业人才的引进，给予其丰富的物质与精神方面待遇，使其充分发挥自身的技术实力，从而构建起合理的数字专业人才队伍以及动态的专业人才培养体系。与此同时，应建立数字化转型专人负责机制，如组织内部设置数字化运营官，将传统信息官角色与新情境相结合，为提升组织的数字运营能力提供保障。此外，应定期组织业务部门、数字专业人才、消费者等对新技术、新观点、新价值及新需求等展开深层次讨论，以助力数字专业人才展开针对性、有效性的信息挖掘，从而更快速、更充分地掌握商业环境并提出新的价值主张。

8.4.3 提升数字创新能力

根据第 5 章分析结果可知，数字创新能力在构念层面对技术创业企业商业模式创新具有显著驱动作用；数字创新能力在战略导向与商业模式创新的关系中发挥部分中介作用；根据第 6 章组态效应研究结果可知，数字创新能力出现在每一种组态中，再次证明数字创新能力的重要性；第 7 章的动态作用仿真分析也证实数字创新能力的重要性。数字经济背景下，顾客地位以及消费偏好发生了翻天覆地的转变，市场朝着多样性及个性化的趋势发展，提供能凸显个人品位、审美的产品与服务已成为主流。毋庸置疑，顾客价值驱动企业展开业务价值链重塑，驱动企业构筑起以顾客为核心的价值创造体系、提供定制化的解决方案已成为数字经济情境中企业实现新增长的重要途径，因此数字创新能力已成为数字经济时代下组织的重要能力。数字创新能力能够帮助企业提出新的价值主张，在改进自身与顾客关系的过程中实现价值链重构，从而实现商业模式创新。因此，企业必须提升自身数字创新能力来实现商业模式创新，进而适应市场发展趋势。具体措施如下：

其一，有效应用不同类型数字化技术提升数字创新能力。在数字经济时代下，互联网、人工智能等数字化技术不仅极大地降低了企业与用户间的交流与沟通成本，而且增强了自身为用户提供高体验和高性价比的消费体验，因此，企业必须注重不同类型数字化技术的应用，进而对原有价值创造活动进行有效重构，改变利益相关者之间的链接方式，提升市场竞争优势。具体而言，在设计环节，企业应借助数字化技术建立起快速反应系统以及供应链系统，及时且快速地掌握消费者心理，从而开发基于个性化需求的定制化、智能化产品和服务；在生产环节，企业必须对原有的生产模式展开调整与变革，以增强用户体验为宗旨，借助新型数字化技术实现生产过程的智能化、柔性化以及定制化，从而满足不同区域顾客的多元化、个性化需求；在销售环节，企业可以利用新型移动支付、智能销售等数字化技术，缩短用户支付环节以及企业与用户的交流时间，从而领先市场潮流，及时满足顾客需求，从具体操作上实现大量客制化。

其二，充分重视企业自身数字平台建设和有效利用。数字平台是企业数字服务的中枢，在数据汇聚、数据智能、数字化运营、赋能应用等方面发挥着重要作用。完善的企业数字平台可为企业与客户进行信息沟通与共享提供更好的支撑，增强客户的满足度以及忠诚度，为企业数字创新能力提升提供助力。数字经济背景下，技术创业企业应充分重视自身数字平台建设的资金、人力与物力资源投入，打造高效的数字化平台，使之成为企业数字创新的支柱与基石，为数字技术的嵌入与创新发展提供有利的条件保障。

其三，培养高管团队与员工的数字创新认知。一方面，技术创业企业高层管理者和员工都需要保持学习能力，快速识别数字技术不断进步迭代带来的机遇与挑战，时刻关注外部环境与组织内部之间的矛盾冲突以应对企业的动态变化，提升数字创新的实施效果。技术创业企业高管团队和员工也应保持充分的数字知识储备，最大限度地为企业创新决策提供源源不断的动力；另一方面，高管团队也需要合理重视一线研发人员的意见，激励组织内部数字创新的积极性，从而提升数字创新能力。

8.5　本章小结

基于前文研究结论，本章从地区与企业两个层面提出促进技术创业企业商业模式创新的对策建议。地区层次的数字化方面的对策主要包含强化顶层设计和整体统筹、完善治理体系与制度保障、推动生产要素市场化改革、全面加快数字新基建建设四个方面的内容；企业层次的认知方面的对策包含正视认知异质性效用、多方位提升认知能力两个方面的内容；企业层次的战略方面的对策包含秉持顾客导向理念、坚持数字导向战略两个方面的内容；企业层次的能力方面的对策包含提高数字资源协同能力、数字运营能力与数字创新能力三个方面的内容。

附录　数字经济背景下技术创业企业商业模式创新驱动机制调查问卷

尊敬的女士/先生：

您好！感谢您在百忙之中参与问卷填写工作，本问卷旨在探究数字经济背景下技术创业企业商业模式创新驱动机制的相关问题，请您根据个人真实意向作答。

本次问卷调查采取匿名形式，不涉及个人隐私，仅用于学术研究，填写信息绝不外泄，请您放心并尽量客观填答。

谢谢您的合作与支持！祝工作顺利、生活愉快！

"数字经济背景下技术创业企业商业模式创新驱动机制与实现路径研究"课题组

第一部分：基本信息

➢ 您的职位_____

➢ 性别　□ 男　□ 女

➢ 年龄　□ 20～30 岁　□ 31～40 岁　□ 41～50 岁　□ 50 岁以上

➢ 学历　□ 大专及以下　□ 本科　□ 研究生

==

➢ 企业所在城市_____

➢ 企业成立年限

□ 1 年以下　□ 1～3 年　□ 4～5 年　□ 6～8 年

➤ 所在企业的性质

☐ 国有/集体所有制　☐ 民营企业　☐ 三资企业　☐ 其他

➤ 所在企业的人数

☐ 20 人以下　☐ 21～50 人　☐ 51～100 人　☐ 101～150 人　☐ 151 人以上

➤ 所在企业的行业领域

☐ 战略性新兴产业（新能源、新材料……）　☐ 非战略性新兴产业

➤ 所在企业的营业收入

☐ 100 万元以下　☐ 101 万～300 万元　☐ 301 万～500 万元　☐ 501 万～2000 万元　☐ 2001 万元以上

===

第二部分：问卷题项

1. 商业模式创新量表

以下内容是对商业模式创新的描述，请您根据所在企业实际情况在相应的表格内打"√"。

题目	非常不符合↔非常符合						
企业为客户提供价值不断提高的产品或服务	1	2	3	4	5	6	7
企业不断引入大量的、多样化的新客户	1	2	3	4	5	6	7
企业不断引入多样化的供应商、合作伙伴等参与者	1	2	3	4	5	6	7
企业用新颖的方式将各种合作者紧密联系在一起	1	2	3	4	5	6	7
企业采用创新的交易方式或手段	1	2	3	4	5	6	7
企业不断在商业模式中引入新的思想、方法和商品	1	2	3	4	5	6	7
企业不断在商业模式中引入新的流程、惯例和规范	1	2	3	4	5	6	7

2. 地区数字化水平量表

以下内容是对地区数字化水平的描述，请您根据所在城市实际情况在相应的表格内打"√"。

题目	非常不符合↔非常符合						
企业所在城市的新型数字基础设施建设水平较高（宽带、信息化服务平台）	1	2	3	4	5	6	7
企业所在城市的新型信息技术应用程度较高	1	2	3	4	5	6	7
企业所在城市的数字型技术人才资源较为丰富	1	2	3	4	5	6	7
企业所在城市的政府部门的线上一站式服务水平较高	1	2	3	4	5	6	7
企业所在城市的线上社交和移动互联网支付频率较高	1	2	3	4	5	6	7
企业所在城市的数字文化产品使用量较高（新闻客户端、流媒体等）	1	2	3	4	5	6	7
企业所在城市的产业数字化转型较快（工业等）、数字产业（互联网）蓬勃发展	1	2	3	4	5	6	7

3. 高管团队认知量表

以下内容是对高管团队认知的描述，请您根据所在企业实际情况在相应的表格内打"√"。

题目	非常不符合↔非常符合						
认知异质性							
高管团队成员的知识背景存在很大差异	1	2	3	4	5	6	7
高管团队成员的创业经历存在很大差异	1	2	3	4	5	6	7
高管团队成员的管理风格存在很大差异	1	2	3	4	5	6	7
高管团队成员思考问题的方式存在很大差异	1	2	3	4	5	6	7
高管团队成员处理问题的方式存在很大差异	1	2	3	4	5	6	7
认知能力							
高管团队成员可以对国家政策做出适时的响应	1	2	3	4	5	6	7
高管团队成员可以对行业变化做出准确的判断	1	2	3	4	5	6	7
高管团队成员可以对企业发展做出清晰的认识	1	2	3	4	5	6	7
高管团队成员可以对战略决策做出及时的调整	1	2	3	4	5	6	7

4. 战略导向量表

以下内容是对战略导向的描述，请您根据所在企业实际情况在相应的表格内打"√"。

题目	非常不符合↔非常符合						
顾客导向							
企业的竞争优势是建立在满足顾客需求之上	1	2	3	4	5	6	7
企业不断努力创造新的服务内容，为顾客提供更多的价值	1	2	3	4	5	6	7
企业经常会依据顾客的意见和反馈对产品进行改善	1	2	3	4	5	6	7
企业经常性地评估顾客满意度	1	2	3	4	5	6	7
数字导向							
我们不断与新的数字技术创新保持同步	1	2	3	4	5	6	7
我们能够根据需求尝试新的数字技术	1	2	3	4	5	6	7
我们不断寻求新方法来提高数字技术的使用效率	1	2	3	4	5	6	7
我们就数字技术（社交媒体、云计算、移动互联）如何为商业价值作贡献制定了清晰的愿景	1	2	3	4	5	6	7

5. 数字化能力量表

以下内容是对数字化能力的描述，请您根据所在企业实际情况在相应的表格内打"√"。

题目	非常不符合↔非常符合						
数字资源协同能力							
企业业务系统之间有统一的信息交换接口或方式	1	2	3	4	5	6	7
企业能够根据创新需要聚合内外部数字资源	1	2	3	4	5	6	7
企业能够根据合作需要共享组织拥有的内外部信息	1	2	3	4	5	6	7
数字运营能力							
企业能够抽象分析数字信息进行精准市场定位	1	2	3	4	5	6	7
企业能够利用数字化手段来优化业务流程或资源配置	1	2	3	4	5	6	7

续表

题目	非常不符合↔非常符合						
企业能够为市场分析和客户体验提供数字化的营销管理策略	1	2	3	4	5	6	7
企业能够开展服务和资源的实时动态分析，并进行柔性调节	1	2	3	4	5	6	7
企业能够通过数字工具和组件提高商业智能决策的效率	1	2	3	4	5	6	7
数字运营能力							
企业能够对数据流和业务流进行整合并实现共享和无缝连接	1	2	3	4	5	6	7
数字创新能力							
企业能够通过应用数据对现有的产品和服务进行改造	1	2	3	4	5	6	7
企业能够基于数字化资源为顾客提供创新性的产品和服务	1	2	3	4	5	6	7
企业能够建立内部创投部门来推动数字化创新	1	2	3	4	5	6	7

参 考 文 献

［1］Nishant R，Kennedy M，Corbett J. Artificial intelligence for sustainability：challenges，opportunities，and a research agenda ［J］. International Journal of Information Management，2020，27（3）：53 － 66.

［2］许恒，张一林，曹雨佳. 数字经济，技术溢出与动态竞合政策［J］. 管理世界，2020，36（11）：63 － 84.

［3］中国信息通信研究院. 中国数字经济发展白皮书（2022）［R］. 北京：中国信息通信研究院，2022.

［4］Yoo Y，Henfridsson O，Lyytinen K. Research commentary-The new organizing logic of digital innovation：an agenda for information systems research ［J］. Information Systems Research，2010，21（4）：724 － 735.

［5］史亚雅，杨德明. 数字经济时代商业模式创新与盈余管理［J］. 科研管理，2021，42（4）：170 － 179.

［6］Nambisan S，Lyytinen K，Majchrzak A，et al. Digital innovation management：reinventing innovation management research in a digital world ［J］. MIS Quarterly，2017，41（1）：223 － 238.

［7］郭海，韩佳平. 数字化情境下开放式创新对新创企业成长的影响：商业模式创新的中介作用［J］. 管理评论，2019，31（6）：186 － 198.

［8］李兰冰，刘秉镰. "十四五"时期中国区域经济发展的重大问题展望［J］. 管理世界，2020，36（5）：36 － 51，8.

［9］李靖华，林莉，李倩岚．制造业服务化商业模式创新：基于资源基础观［J］．科研管理，2019，40（3）：74 – 83．

［10］王立夏．基于情境运用的商业模式创新研究——"乐美智能"案例［J］．科研管理，2020，41（3）：176 – 184．

［11］Fichman R G，Santos B L，Zheng Z. Digital innovation as a fundamental and powerful concept in the information systems curriculum［J］．MIS Quarterly，2014，38（2）：329 – 353．

［12］冯华，陈亚琦．平台商业模式创新研究——基于互联网环境下的时空契合分析［J］．中国工业经济，2016（3）：99 – 113．

［13］Neal L. Advancing the digital economy into the 21st Century［J］．Information Systems Frontiers，1999，1（3）：317 – 320．

［14］Moulton B R，Stewart K J. An overview of experimental U. S. consumer price indexes［J］．Journal of Business and Economic Statistics，1999，17（2）：141 – 151．

［15］Carlsson B. The digital economy：What is new and what is not?［J］．Structural Change and Economic Dynamics，2004，15（3）：245 – 264．

［16］Kim B，Barua A，Whinston A B. Virtual field experiments for a digital economy：a new research methodology for exploring an information economy［J］．Decision Support Systems，2002，32（3）：215 – 231．

［17］Miller P，Wilsdon J. Digital futures-An agenda for a sustainable digital economy［J］．Corporate Environmental Strategy，2001，8（3）：275 – 280．

［18］Georgiadis C K，Stiakakis E，Ravindran A R. Editorial for the special issue：digital economy and e-commerce technology［J］．Operational Research，2013，13（1）：1 – 4．

［19］Curran C S，Leker J. Patent indicators for monitoring convergence-examples from NFF and ICT［J］．Technological Forecasting and Social Change，2011，78（2）：256 – 273．

[20] Nambisan S. Architecture vs. ecosystem perspectives: reflections on digital innovation [J]. Information and Organization, 2018, 28 (2): 104 – 106.

[21] Lucas H C, Agarwal R, Clemons E K, et al. Impactful research on transformational information technology: an opportunity to inform new audiences [J]. MIS Quarterly, 2013, 37 (2): 371 – 382.

[22] Quinton S, Canhoto A, Molinillo S, et al. Conceptualising a digital orientation: antecedents of supporting SME performance in the digital economy [J]. Journal of Strategic Marketing, 2016, 26 (5): 427 – 439.

[23] Teece D J. Profiting from innovation in the digital economy: enabling technologies, standards, and licensing models in the wireless world [J]. Research Policy, 2018, 47 (8): 1367 – 1387.

[24] Sussan F, Acs Z J. The digital entrepreneurial ecosystem [J]. Small Business Economics, 2017, 49 (5): 1 – 19.

[25] Kuratko D F, Morris M H, Schindehutte M. Understanding the dynamics of entrepreneurship through framework approaches [J]. Small Business Economics, 2015, 45 (1): 1 – 13.

[26] Yin Z C, Gong X, Guo P Y, et al. What drives entrepreneurship in digital economy? Evidence from China [J]. Economic Modelling, 2019 (82): 66 – 73.

[27] Arntz M, Gregory T, Zierahn U. The risk of automation for jobs in OECD countries: a comparative analysis [J]. OECD Social Employment & Migration Working Papers, 2016.

[28] Felten E, Raj M, Seamans R C. The effect of artificial intelligence on human labor: an ability-based approach [J]. Academy of Management Annual Meeting Proceedings, 2019, 2019 (1): 15784.

[29] Spence M. Government and economics in the digital economy [J]. Journal of Government and Economics, 2021 (3): 10020.

［30］Bea. Measuring the Digital Economy：an Update Incorporating Data from the 2018 Comprehensive Update of the Industry Economic Accounts［EB/OL］. http：//www. Bea. gov /system/files /2019 - 04 /digital economy report update April - 2019_1. pdf，2019.

［31］Stats N. Valuing New Zeland's Digital Economy［EB/OL］. http：// www. Oecd. org /official documents/public display document pdf /? cote ＝ STD/ CSSP /WPNA3&docLanguage ＝ En，2017.

［32］金玉然，戢守峰，于江楠. 商业模式创新的研究热点及其演化可视化分析［J］. 科研管理，2018，39（7）：50 - 58.

［33］Chesbrough H. Business model innovation：opportunities and barriers ［J］. Long Range Planning，2010，43（2）：354 - 363.

［34］Casadesus-Masanell R，Zhu F. Business model innovation and competitive imitation：the case of sponsor-based business models［J］. Strategic Management Journal，2013，34（4）：464 - 482.

［35］Osterwalder A，Pigneur Y，Tucci C. Clarifying business models：origins，present，and future of the concept［J］. Communications of the Information Systems，2005，15（5）：1 - 25.

［36］Shafer S M，Smith H J，Linder J C. The power of business models ［J］. Business Horizons，2005，48（3）：199 - 207.

［37］Zott C，Amit R，Massa L. The business model：recent developments and future research［J］. Social Science Electronic Publishing，2011，37（4）： 1019 - 1042.

［38］Bucherer E，Eisert U，Gassmann O. Towards systematic business model innovation：lessons from product innovation management［J］. Creativity and Innovation Management，2012，21（2）：183 - 198.

［39］Dunford R，Palmer I，Benveniste J. Business model replication for early and rapid internationalization：the ING direct experience［J］. Long Range

Planning, 2010, 43 (5-6): 655-674.

[40] Mezger F. Toward a capability-based conceptualization of business model innovation: insights from an explorative study [J]. R&D Management, 2014, 44 (5): 429-449.

[41] Martins L L, Rindova V P, Greenbaum B E. Unlocking the hidden value of concepts: a cognitive approach to business model innovation [J]. Strategic Entrepreneurship Journal, 2015, 9 (1): 99-117.

[42] Koen P A, Bertels H, Elsum I R, et al. Breakthrough innovation dilemmas [J]. Research Technology Management, 2010, 53 (6): 48-51.

[43] Chandy R, Tellis G. Organizing for radical product innovation: the overlooked role of willingness to cannibalize [J]. Journal of Marketing Research 1998, 35 (4): 474-487.

[44] Velu C. Business model innovation and third-party alliance on the survival of new firms [J]. Technovation, 2015 (35): 1-11.

[45] Giesen E, Berman S J, Bell R, et al. Three ways to successfully innovate your business model [J]. Strategy Leadership, 2007, 35 (6): 27-33.

[46] Ho Y C, Fang H C, Hsieh M J. The relationship between business-model innovation and firm value: a dynamic perspective [J]. World Academy of Science Engineering and Technology, 2011 (77): 656-664.

[47] Camisón C, Villar-López A. Business models in Spanish industry: a taxonomy-based efficacy analysis [J]. Management, 2010, 13 (4): 298-317.

[48] Chatterjee S. Simple rules for designing business models [J]. California Management Review, 2013, 55 (2): 97-124.

[49] Casadesus-Masanell R, Ricar J E. From strategy to business models and onto Tactics [J]. Long Range Planning, 2010, 43 (2-3): 195-215.

[50] Osterwalder A, Pigneur Y. Business model generation: a handbook for visionaries, game changers, and challengers [M]. Hoboken, NJ: Wiley, 2010.

［51］ Trimi S, Berbegal-Mirabent J. Business model innovation in entrepreneurship ［J］. International Entrepreneurship and Management Journal, 2012, 8 (4): 449 –465.

［52］ Frankenberger K, Weiblen T, Csik M, et al. The 4I-framework of business model innovation: a structured view on process phases and challenges ［J］. International Journal of Product Development, 2013, 18 (3): 249 –273.

［53］ Winterhalter S, Weiblen T, Wecht C H, et al. Business model innovation processes inlarge corporations: insights from BASF ［J］. Journal of Business Strategy, 2017, 38 (2): 62 –75.

［54］ Teece D J. Business models, business strategy and innovation ［J］. Long Range Planning, 2010, 43 (2 –3): 172 –194.

［55］ Sako M. Technology strategy and management-business models for strategy and innovation ［J］. Communications of the Acm, 2012, 55 (7): 22 –25.

［56］ Sosna M, Trevinyo-Rodríguez R N, Velamuri S R. Business model innovation through trial-and-error learning: the Naturhouse case ［J］. Long Range Planning, 2010, 43 (2 –3): 383 –407.

［57］ Narayan S, Sidhu J S, Volberda H W, et al. From attention to action: the influence of cognitive and ideological diversity in top management teams on business model innovation ［J］. Journal of Management Studies, 2020, 58 (8): 2082 –2110.

［58］ Amit R, Zott C. Value creation in E-business ［J］. Strategic Management Journal, 2001, 22 (6 –7): 493 –520.

［59］ Gligor D M, Holcomb M, Feizabadi J. An exploration of the strategic antecedents of firm supply chain agility: the role of a firm's orientations ［J］. International Journal of Production Economics, 2016, 179 (9): 24 –34.

［60］ Ricciardi F, Zardini A, Rossignoli C. Organizational dynamism and adaptive business model innovation: the triple paradox configuration ［J］. Journal of Business Research, 2016, 69 (11): 5487 – 5493.

[61] Teece D J. Business models and dynamic capabilities [J]. Long Range Planning, 2018, 51 (1): 40 – 49.

[62] Doganova L, Eyquem-Renault M. What do business models do? Innovation devices in technology entrepreneurship [J]. Research Policy, 2009, 38 (10): 1559 – 1570.

[63] Hargadon A B, Douglas Y. When innovations meet institutions: edison and the design of the electric light [J]. Administrative Science Quarterly, 2001, 46 (3): 476 – 501.

[64] Winter S G, Szulanski G. Replication as strategy [J]. Organization Science, 2001, 12 (6): 730 – 743.

[65] Zott C, Amit R. Business model design: an activity system perspective [J]. Long Range Planning, 2010, 43 (2 – 3): 216 – 226.

[66] Battistella C, Biotto G, Toni A. From design driven innovation to meaning strategy [J]. Management Decision, 2012, 50 (3 – 4): 718 – 743.

[67] Cavalcante S A. Preparing for business model change: the "Pre-stage" finding [J]. Journal of Management & Governance, 2014, 18 (4): 449 – 469.

[68] Gerasymenko V, Clercq D D, Sapienza H J. Changing the business model: effects of venture capital firms and outside CEOs on portfolio company performance [J]. Strategic Entrepreneurship Journal, 2015, 9 (1): 79 – 98.

[69] Gundry L K, Kickul J R, Griffiths M, et al. Creating social change out of nothing: the role of entrepreneurial bricolage in social entrepreneurs' catalytic innovations [J]. Advances in Entrepreneurship Firm Emergence Growth, 2011, 13 (2011): 1 – 24.

[70] Futterer F, Schmidt J, Heidenreich S. Effectuation or causation as the key to corporate venture success? Investigating effects of entrepreneurial behaviors on business model innovation and venture performance [J]. Long Range Plan-

ning, 2018, 51 (1): 64 –81.

[71] Saiyed A. The role of leadership in business model innovation: a case of an entrepreneurial firm from India [J]. New England Journal of Entrepreneurship, 2019, 22 (2): 70 –88.

[72] Baum J R, Smith L. A multidimensional model of venture growth [J]. Academy of Management Journal, 2001, 44 (2): 292 –303.

[73] Balboni B, Bortoluzzi G, Pugliese R, et al. Business model evolution, contextual ambidexterity and the growth performance of high-tech start-ups [J]. Journal of Business Research, 2019 (99): 115 –124.

[74] Kohtamäki M, Parida V, Oghazi P, et al. Digital servitization business models in ecosystems: a theory of the firm [J]. Journal of Business Research, 2019 (104): 380 –392.

[75] Cenamor J, Sjödin D, Parida V. Adopting a platform approach in servitization: leveraging the value of digitalization [J]. International Journal of Production Economics, 2017 (192): 54 –65.

[76] Wirtz B W, Schilke O, Ullrich S. Strategic development of business models: implications of the Web 2. 0 for creating value on the internet [J]. Long Range Planning, 2010, 42 (2 –3): 272 –290.

[77] Loebbecke C, Picot A. Reflections on societal and business model transformation arising from digitization and big data analytics: a research agenda [J]. Journal of Strategic Information Systems, 2015, 24 (3): 149 –157.

[78] Bouwman H, Nikou S, Reuver M D, et al. Digitalization, business models, and SMEs: How do business model innovation practices improve performance of digitalizing SMEs? [J]. Telecommunications Policy, 2019, 43 (9): 101828.

[79] Thomas R, Carsten L P. Digitization capability and the digitalization of business models in business-to-business firms: past, present, and future-ScienceDirect [J]. Industrial Marketing Management, 2020 (86): 180 –190.

［80］Ranta V，Aarikka-Stenroos L，Visnen J M. Digital technologies catalyzing business model innovation for circular economy-Multiple case study ［J］. Resources Conservation and Recycling，2021（164）：105－155.

［81］Kiel D，Arnold C，Voigt K I. The influence of the Industrial Internet of Things on business models of established manufacturing companies-A business level perspective ［J］. Technovation，2017（68）：4－19.

［82］Miroshnychenko I，Strobl A，Matzler K，et al. Absorptive capacity，strategic flexibility，and business model innovation：empirical evidence from Italian SMEs ［J］. Journal of Business Research，2021：670－682.

［83］康铁祥. 数字经济及其核算研究 ［J］. 统计与决策，2008（5）：19－21.

［84］中国信息通信研究院. 中国数字经济发展白皮书（2017）［R］. 北京：中国信息通信研究院，2017.

［85］许宪春，张美慧. 中国数字经济规模测算研究——基于国际比较的视角 ［J］. 中国工业经济，2020（5）：23－41.

［86］金环，于立宏. 数字经济、城市创新与区域收敛 ［J］. 南方经济，2021（12）：21－36.

［87］俞伯阳，丛屹. 数字经济、人力资本红利与产业结构高级化 ［J］. 财经理论与实践，2021，42（3）：124－131.

［88］焦帅涛，孙秋碧. 我国数字经济发展对产业结构升级的影响研究 ［J］. 工业技术经济，2021，40（5）：146－154.

［89］徐伟呈，周田，郑雪梅. 数字经济如何赋能产业结构优化升级——基于ICT对三大产业全要素生产率贡献的视角 ［J］. 中国软科学，2022（9）：27－38.

［90］马名杰，戴建军，熊鸿儒. 数字化转型对生产方式和国际经济格局的影响与应对 ［J］. 中国科技论坛，2019（1）：12－16.

［91］赵涛，张智，梁上坤. 数字经济、创业活跃度与高质量发展——

来自中国城市的经验证据［J］. 管理世界，2020，36（10）：65－76.

［92］赵滨. 数字经济对区域创新绩效及其空间溢出效应的影响［J］. 科技进步与对策，2021，38（14）：37－44.

［93］韩璐，陈松，梁玲玲. 数字经济、创新环境与城市创新能力［J］. 科研管理，2021，42（4）：35－45.

［94］余江，孟庆时，张越，等. 数字创业：数字化时代创业理论和实践的新趋势［J］. 科学学研究，2018，36（10）：1801－1808.

［95］李柏洲，尹士，罗小芳. 基于双重组合赋权的战略联盟生态伙伴选择场模型——以数字化转型为背景［J］. 工业工程与管理，2020，25（3）：137－145，152.

［96］戚聿东，丁述磊，刘翠花. 数字经济背景下互联网使用与灵活就业者劳动供给：理论与实证［J］. 当代财经，2021（5）：3－16.

［97］戚聿东，褚席. 数字生活的就业效应：内在机制与微观证据［J］. 财贸经济，2021，42（4）：98－114.

［98］周晓辉，刘莹莹，彭留英. 数字经济发展与绿色全要素生产率提高［J］. 上海经济研究，2021，399（12）：51－63.

［99］程文先，钱学锋. 数字经济与中国工业绿色全要素生产率增长［J］. 经济问题探索，2021（8）：124－140.

［100］谢靖，王少红. 数字经济与制造业企业出口产品质量升级［J］. 武汉大学学报（哲学社会科学版），2022，75（1）：101－113.

［101］王瀚迪，袁逸铭. 数字经济、目的国搜寻成本和企业出口产品质量［J］. 国际经贸探索，2022，38（1）：4－20.

［102］朱发仓，乐冠岚，李倩倩. 数字经济增加值规模测度［J］. 调研世界，2021（2）：56－64.

［103］韩兆安，赵景峰，吴海珍. 中国省际数字经济规模测算、非均衡性与地区差异研究［J］. 数量经济技术经济研究，2021，38（8）：164－181.

［104］刘伟，许宪春，熊泽泉. 数字经济分类的国际进展与中国探索

[J]．财贸经济，2021，42（7）：32－48.

[105] 廖信林，杨正源．数字经济赋能长三角地区制造业转型升级的效应测度与实现路径［J］．华东经济管理，2021，35（6）：22－30.

[106] 黄群慧，余泳泽，张松林．互联网发展与制造业生产率提升：内在机制与中国经验［J］．中国工业经济，2019（8）：5－23.

[107] 王雪冬，董大海．商业模式创新概念研究述评与展望［J］．外国经济与管理，2013，35（11）：29－36，81.

[108] 吴晓波，赵子溢．商业模式创新的前因问题：研究综述与展望［J］．外国经济与管理，2017，39（1）：114－127.

[109] 张金艳，杨蕙馨，邱晨，等．高管建议寻求、决策偏好与商业模式创新［J］．管理评论，2019，31（7）：239－251.

[110] 迟考勋．商业模式创新构念化研究回顾与理论构建：基于组合模型视角［J］．科技进步与对策，2020，37（16）：151－160.

[111] 王锡秋．基于商业模式创新的企业能力发展研究［J］．商业研究，2010（7）：193－196.

[112] 王炳成，张士强．商业模式创新、员工吸收能力和创新合法性—跨层次的实证分析［J］．科研管理，2016，37（11）：1－10.

[113] 黄昊，王国红，邢蕊，等．创业导向与商业模式创新的匹配对能力追赶绩效的影响——基于增材制造企业的多案例研究［J］．中国软科学，2019（5）：116－130.

[114] 李巍．互联网金融企业商业模式创新的驱动机制研究［J］．科研管理，2020，41（7）：130－137.

[115] 赵宇楠，井润田，董梅．商业模式创新过程：针对核心要素构建方式的案例研究［J］．管理评论，2019，31（7）：22－36，44.

[116] 王炳成，闫晓飞，张士强，等．商业模式创新过程构建与机理：基于扎根理论的研究［J］．管理评论，2020，32（6）：127－137.

[117] 鲁迪，缪小明，尚甜甜．双加工视角下制造业在位企业可持续

商业模式演化研究——基于陕西鼓风机集团 2001 – 2017 的纵向案例 ［J］.
管理评论，2021，33（6）：340 – 352.

［118］钱雨，孙新波，苏钟海，等 . 传统企业动态能力与数字平台商业
模式创新机制的案例研究 ［J］. 研究与发展管理，2021，33（1）：175 – 188.

［119］王炳成，朱亚美，白丽 . 制造业商业模式创新多要素联动研究
［J］. 统计与信息论坛，2020，35（8）：82 – 90.

［120］郭海，沈睿 . 环境包容性与不确定性对企业商业模式创新的影
响研究 ［J］. 经济与管理研究，2012（10）：97 – 104.

［121］李菲菲，田剑 . 在线旅游企业商业模式创新动力因素实证研究
［J］. 中国流通经济，2017，31（12）：14 – 23.

［122］周阳，鲁若愚，张立错 . 数字技术创业企业的网络联结、TMT
团队特征与企业成长：基于 fsQCA 分析 ［J］. 技术经济，2022，41（3）：
61 – 70.

［123］江积海，王烽权 . O2O 商业模式的创新导向：效率还是价值？基于
O2O 创业失败样本的实证研究 ［J］. 中国管理科学，2019，27（4）：56 – 69.

［124］胡保亮，赵田亚，闫帅 . 高管团队行为整合、跨界搜索与商业
模式创新 ［J］. 科研管理，2018，39（12）：37 – 44.

［125］单标安，李扬，马婧，等 . 基于共享愿景调节效应的高管创造
力与商业模式创新的关系研究 ［J］. 管理学报，2020，17（5）：697 – 703.

［126］庞长伟，王琼，刘丽雯 . 创业企业高管团队认知与新颖型商业
模式创新——被调节的中介效应 ［J］. 研究与发展管理，2021，33（4）：
97 – 110.

［127］薛鸿博，杨俊，迟考勋 . 创业者先前行业工作经验对新创企业
商业模式创新的影响研究 ［J］. 管理学报，2019，16（11）：1661 – 1669.

［128］朱明洋，张玉利，曾国军 . 网络自主权、企业双元创新战略与
商业模式创新关系研究：内部协调柔性的调节作用 ［J］. 管理工程学报，
2020，34（6）：66 – 78.

[129] 易加斌，谢冬梅，高金微. 高新技术企业商业模式创新影响因素实证研究——基于知识视角 [J]. 科研管理，2015，36（2）：50-59.

[130] 王永伟，张善良，郭鹏飞，等. CEO变革型领导行为、创业导向与商业模式创新 [J]. 中国软科学，2021，365（5）：167-175.

[131] 王烽权，江积海. 跨越鸿沟：新经济创业企业商业模式闭环的构建机理——价值创造和价值捕获协同演化视角的多案例研究 [J]. 南开管理评论，2023，26（1）：195-205，248，206-207.

[132] 胡保亮，田茂利，刘广. 资源重构能力与商业模式创新：基于动态能力束的观点 [J]. 科研管理，2022，38（5）：949-960.

[133] 田剑，徐佳斌. 平台型企业商业模式创新驱动因素研究 [J]. 科学学研究，2020，38（5）：949-960.

[134] 王水莲，陈志霞，于程灏. 制造企业商业模式创新驱动机制研究——基于模糊集的定性比较分析 [J]. 科技进步与对策，2020，37（20）：58-65.

[135] 周键，杨鹏，刘玉波. 新创企业何以达成商业模式创新？内外部关系嵌入和资源拼凑视角 [J]. 软科学，2021，35（5）：93-98.

[136] 刘刚. 创业警觉多维性、转型环境动态性与创业企业商业模式创新 [J]. 管理学报，2019，16（10）：1507-1515.

[137] 董静，赵国振，陈文锋. 风险投资的介入会影响创业企业的商业模式吗？[J]. 外国经济与管理，2021，43（4）：64-84.

[138] 云乐鑫，杨俊，张玉利. 基于海归创业企业创新型商业模式原型的生成机制 [J]. 管理学报，2014，11（3）：367-375.

[139] 吕东，云乐鑫，范雅楠. 科技型创业企业商业模式创新与适应性成长研究 [J]. 科学学与科学技术管理，2015，36（11）：132-144.

[140] 张春雨，郭韬，刘洪德. 网络嵌入对技术创业企业商业模式创新的影响 [J]. 科学学研究，2018，36（1）：167-175.

[141] 张春雨，郭韬，王旺志. 高管团队异质性对技术创业企业绩效

的影响——基于扎根理论的研究［J］. 科技进步与对策, 2018, 35 (13):
131 - 136.

［142］郭韬, 吴叶, 刘洪德. 企业家背景特征对技术创业企业绩效影响的实证研究——商业模式创新的中介作用［J］. 科技进步与对策, 2017, 34 (5): 86 - 91.

［143］江积海, 王烽权. O2O 商业模式的创新路径及其演进机理——品胜公司平台化转型案例研究［J］. 管理评论, 2017, 29 (9): 249 - 261.

［144］张振刚, 张君秋, 叶宝升, 等. 企业数字化转型对商业模式创新的影响［J］. 科技进步与对策, 2022, 39 (11): 114 - 123.

［145］李文博. 大数据驱动情景下企业商业模式创新的发生机理——对 100 个大数据案例的话语分析［J］. 科技进步与对策, 2016, 33 (7): 30 - 35.

［146］曾锵. 大数据驱动的商业模式创新研究［J］. 科学学研究, 2019, 37 (6): 1142 - 1152.

［147］王立夏, 程子琦, 王沅芝. 共情视角下大数据赋能商业模式创新的研究［J］. 科学学研究, 2022, 40 (3): 525 - 533.

［148］齐严, 司亚静, 吴利红. 数字技术革命背景下零售业商业模式创新研究［J］. 管理世界, 2017, 291 (12): 192 - 193.

［149］邢小强, 周平录, 张竹, 等. 数字技术、BOP 商业模式创新与包容性市场构建［J］. 管理世界, 2019, 35 (12): 116 - 136.

［150］汪志红, 周建波. 数字技术可供性对企业商业模式创新的影响研究［J］. 管理学报, 2022, 19 (11): 1666 - 1674.

［151］罗珉, 李亮宇. 互联网时代的商业模式创新: 价值创造视角［J］. 中国工业经济, 2015 (1): 95 - 107.

［152］杨金朋, 孙新波, 钱雨. 数字化情境下制药企业商业模式创新案例研究［J］. 科技管理研究, 2021, 41 (21): 167 - 175.

［153］闫德利. 数字经济的由来［J］. 中国信息化, 2017 (11): 86 - 87.

［154］胡煜，罗新伟，王丹，等．数字革命：新时代的产业转型逻辑［M］．北京：电子工业出版社，2020.

［155］Daoud F. Electronic commerce infrastructure［J］. IEEE Potentials, 2000, 19（1）: 30-33.

［156］Kumar H, Yadav S K. Investigating social network as complex network and dynamics of user activities［J］. International Journal of Computer Applications, 2015, 125（7）: 13-18.

［157］Schotté J, Ohayon R. Various modelling levels to represent internal liquid behaviour in the vibration analysis of complex structures［J］. Computer Methods in Applied Mechanics Engineering, 2009, 198（21-26）: 1913-1925.

［158］Yang J H. Comparing per capita output internationally: Has the United States been overtaken?［J］. Review, 1978, 60（5）: 8-15.

［159］Weng C, Jia M. Towards accessibility to digital cultural materials: a FRBRized approach［J］. OCLC Systems Services, 2006, 22（3）: 217-232.

［160］Dahlman C, Mealy S, Wermelinger M. Harnessing the digital economy for developing countries［J］. OECD Development Centre Working Papers, 2016, 334: 1.

［161］Chouhan N, Rathore D, Chhabra I. Role of digitalization after demonetization in economy［J］. International Journal of Computer Sciences and Engineering, 2018, 6（9）: 88-90.

［162］Báez A, Brauner Y. Policy options regarding tax challenges of the digitalized economy: making a case for withholding taxes［J］. SSRN Electronic Journal, 2018: 1-28.

［163］Sharma R, Jain P. An impact of digitalized technologies transformation in healthcare using mobile cloud computing［J］. Indian Journal of Science and Technology Innovation Management Review, 2016, 34（9）. DOI: 10.17485/ijst/2016/v9i34/100200.

［164］魏中龙. 数字经济的内涵与特征研究［J］. 北京经济管理职业学院学报，2021，36（2）：3－10.

［165］李艺铭，安晖. 数字经济：新时代再起航［M］. 北京：人民邮电出版社，2017.

［166］赵立斌，张莉莉. 数字经济概论［M］. 北京：科学出版社，2020.

［167］张文魁. 数字经济的内生特性与产业组织［J］. 管理世界，2022，38（7）：79－90.

［168］康瑾，陈凯华. 数字创新发展经济体系：框架、演化与增值效应［J］. 科研管理，2021，42（4）：1－10.

［169］司晓，孟昭莉，王花蕾，等. 数字经济：内涵、发展与挑战［J］. 互联网天地，2017（3）：23－28.

［170］刘洋，董久钰，魏江. 数字创新管理：理论框架与未来研究［J］. 管理世界，2020，36（7）：198－217，219.

［171］崔新健，章东明. 跨国研发中心逆向技术流动绩效的影响因素——基于系统动力学的建模与仿真研究［J］. 南开管理评论，2020，23（3）：109－120.

［172］Goldfarb A，Tucker C. Digital economics［J］. Journal of Economic Literature，2019，57（1）：3－43.

［173］陈晓红，李杨扬，宋丽洁，等. 数字经济理论体系与研究展望［J］. 管理世界，2022，38（2）：208－224，13－16.

［174］江小涓. "十四五"时期数字经济发展趋势与治理重点［N］. 光明日报，2020－9－21.

［175］Konczal E F. Computer models are for managers，not mathematicians［J］. Management Review，1975，26（1）：12－15.

［176］Day G S. Closing the marketing capabilities gap［J］. Journal of Marketing，2011，75（4）：183－195.

［177］魏江，刘洋，应瑛. 商业模式内涵与研究框架建构［J］. 科研管理，2012，33（5）：107 – 114.

［178］Elia G，Lerro A，Passiante G，et al. An intellectual capital perspective for business model innovation in technology-intensive industries：empirical evidences from Italian spin-offs［J］. Knowledge Management Research Practice，2017，15（2）：1 – 14.

［179］Hacklin F，Björkdahlc J，Wallin M W. Strategies for business model innovation：How firms reel in migrating value?［J］. Long Range Planning，2018，51（1）：82 – 110.

［180］Doz Y L，Kosonen M. Embedding strategic agility：a leadership agenda for accelerating business model renewal［J］. Long Range Planning，2010，43（S2 – 3）：370 – 382.

［181］George G，Bock A J. The business model in practice and its implications for entrepreneurship research［J］. Entrepreneurship Theory and Practice，2011，35（1）：83 – 111.

［182］Morris M，Schindehutte M，Allen J. The entrepreneur's business model：Toward a unified perspective［J］. 2005，54（4）：36 – 51.

［183］Markides C，Sosa L. Pioneering and first mover advantages：the importance of business models［J］. Long Range Planning，2013，46（4 – 5）：325 – 334.

［184］Foss N J，Saebi T. Fifteen years of research on business model innovation：How far have we come，and where should we go?［J］. Journal of Management，2016，43（1）：200 – 227.

［185］Tawadros G B. The stylised facts of Australia's business cycle［J］. Economic Modelling，2011，28（1 – 2）：549 – 556.

［186］Angeli F，Jaiswal A K. Business model innovation for inclusive health care delivery at the bottom of the pyramid［J］. Organization and Environment，

2016，29（4）：486 – 507.

［187］王玲玲，赵文红，魏泽龙 . 因果逻辑和效果逻辑对新企业新颖型商业模式设计的影响：环境不确定性的调节作用［J］. 管理评论，2019，31（1）：90 – 100.

［188］Halme M，Lindeman S，Linna P. Innovation for inclusive business：intrapreneurial bircolage in multinational corporations［J］. Journal of Management Studies，2012，49（2）：743 – 784.

［189］Priem R L，Butler J E，Li S. Toward reimagining strategy research：retrospection and prospection on the 2011 AMR decade award article［J］. Academy of Management Review，2013.

［190］Schneckenberg D，Velamuri V K，Comberg C，et al. Business model innovation and decision making：uncovering mechanisms for coping with uncertainty［J］. R&D Management，2017，47（3）：404 – 419.

［191］魏炜，朱武祥，林桂平 . 基于利益相关者交易结构的商业模式理论［J］. 管理世界，2012（12）：125 – 131.

［192］Vidal E，Mitchell W. When do first entrants become first survivors?［J］. Long Range Planning，2013，46（4 – 5）：335 – 347.

［193］Gambardella A，Mcgahan A. Business-model innovation：general purpose technologies and their implications for industry structure［J］. Long Range Planning，2010，43（2 – 3）：262 – 271.

［194］Zhao Y，Zhu Q. Evaluation on crowdsourcing research：current status and future direction［J］. Information Systems Frontiers，2014，16（3）：417 – 434.

［195］Chesbrough H，Rosenbloom R S. The role of the business model in capturing value from innovation：evidence from Xerox Corporation's technology spin-off companies［J］. Social Science Electronic Publishing，2002，11（3）：529 – 555.

［196］Zott C，Amit R. Business model design and the performance of entre-preneurial firms ［J］. Organization Science，2007，18（2）：181 – 199.

［197］Demil B，Lecocq X. Business model evolution：in search of dynamic consistency ［J］. Long Range Planning，2010，43（2 – 3）：227 – 246.

［198］Bock A J，Opsahl T，George G，et al. The effects of culture and structure on strategicflexibility during business model innovation ［J］. Social Science Electronic Publishing，2012，49（2）：279 – 305.

［199］Massa L，Tucci C L，Afuah A. A Critical assessment of business model research ［J］. The Academy of Management Annals，2017，11（1）：73 – 104.

［200］郭蕊，吴贵生. 突破性商业模式创新要素研究 ［J］. 技术经济，2015，34（7）：24 – 32，115.

［201］Geissdoerfer M，Vladimirova D，Evans S. Sustainable business model innovation：a review ［J］. Journal of Cleaner Production，2018，198（10）：401 – 416.

［202］Ghezzi A，Cortimiglia M N，Frank A G. Strategy and business model design in dynamic telecommunications industries：a study on Italian mobile network operators ［J］. Technological Forecasting and Social Change，2015，90：346 – 354.

［203］杨雪，何玉成. 决策逻辑对新创企业商业模式创新的影响：资源整合能力的调节作用 ［J］. 管理工程学报，2022，36（4）：14 – 26.

［204］Aspara J，Hietanen J，Tikkanen H. Business model innovation vs replication：financial performance implications of strategic emphases ［J］. Journal of Strategic Marketing，2010，18（1）：39 – 56.

［205］Magretta J. Why business models matter ［J］. Harvard Business Review，2002，80（5）：86 – 92.

［206］Yunus M，Moingeon B，Lehmann-Ortega L. Building social business models：lessons from the Grameen experience ［J］. Long Range Planning，

2010，43（2-3）：308-325.

［207］Na Y，Tse E. The role of the business model on dynamic capability in the electronics industry［C］. Technology Management Conference，2012.

［208］谢德荪. 源创新：转型期的中国企业创新之道［M］. 北京：五洲传播出版社，2012.

［209］项国鹏，杨卓，罗兴武. 价值创造视角下的商业模式研究回顾与理论框架构建——基于扎根思想的编码与提炼［J］. 外国经济与管理，2014，36（6）：32-41.

［210］柯小玲，郭海湘，龚晓光，等. 基于系统动力学的武汉市生态安全预警仿真研究［J］. 管理评论，2020，32（4）：262-273.

［211］Xi Y，Tang J，Zhao J，et al. The role of top managers' human and social capital in business model innovation［J］. Chinese Management Studies，2013，7（3）：447-469.

［212］李巍，Qing W，杨雪程. 新创企业市场双元驱动创业绩效的机制研究：商业模式创新的中介效应［J］. 管理评论，2021，33（3）：118-128.

［213］Björkdahl J，Magnus H. Editorial：business model innovation-the challenges ahead［J］. International Journal of Product Development，2013，18（3-4）：213-225.

［214］Cucculelli M，Bettinelli C. Business models，intangibles and firm performance：evidence on corporate entrepreneurship from Italian manufacturing SMEs［J］. Small Business Economics，2015，45（2）：1-22.

［215］张璐，周琪，苏敬勤，等. 基于战略导向与动态能力的商业模式创新演化路径研究——以蒙草生态为例［J］. 管理学报，2018，15（11）：1581-1590，1620.

［216］Lewis V L，Churchill N C. The five stages of small business growth［J］. Harvard Business Review，1987，3（3）：30-50.

［217］Kazanjian R K，Drazin R. A stage-contingent model of design and growth for technology based new ventures [J]. Journal of Business Venturing, 1990, 5 (3): 137 – 150.

[218] 陈彪, 蔡莉, 陈琛, 等. 新企业创业学习方式研究——基于中国高技术企业的多案例分析 [J]. 科学学研究, 2014, 32 (3): 392 – 399.

[219] 倪嘉成, 李华晶, 李永慧. 制度导向还是市场导向?——绿色创业企业成长路径选择的案例研究 [J]. 管理案例研究与评论, 2015, 8 (3): 255 – 268.

[220] 吴绍玉, 汪波, 李晓燕, 等. 双重社会网络嵌入对海归创业企业技术创新绩效的影响研究 [J]. 科学学与科学技术管理, 2016, 37 (10): 96 – 106.

[221] 龙静. 创业关系网络与新创企业绩效——基于创业发展阶段的分析 [J]. 经济管理, 2016, 38 (5): 40 – 50.

[222] Hmieleski K M, Cole M S, Baron R A. Shared authentic leadership and new venture performance [J]. Journal of Management, 2012, 38 (5): 1476 – 1499.

[223] 李文金, 蔡莉, 安舜禹, 等. 关系对创业企业融资的影响研究——基于信任的解释 [J]. 数理统计与管理, 2012, 31 (3): 491 – 498.

[224] Arend R J. Entrepreneurship and dynamic capabilities: How firm age and size affect the ' capability enhancement-SME performance ' relationship? [J]. Small Business Economics, 2014, 42 (1): 33 – 57.

[225] Fultz A, Hmieleski K M. The art of discovering and exploiting unexpected opportunities: the roles of organizational improvisation and serendipity in new venture performance [J]. Journal of Business Venturing, 2021, 36 (4): 106121.

[226] Zahra S A, Ireland R D, Hitt M A. International expansion by new venture firms: international diversity, mode of market entry, technological learning, and performance [J]. The Academy of Management Journal, 2000, 43 (5): 925 – 950.

［227］Larraneta B，Zahra S A，Gonzalez J L. Strategic repertoire variety and new venture growth：the moderating effects of origin and industry dynamism ［J］. Strategic Management Journal，2014，35（5）：761 – 772.

［228］蔡莉，汤淑琴，马艳丽，等. 创业学习、创业能力与新企业绩效的关系研究［J］. 科学学研究，2014，32（8）：1189 – 1197.

［229］Cardon M S，Kirk C R. Entrepreneurial passion as mediator of the self-efficacy to persistence relationship［J］. Entrepreneurship Theory and Practice，2015，39（5）：1027 – 1050.

［230］Nason R S，Wiklund J，Mckelvie A，et al. Orchestrating boundaries：the effect of R&D boundary permeability on new venture growth［J］. Journal of Business Venturing，2019，34（1）：63 – 79.

［231］陈敏灵，毛蕊欣. 创业警觉性、资源拼凑与创业企业绩效的关系［J］. 华东经济管理，2021，35（7）：46 – 55.

［232］何晓斌，蒋君洁，杨治，等. 新创企业家应做"外交家"吗? 新创企业家的社交活动对企业绩效的影响［J］. 管理世界，2013（6）：128 – 187.

［233］Kiss A N，Barr P S. New venture strategic adaptation：the interplay of belief structures and industry context［J］. Strategic Management Journal，2015，36（8）：1245 – 1263.

［234］Mohammad S，Husted B W. Innovation，new ventures，and corruption：evidence from India［J］. Journal of Business Venturing Insights，2021，16（5）：e00256.

［235］李颖，赵文红，杨特. 创业者先前经验、战略导向与创业企业商业模式创新关系研究［J］. 管理学报，2021，18（7）：1022 – 1031，1106.

［236］Govin J G，Slevin D P，Govin T J. Content and performance of growth seeking strategies：a comparision of small firms in high and low technology industries［J］. Journal of Business Venturing，1990，5（6）：391 – 412.

［237］刘伟，杨贝贝，刘严严. 制度环境对新创企业创业导向的影

响——基于创业板的实证研究 [J]. 科学学研究, 2014, 32 (3): 421 - 430.

[238] 乔明哲, 张玉利, 凌玉, 等. 公司创业投资究竟怎样影响创业企业的 IPO 抑价——来自深圳创业板市场的证据 [J]. 南开管理评论, 2017, 20 (1): 167 - 180.

[239] 王垒, 刘新民, 吴士健, 等. 创业企业 IPO 后所有权类型集中度、董事会主导功能与多元化战略选择 [J]. 南开管理评论, 2018, 21 (3): 103 - 115.

[240] 李小青, 周建, 温丰羽, 等. 连锁董事网络嵌入、认知距离与民营创业企业成长——基于创业板上市公司的经验证据 [J]. 预测, 2020, 39 (1): 35 - 42.

[241] Cooper A, C. Technical entrepreneurship: What do we know? [J]. R&D Management, 1973, 3 (2): 59 - 64.

[242] 邹良影, 曲小远, 邵敏, 等. 技术创业: 高职院校转型发展新突破 [J]. 教育发展研究, 2021, 41 (5): 61 - 68.

[243] Lamine W, Mian S, Fayolle A, et al. Educating scientists and engineers for technology entrepreneurship in the emerging digital era [J]. Technological Forecasting and Social Change, 2021: 120552.

[244] 中国信息通信研究院. 中国数字经济发展白皮书 (2020) [R]. 北京: 中国信息通信研究院, 2020.

[245] Antoncic B, Prodan I. Alliances, corporate technological entrepreneurship and firm performance: testing a model on manufacturing firms [J]. Technovation, 2008, 28 (5): 257 - 265.

[246] 王敏, 刘运青, 银路. 国外技术创业研究文献回顾与展望 [J]. 电子科技大学学报 (社科版), 2018, 20 (1): 56 - 65.

[247] Shane S, Venkataraman S. Guest editors' introduction to the special issue on technology entrepreneurship [J]. Research Policy, 2003, 32 (2): 181 - 184.

［248］Liu T H, Chu Y Y, Hung S C, et al. Technology entrepreneurial styles：a comparison of UMC and TSMC ［J］. International Journal of Technology Management, 2005, 29 (1/2)：681.

［249］张钢, 彭学兵. 创业政策对技术创业影响的实证研究 ［J］. 科研管理, 2008, 29 (3)：60 - 67, 88.

［250］彭学兵, 张钢. 技术创业与技术创新研究 ［J］. 科技进步与对策, 2010, 27 (3)：15 - 19.

［251］Bailetti T. Technology entrepreneurship：overview, definition, and distinctive aspects ［J］. Technology Innovation Management Review, 2012, 2：5 - 12.

［252］Ratinho T, Harms R, Walsh S. Structuring the technology entrepreneurship publication landscape：making sense out of chaos ［J］. Technological Forecasting and Social Change, 2015 (100)：168 - 175.

［253］Jelinek M. ‘Thinking technology’ in mature industry firms：understanding technology entrepreneurship ［J］. International Journal of Technology Management, 1996, 11 (7 - 8)：799 - 813.

［254］Garud R, Karnфe P. Bricolage versus breakthrough：distributed and embedded agency in technology entrepreneurship ［J］. Research Policy, 2003, 32 (2)：277 - 300.

［255］Son H, Chung Y, Hwang H. Do technology entrepreneurship and external relationships always promote technology transfer? Evidence from Korean public research organizations ［J］. Technovation, 2019 (82 - 83)：1 - 15.

［256］Yeganegi S, Laplume A O, Dass P. The role of information availability：a longitudinal analysis of technology entrepreneurship ［J］. Technological Forecasting and Social Change, 2021, 170 (3)：120910.

［257］Walsh S T, Linton J D. The strategy-technology firm fit audit：a guide to opportunity assessment and selection ［J］. Technological Forecasting and

Social Change, 2011, 78 (2): 199 – 216.

[258] Gavious I, Milo O. Technology entrepreneurship, ethnicity, and success [J]. Finance Research Letters, 2020 (37): 101373.

[259] 单标安, 李文玉, 鲁喜凤, 等. 技术创业者的创业学习: 学习目标与学习方式变革——基于新生创业者的多案例研究 [J]. 外国经济与管理, 2018, 40 (6): 17 – 28.

[260] 许成磊, 张超, 郭凯, 等. 政策支持、创业激情与技术创业成功: 政策感知的调节作用 [J]. 科技进步与对策, 2022, 39 (4): 94 – 104.

[261] Hock M, Clauss T, Schulz E. The impact of organizational culture on a firm's capability to innovate the business model [J]. R&D Management, 2016, 46 (3): 433 – 450.

[262] 陈卉, 斯晓夫, 刘婉. 破坏性创新: 理论, 实践与中国情境 [J]. 系统管理学报, 2019, 28 (6): 1021 – 1028, 1040.

[263] Chesbrough H. Open innovation [M]. Harvard University Press, 2003.

[264] West J, Salter A, Vanhaverbeke W, et al. Open innovation: the next decade [J]. Research Policy, 2014, 43 (5): 805 – 811.

[265] Gambardella A, Giarratana M S. General technological capabilities, product market fragmentation, and markets for technology [J]. Research Policy, 2013, 42 (2): 315 – 325.

[266] Ritala P, Hurmelinna-Laukkanen P. Incremental and radical innovation in coopetition: the role of absorptive capacity and appropriability [J]. Journal of Product Innovation Management, 2013, 30 (1): 154 – 169.

[267] 杜旌, 裴依伊, 尹晶. 中庸抑制创新吗?——一项多层次实证研究 [J]. 科学学研究, 2018, 36 (2): 378 – 384.

[268] 张陈宇, 孙浦阳, 谢娟娟. 生产链位置是否影响创新模式选择——基于微观角度的理论与实证 [J]. 管理世界, 2020, 36 (1): 45 – 59, 233.

［269］张伟，郭立宏，张武康，等．渐进式与激进式业态创新对财务绩效和竞争优势的影响研究［J］．科技进步与对策，2017，34（2）：25 – 32.

［270］束超慧，王海军，金姝彤，等．人工智能赋能企业颠覆性创新的路径分析［J］．科学学研究，2022，40（10）：1884 – 1894.

［271］Ghezzi A，Cavallo A，Woodside A G. Agile business model innovation in digital entrepreneurship：Lean startup approaches［J］．Journal of Business Research，2020（110）：519 – 537.

［272］周江华，仝允桓，李纪珍．基于金字塔底层（BoP）市场的破坏性创新——针对山寨手机行业的案例研究［J］．管理世界，2012（2）：112 –130.

［273］Hambrick D C，Mason P A. Upper echelons：the organization as a reflection of its top managers［J］．Academy of Management Review，1984，9（2）：193 – 206.

［274］Lawrence-Lightfoot S，Davis J H. The art and science of portraiture［J］．American Journal of Education，1997，37（1）：1581 – 1585.

［275］Lin H C，Shih C T. How executive SHRM system links to firm performance：the perspectives of upper echelon and competitive dynamics［J］．Journal of Management，2008，34（5）：853 – 881.

［276］Priem R L，Lyon D W，Dess G G. Inherent limitations of demographic proxies in top management team heterogeneity research［J］．Journal of Management，1999，25（6）：935 – 953.

［277］邵林．高管军事经历、公司治理与企业创新［J］．当代经济管理，2019，41（6）：17 – 23.

［278］李云鹤，吴文锋．供给侧结构性改革下海归高管与企业创新——来自公司并购的证据［J］．系统管理学报，2021，30（6）：1088 – 1105.

［279］贺远琼，陈昀．不确定环境中高管团队规模与企业绩效关系的实证研究——基于中国制造业上市公司的证据［J］．科学学与科学技术管理，2009，30（2）：123 – 128.

［280］王倩楠，葛玉辉. 新创企业高管团队的团队过程与战略决策绩效——认知的调节作用［J］. 管理工程学报，2021，35（2）：12 - 25.

［281］Teece D J，Pisano G. The dynamic capabilities of firms：an introduction［J］. Industrial and Corporate Change，1994，3（3）：537 - 556.

［282］Teece D J，Pisano G，Shuen A. Dynamic capabilities and strategic management［J］. Strategic Management Journal，2009，18（7）：509 - 533.

［283］孟晓斌，王重鸣，杨建锋. 企业动态能力理论模型研究综述［J］. 外国经济与管理，2007（10）：9 - 16.

［284］Eisenhardt K M，Martin J A. Dynamic capabilities：What are they?［J］. Strategic Management Journal，2000，21（11）：1105 - 1121.

［285］Wang C L，Ahmed P K. Dynamic capabilities：a review and research agenda［J］. International Journal of Management Reviews，2007，9（1）：31 - 51.

［286］Teece D J. Explicating dynamic capabilities：the nature and microfoundations of sustainable enterprise performance［J］. Strategic Management Journal，2007，28（13）：1319 - 1350.

［287］侯娜，刘雯雯. 新零售情境下企业动态能力如何影响价值链重构？天使之橙和汇源果汁的双案例研究［J］. 管理案例研究与评论，2019，12（2）：136 - 151.

［288］夏清华，何丹. 企业成长不同阶段动态能力的演变机理——基于腾讯的纵向案例分析［J］. 管理案例研究与评论，2019，12（5）：464 - 476.

［289］焦豪，杨季枫，王培暖，等. 数据驱动的企业动态能力作用机制研究——基于数据全生命周期管理的数字化转型过程分析［J］. 中国工业经济，2021（11）：174 - 192.

［290］Vial G. Understanding digital transformation：a review and a research agenda［J］. The Journal of Strategic Information Systems，2019，28（2）：118 - 144.

［291］易加斌，张梓仪，杨小平，等. 互联网企业组织惯性、数字化

能力与商业模式创新：企业类型的调节效应［J］. 南开管理评论，2022，25（5）：29－42.

［292］朱秀梅，刘月，陈海涛. 数字创业：要素及内核生成机制研究［J］. 外国经济与管理 2020，42（4）：19－35.

［293］Klein K，Kozlowski S. Multilevel Theory，Research，and Methods in Organizations：Foundations，Extensions，and New Directions［M］. San Francisco：Jossey-Bass，2000.

［294］Klein K J，Dansereau F，Hall R J. Levels issues in theory development，data collection，and analysis［J］. The Academy of Management Review，1994，19（3）：195－229.

［295］Rousseau D M. Issues of level in organizational research：multi-level and cross-level perspectives［J］. Research in Organizational Behavior，1985，7（1）：1－37.

［296］龚丽敏，江诗松，魏江. 架构理论与方法回顾及其对战略管理的启示［J］. 科研管理，2014，35（5）：44－53.

［297］张玉利，吴刚. 新中国70年工商管理学科科学化历程回顾与展望［J］. 管理世界，2019，35（11）：8－18.

［298］杜运周，李佳馨，刘秋辰，等. 复杂动态视角下的组态理论与QCA方法：研究进展与未来方向［J］. 管理世界，2021，37（3）：180－197，12－13.

［299］Doty D H，Glick W H. Typologies as a unique form of theory building：toward improved understanding and modeling［J］. Academy of Management Review，1994，19（2）：230－251.

［300］Misangyi V F，Greckhamer T，Furnari S，et al. Embracing causal complexity：the emergence of a neo-configurational perspective［J］. Journal of Management，2017，43（1）：255－282.

［301］Miller D. Configurations of strategy and structure：towards a synthesis

[J]. Strategic Management Journal, 1986, 7 (3): 233 – 249.

[302] Fiss P C. Building better causal theories: a fuzzy set approach to typologies in organization research [J]. Academy of Management Journal, 2011, 54 (54): 393 – 420.

[303] Miles R E, Snow C C, Meyer A D. Organizational strategy, structure, and process [J]. Academy of Management Review, 1978, 3 (3): 546 – 562.

[304] 陈建安, 程爽, 陈瑞. 一致性文化和成就动机对自我导向型工作重塑行为的双核驱动——基于自我调节理论的实证研究 [J]. 管理评论, 2020, 32 (11): 170 – 183.

[305] 程聪, 贾良定. 我国企业跨国并购驱动机制研究——基于清晰集的定性比较分析 [J]. 南开管理评论, 2016, 19 (6): 113 – 121.

[306] 王丽平, 张敏. 多因素联动效应对新经济企业商业模式创新的驱动机制研究——基于模糊集的定性比较分析 [J]. 管理评论, 2022, 34 (2): 141 – 152.

[307] 李宇佳, 张向先. 学术虚拟社区知识流转的驱动机制研究 [J]. 情报科学, 2017, 35 (3): 139 – 143.

[308] 张梦晓, 高良谋. 驱动与阻碍: 网络位置影响知识转移的系统动力学研究 [J]. 科技进步与对策, 2019, 36 (22): 135 – 142.

[309] 朱方伟, 宋昊阳, 王鹏, 等. 国有集团母子公司管控模式的选择: 多关键因素识别与组合影响 [J]. 南开管理评论, 2018, 21 (1): 75 – 87.

[310] 尚晏莹, 蒋军锋. 工业互联网时代的传统制造企业商业模式创新路径 [J]. 管理评论, 2021, 33 (10): 130 – 144.

[311] 池毛毛, 叶丁菱, 王俊晶, 等. 我国中小制造企业如何提升新产品开发绩效——基于数字化赋能的视角 [J]. 南开管理评论, 2020, 23 (3): 63 – 75.

[312] Glaster B G, Strauss A L The Discovery of Grounded Theory: Strategies for Qualitative Research [M]. Chicago: Aldine Publishing Company, 1967.

[313] 李晓华，李纪珍，高旭东. 角色认同与创业机会开发：基于扎根理论的技术创业研究［J］. 南开管理评论，2022，25（3）：73-86.

[314] Suddaby R. From the editors：What grounded theory is not［J］. Academy of Management Journal，2006（4）：633-642.

[315] 贾依帛，苏敬勤，马欢欢，等. 全球价值链嵌入下隐形冠军企业知识权力演化机理研究［J］. 南开管理评论，2022，25（3）：62-74.

[316] Fassinger R E. Paradigms，praxis，problems and promise：grounded theory in counseling psychology research［J］. Journal of Counseling Psychology，2005，52（2）：156-166.

[317] 胡媛，李美玉，栾庆玲，等. 青年科研人员情感负荷影响因素模型构建［J］. 科学学研究，2021，39（10）：1821-1831.

[318] 和苏超，黄旭，陈青. 管理者环境认知能够提升企业绩效吗——前瞻型环境战略的中介作用与商业环境不确定性的调节作用［J］. 南开管理评论，2016，19（6）：49-57.

[319] 李燕萍，郭玮，黄霞. 科研经费的有效使用特征及其影响因素——基于扎根理论［J］. 科学学研究，2009，27（11）：1685-1691.

[320] 周建，李小青. 董事会认知异质性对企业创新战略影响的实证研究［J］. 管理科学，2012，25（6）：1-12.

[321] 杨张博，高山行，郝志阳. 尺蠖效应：基于扎根理论的医药企业战略再导向研究［J］. 管理评论，2016，28（11）：203-216.

[322] Wu J，Ma Z，Liu Z. The moderated mediating effect of international diversification，technological capability，and market orientation on emerging market firms' new product performance［J］. Journal of Business Research，2019（99）：524-533.

[323] 张凌宇，王搏. 冗余资源、战略导向与企业绩效关系研究［J］. 预测，2021，40（2）：61-67.

[324] 周琪，苏敬勤，长青，等. 战略导向对企业绩效的作用机制研究：

商业模式创新视角 [J]. 科学学与科学技术管理, 2020, 41 (10): 74 - 92.

[325] 吕斯尧, 赵文红, 杨特. 知识基础、战略导向对新创企业绩效的影响——基于注意力基础的视角 [J]. 研究与发展管理, 2019, 31 (2): 1 - 10.

[326] Arias-Pérez J, Vélez-Jaramillo J. Ignoring the three-way interaction of digital orientation, Not-invented-here syndrome and employee's artificial intelligence awareness in digital innovation performance: a recipe for failure [J]. Technological Forecasting and Social Change, 2022, 174: 121305.

[327] 张秀娥, 张坤. 学习导向与新创企业绩效——吸收能力的链式中介效应 [J]. 管理科学, 2021, 34 (1): 16 - 27.

[328] 张璐, 王岩, 苏敬勤, 等. 资源基础理论: 发展脉络、知识框架与展望 [J]. 南开管理评论, 2023, 26 (4): 246 - 258.

[329] 张振刚, 许亚敏, 罗泰晔. 大数据时代企业动态能力对价值链重构路径的影响——基于格力电器的案例研究 [J]. 管理评论, 2021, 33 (3): 339 - 352.

[330] 王永伟, 李彬, 叶锦华, 等. CEO 变革型领导行为、数字化能力与竞争优势: 环境不确定性的调节效应 [J]. 技术经济, 2022, 41 (5): 109 - 121.

[331] 黄嘉涛. 移动互联网环境下跨界营销对共创体验的影响 [J]. 预测, 2017, 36 (2): 37 - 43.

[332] Li T, Chan Y. Dynamic information technology capability: concept definition and framework development [J]. The Journal of Strategic Information Systems, 2019, 28 (4): 101575.

[333] Clauss T. Measuring business model innovation: conceptualization, scale development, and proof of performance [J]. R&D Management, 2017, 47 (3): 385 - 403.

[334] 王锋正, 刘向龙, 张蕾, 等. 数字化促进了资源型企业绿色技

术创新吗？［J］. 科学学研究，2022，40（2）：332－344.

［335］周青，王燕灵，杨伟. 数字化水平对创新绩效影响的实证研究——基于浙江省 73 个县（区、市）的面板数据［J］. 科研管理，2020，41（7）：120－129.

［336］范合君，吴婷. 中国数字化程度测度与指标体系构建［J］. 首都经济贸易大学学报，2020，22（4）：3－12.

［337］Autio E，Nambisan S，Thomas L，et al. Digital affordances，spatial affordances，and the genesis of entrepreneurial ecosystems［J］. Strategic Entrepreneurship Journal，2018，12（1）：72－95.

［338］Baden-Fuller C，Haefliger S. Business models and technological innovation［J］. Long Range Planning，2013，46（4）：419－426.

［339］张丽华，侯胜，王一然. 金融发展、高等教育与资源型区域科技创新能力［J］. 经济问题，2019，10（14）：95－102.

［340］Hadida A L，Paris T. Managerial cognition and the value chain in the digital musicindustry［J］. Technological Forecasting and Social Change，2014，83（1）：84－97.

［341］陈守明，唐滨琪. 高管认知与企业创新投入——管理自由度的调节作用［J］. 科学学研究，2012，30（11）：1723－1734.

［342］杨俊，迟考勋，薛鸿博，等. 先前图式、意义建构与商业模式设计［J］. 管理学报，2016，13（8）：1199－1207.

［343］杨俊，张玉利，韩炜，等. 高管团队能通过商业模式创新塑造新企业竞争优势吗？基于 CPSED Ⅱ 数据库的实证研究［J］. 管理世界，2020，36（7）：55－77，88.

［344］孙国强，李腾. 数字经济背景下企业网络数字化转型路径研究［J］. 科学学与科学技术管理，2021，42（1）：128－145.

［345］蔡莉，杨亚倩，卢珊，等. 数字技术对创业活动影响研究回顾与展望［J］. 科学学研究，2019，37（10）：1816－1824，1835.

［346］Foss N J, Saebi T. Fifteen years of research on business model innovation ［J］. Journal of Management, 2017, 43 (1): 200 –227.

［347］Osiyevskyy O, Dewald J. Explorative versus exploitative business model change: the cognitive antecedents of firm-level responses to disruptive innovation ［J］. Strategic Entrepreneurship Journal, 2015, 9 (1): 58 –78.

［348］Heavey C, Simsek Z. Distributed cognition in top management teams and organizational ambidexterity: the influence of transactive memory systems ［J］. Journal of Management, 2014, 43 (3): 919 –945.

［349］Snihur Y, Zott C. The genesis and metamorphosis of novelty imprints: How business model innovation emerges in young ventures? ［J］. The Academy of Management Journal, 2020, 63 (2): 554 –583.

［350］Wofford J C. An examination of the cognitive processes used to handle employee job problems ［J］. The Academy of Management Journal, 1994, 37 (1): 180 –192.

［351］Vandor P, Franke N. See paris and… found a business? The impact of cross-cultural experience on opportunity recognition capabilities ［J］. Journal of Business Venturing, 2016, 31 (1): 388 –407.

［352］胡保亮, 田萌, 闫帅. 高管团队异质性、网络能力与商业模式调适 ［J］. 科研管理, 2020, 41 (1): 265 –273.

［353］肖静华, 胡杨颂, 吴瑶. 成长品: 数据驱动的企业与用户互动创新案例研究 ［J］. 管理世界, 2020, 36 (3): 183 –205.

［354］Helfat C E, Peteraf M A. Managerial cognitive capabilities and the microfoundations of dynamic capabilities ［J］. Strategic Management Journal, 2015, 36 (6): 831 –850.

［355］车密, 江旭, 高山行. 学习导向、联盟管理实践采用与联盟管理能力 ［J］. 科学学研究, 2018, 36 (2): 313 –323.

［356］Nakos G, Dimitratos P, Elbanna S, et al. The mediating role of alliances in the international market orientation-performance relationship of smes [J]. international Business Review, 2019, 28 (3): 603 – 612.

[357] 李巍. 战略导向、商业模式创新与经营绩效——基于我国制造型中小企业数据的实证分析 [J]. 商业研究, 2017 (1): 34 – 41.

[358] Eccles R G, Serafeim G, Ioannou I. The impact of corporate sustainability on organizational processes and performance [J]. Management Science, 2014, 60 (11): 2835 – 2857.

[359] Lee J, Huh M, G. How does external knowledge source influence product innovation in Korean firms? [J]. Journal of Applied Business Research, 2016 (22): 449 – 460.

[360] 杨杰, 汪涛, 王新, 等. 信息技术赋能创业: IT 能力对创业绩效的影响 [J]. 科学学研究, 2022, 40 (9): 1649 – 1660.

[361] Li Y, Liu Y, Duan Y, et al. Entrepreneurial orientation, strategic flexibilities and indigenous firm innovation in transitional China [J]. International Journal of Technology Management, 2008, 41 (1): 223 – 246.

[362] Pan X, Oh K S, Wang M. Strategic orientation, digital capabilities, and new product development in emerging market firms: the moderating role of corporate social responsibility [J]. Sustainability, 2021 (12): 12703.

[363] Ho K L, Nguyen C N, Adhikari R, et al. Exploring market orientation, innovation, and financial performance in agricultural value chains in emerging economies [J]. Journal of Innovation and Knowledge, 2018 (3): 154 – 163.

[364] 董保宝, 葛宝山, 王侃. 资源整合过程、动态能力与竞争优势: 机理与路径 [J]. 管理世界, 2011 (3): 92 – 101.

[365] Xiao X, Tian Q, Mao H. How the interaction of big data analytics capabilities and digital platform capabilities affects service innovation: a dynamic capabilities view [J]. IEEE Access, 2020, 8 (99): 18778 – 18796.

[366] 简兆权, 王晨, 陈键宏. 战略导向、动态能力与技术创新: 环

境不确定性的调节作用［J］. 研究与发展管理，2015，27（2）：65 - 76.

［367］刘力钢，刘建基. 大数据背景下科技型中小企业社会资本对动态能力的影响［J］. 科技进步与对策，2017，34（21）：64 - 72.

［368］常香云，钟永光，王艺璇，等. 促进我国汽车零部件再制造的政府低碳引导政策研究——以汽车发动机再制造为例［J］. 系统工程理论与实践，2013，33（11）：2811 - 2821.

［369］Lavie D. The competitive advantage of interconnected firms: an extension of the resource-based view［J］. academy of Management Review，2006，31（3）：638 - 658.

［370］Majchrzak A. A review of interorganizational collaboration dynamics［J］. Journal of Management，2015，41（5）：1338 - 1360.

［371］Abrell T, Pihlajamaa M, Kanto L, et al. The role of users and customers in digital innovation: insights from B2B manufacturing firms［J］. Information & Management，2016，53（3）：324 - 335.

［372］Yu J, Moon T. Impact of digital strategic orientation on organizational performance through digital competence［J］. Sustainability，2021，13（17）：9766.

［373］孙永磊，陈劲，宋晶. 企业创新方式选择对商业模式创新的影响研究［J］. 管理工程学报，2018，32（2）：1 - 7.

［374］Ocasio W. towards and attention-based theory of the firm［J］. Strategic Management Journal，2010，18（S1）：187 - 206.

［375］解学梅，霍佳阁，吴永慧. TMT异质性对企业协同创新绩效的影响机理研究［J］. 科研管理，2019，40（9）：37 - 47.

［376］魏江，刘嘉玲，刘洋. 数字经济学：内涵、理论基础与重要研究议题［J］. 科技进步与对策，2021，38（21）：1 - 7.

［377］Ferraris A, Mazzoleni A, Devalle A, et al. Big data analytics capabilities and knowledge management: impact on firm performance［J］. Management Decision，2019，57（8）：1923 - 1936.

［378］冯文娜，刘如月．互动导向、战略柔性与制造企业服务创新绩效［J］．科研管理，2021，42（3）：80－89.

［379］Katz R，Koutroumpis P，Callorda F M. Using a digitization index to measure the economic and social impact of digital agendas［J］．Info，2013，16（1）：32－44.

［380］余菲菲，曹佳玉，杜红艳．数字化悖论：企业数字化对创新绩效的双刃剑效应［J］．研究与发展管理，2022，34（2）：1－12.

［381］腾讯研究院．数字中国指数报告（2019）［R］．腾讯研究院网，2019.

［382］曾萍，宋铁波．基于内外因素整合视角的商业模式创新驱动力研究［J］．管理学报，2014，11（7）：989－996.

［383］Morgeson F P，Delaney-Klinger K，Hemingway M A. The importance of job autonomy，cognitive ability，and job-related skill for predicting role breadth and job performance［J］．Journal of Applied Psychology，2005，90（2）：399－406.

［384］赵丙艳，葛玉辉，刘喜怀．TMT认知、断裂带对创新绩效的影响：战略柔性的调节作用［J］．科学学与科学技术管理，2016，37（6）：112－122.

［385］Narver J C，Slater S F，Maclachlan D L. Responsive and proactive market orientation and new-product success［J］．Journal of Product Innovation Management，2004，21（5）：334－347.

［386］宋晶，陈菊红，孙永磊．战略导向、网络位置与网络搜寻［J］．研究与发展管理，2015，27（6）：40－48.

［387］Sinkula J M，Baker W E，Noordewier T. A framework for market-based organizational learning：linking values，knowledge，and behavior［J］．Journal of the Academy of Marketing Science，1997，25（4）：305.

［388］Warner K S，Wäger M. Building dynamic capabilities for digital transformation：an ongoing process of strategic renewal［J］. Long Range Planning，2019，52（3）：326 – 349.

［389］王强，王超，刘玉奇. 数字化能力和价值创造能力视角下零售数字化转型机制——新零售的多案例研究［J］. 研究与发展管理，2020，33（6）：50 – 65.

［390］Lenka S，Parida V，Wincent J. Digitalization capabilities as enablers of value co-creation in servitizing firms［J］. Psychology & Marketing，2017，34（1）：92 – 100.

［391］Oliveira T，Thomas M，Espadanal M. Assessing the determinants of cloud computing adoption：an analysis of the manufacturing and services sectors［J］. Information Management Decision，2014，51（5）：497 – 510.

［392］Hock M，Clau T，Kraus S，et al. Knowledge management capabilities and organizational risk-taking for business model innovation in SMEs［J］. Journal of Business Research，2019，130（6）：683 – 697.

［393］白景坤，查逸凡，梁秋燕. 跨界搜寻对新创企业创新成长影响研究——资源拼凑和学习导向的视角［J］. 中国软科学，2021（3）：166 – 174.

［394］Bouncken R B，Fredrich V. Business model innovation in alliances：successful configurations［J］. Journal of Business Research，2016，69（9）：3584 – 3590.

［395］李新春，张鹏翔，叶文平. 家族企业跨代资源整合与组合创业［J］. 管理科学学报，2016，19（11）：1 – 17.

［396］Mcdougall P，Richard R B. New venture strategies：an empirical identification of eight 'archetypes' of competitive strategies for entry［J］. Strategic Management Journal，1990，11（6）：447 – 467.

［397］苏屹，闫玥涵. 国家创新政策与区域创新系统的跨层次研究［J］. 科研管理，2020，41（12）：160 – 170.

［398］张倩，张玉喜. 区域金融发展、企业财务柔性与研发投入——

以中小企业为例［J］. 科研管理，2020，41（7）：79 – 88.

［399］詹小慧，苏晓艳. 建言者个人声誉对领导纳言的影响：权力距离的跨层次调节作用［J］. 科学学与科学技术管理，2019，40（8）：126 – 140.

［400］冯明，胡宇飞. 工作压力源对员工突破性和渐进性创造力的跨层次研究［J］. 管理学报，2021，18（7）：1012 – 1021.

［401］Watson M A, Gryna F M. Quality culture in small business：four case studies［J］. Quality Progress，2001，34（1）：41 – 48.

［402］温忠麟，张雷，侯杰泰，等. 中介效应检验程序及其应用［J］. 心理学报，2004，36（5）：614 – 620.

［403］杜运周，贾良定. 组态视角与定性比较分析（QCA）：管理学研究的一条新道路［J］. 管理世界，2017（6）：155 – 167.

［404］Ragin C C. Redesigning Social Inquiry：Fuzzy Sets and Beyond［M］. Chicago：University of Chicago Press，2008.

［405］Douglas E J, Shepherd D A, Prentice C. Using fuzzy-set qualitative comparative analysis for a finer-grained understanding of entrepreneurship［J］. Journal of Business Venturing，2020，35（1）：1 – 17.

［406］Dul J. Necessary Condition Analysis（NCA）：logic and methodology of "necessary but not sufficient" causality［J］. Organizational Research Methods，2016，19（1）：10 – 52.

［407］杜运周、刘秋辰、程建青. 什么样的营商环境生态产生城市高创业活跃度？基于制度组态的分析［J］. 管理世界，2020，36（9）：141 – 154.

［408］宋华，卢强. 什么样的中小企业能够从供应链金融中获益？基于网络和能力的视角［J］. 管理世界，2017（6）：104 – 121.

［409］Dul J, Van Der Laan E, Kuik R. A statistical significance test for necessary condition analysis［J］. Organizational Research Methods，2018（23）：385 – 395.

［410］Rubashkina Y, Galeotti M, Verdolini E J. Environmental regulation and competitiveness: empirical evidence on the Porter Hypothesis from European manufacturing sectors [J]. Energy Policy, 2015 (83): 288 – 300.

[411] Crilly D, Zollo M, Hansen M F. Faking it or muddling through? Understanding decoupling in response to stakeholder pressures [J]. Academy of Management Journal, 2012, 55 (6): 1429 – 1448.

[412] 张明, 杜运周. 组织与管理研究中 QCA 方法的应用: 定位, 策略和方向 [J]. 管理学报, 2019, 16 (9): 1312 – 1323.

[413] Jiao J L, Zhang X L, Tang Y S. What factors determine the survival of green innovative enterprises in China? -A method based on fsQCA [J]. Technology in Society, 2020 (62): 1 – 12.

[414] 吴非, 胡慧芷, 林慧妍, 等. 企业数字化转型与资本市场表现——来自股票流动性的经验证据 [J]. 管理世界, 2021, 37 (7): 130 – 144, 10.

[415] Forrester J W. Industrial dynamics: a major breakthrough for decision makers [J]. Harvard business review, 1958, 36 (4): 37 – 66.

[416] 宋砚秋, 王倩, 李慧嘉, 等. 基于系统动力学的企业创新投资决策研究 [J]. 系统工程理论与实践, 2018, 38 (12): 107 – 118.

[417] 赵梦楚, 陈志霞. 高工作绩效员工为何也会遭遇领导排斥: 影响机制的系统动力学仿真分析 [J]. 南开管理评论, 2019, 22 (2): 188 – 198.

[418] 周钟, 陈智高. 基于系统动力学的企业知识刚性演化与影响研究 [J]. 科研管理, 2018, 39 (10): 159 – 167.

[419] 王晓红, 金子祺, 姜华. 创新团队成员知识创新行为的系统动力学研究 [J]. 研究与发展管理, 2014, 26 (2): 120 – 128.